ŒUVRES COMPLÈTES

D'ALEXIS DE TOCQUEVILLE

PUBLIÉES

PAR MADAME DE TOCQUEVILLE

—

V

PARIS. — IMP. SIMON RAÇON ET COMP., RUE D'ERFURTH, 1.

CORRESPONDANCE

ET

OEUVRES POSTHUMES

DE

ALEXIS DE TOCQUEVILLE

— Publiées pour la première fois en 1860 —

PARIS

MICHEL LÉVY FRÈRES, LIBRAIRES ÉDITEURS

RUE VIVIENNE, 2 BIS, ET BOULEVARD DES ITALIENS, 15

A LA LIBRAIRIE NOUVELLE

1866

AVANT-PROPOS

Un témoignage inappréciable de confiance ayant placé entre mes mains les manuscrits d'Alexis de Tocqueville, j'avais à rechercher, parmi ses œuvres inédites, et notamment dans la correspondance qu'il a laissée, ce qui était susceptible de publication. Mon intention était de livrer le résultat de cette enquête sans aucun commentaire. Que dirai-je de l'écrivain qui n'ait été dit, et mieux dit que

---

[1] La première édition des tomes V et VI a paru en 1860. Voir la préface du tome Iᵉʳ de la présente édition (1865-66), page 18 et suivantes.

je ne pourrais le faire, par les hommes éminents qui lui ont rendu un dernier hommage : M. Ampère dans le *Correspondant*[1], M. de Barante devant la Société d'histoire de France[2], M. de Loménie dans la *Revue des Deux Mondes*[3], MM. de Sacy et de Laboulaye dans le *Journal des Débats*[4], et plusieurs autres qu'il serait trop long de rappeler ici.

Cependant, outre l'écrivain que tout le monde connaît, il y a dans Alexis de Tocqueville l'homme, que l'on connaît moins, et que trente ans d'intimité m'ont peut-être permis de juger mieux qu'aucun autre. C'est donc l'homme surtout que j'aurais voulu peindre dans la Notice placée en tête de cette publication. Convaincu que le seul mérite réel d'une pareille œuvre, si elle peut en avoir un, est d'être vraie, je me suis appliqué à être impartial. Les partialités de ma vieille amitié ont d'ailleurs été combattues par mon amitié même; et il m'a semblé que, pour intéresser le public, au

[1] Numéro du 2 juin 1859.
[2] Séance du 3 mai 1859.
[3] Numéro du 15 mai 1859.
[4] Numéros des 30 septembre, 1er, 2 et 4 octobre 1859.

lieu du personnage idéal que créerait un panégyrique, il fallait montrer l'homme tel qu'il était; et que le meilleur moyen de faire aimer et admirer Alexis de Tocqueville était de le peindre ressemblant.

Beaumont-la-Chartre, 20 juin 1860.

GUSTAVE DE BEAUMONT

NOTICE

SUR

ALEXIS DE TOCQUEVILLE

CHAPITRE PREMIER

Son enfance. — Ses premiers voyages en Italie, en Sicile. — Son entrée
dans la magistrature. — La Restauration (1827-1828). — La révolution
de 1830. — Jusqu'au voyage d'Amérique.

Tocqueville (Alexis-Charles-Henri Clerel de) est né à
Paris, le 29 juillet 1805. Sa mère, née Le Peletier de
Rosambo, était petite-fille de M. de Malesherbes ; et son
père, le comte de Tocqueville, fut successivement sous
la Restauration préfet de Metz, d'Amiens, de Versailles,
et pair de France[1]. Élevé chez ses parents, il y reçut
l'éducation dès bons sentiments et des bonnes manières

[1] Le comte de Tocqueville a, dans les dernières années de sa vie, publié
deux ouvrages distingués : le premier, intitulé : *Histoire philosophique
du règne de Louis XV*, 2 vol. in-8° ; le second : *Coup d'œil sur le règne
de Louis XVI*, 1 vol. in-8°.

qui ne s'apprennent guère que dans la famille, et eut pour précepteur, on pourrait dire pour second père, un homme d'un grand savoir et d'une haute vertu, l'abbé Lesueur[1], qui, quoique désireux de l'instruire, s'appliqua moins à lui donner un grand nombre de connaissances, qu'à développer son esprit et à former son cœur. La vérité est que son instruction première fut un peu négligée et qu'il ne commença réellement ses études classiques qu'au collége de Metz, où il entra à l'âge de quatorze ou quinze ans, à l'époque où son père était préfet de cette ville (1820). Faible en latin et en grec, il fut tout d'abord le premier dans les compositions françaises où l'esprit naturel compte plus que l'orthographe; et tout récemment l'Académie impériale de Metz consignait avec orgueil dans ses annales, qu'en 1822, Alexis de Tocqueville, élève de rhétorique, y avait remporté les premiers prix[2]. En sortant du collége il voyagea.

C'était en 1826. En compagnie de son frère Édouard[3], son aîné et son guide, il parcourut l'Italie, dont il visita toutes les villes principales, et fit une excursion en Sicile. Il montra dès lors dans ces voyages la curiosité et l'activité d'esprit qu'il portait partout. C'est ce qu'attestent deux manuscrits assez volumineux qui contiennent ses notes et ses impressions de chaque jour.

---

[1] Voyez la note de la page 14, tome VII.

[2] Discours de M. Salmon, président de l'Académie de Metz, du 15 mai 1859.

[3] Alors le baron, depuis le vicomte de Tocqueville, le second de ses frères, tous deux ses aînés.

Assurément ces manuscrits ne sont pas des chefs-d'œuvre, et leur auteur ne se faisait aucune illusion flatteuse sur le mérite de ces premiers-nés; car on lit écrit de sa main sur l'enveloppe de l'un d'eux : *très-médiocre*. Mais l'apostille est au moins sévère; et fût-elle méritée, il n'en serait pas moins intéressant d'étudier, dans ces premiers essais d'un grand écrivain, la marche qu'a suivie son esprit, ses tâtonnements, ses méprises, ses retours, et les voies détournées par lesquelles il est rentré dans son vrai chemin.

Il est en effet curieux de voir le jeune voyageur, à son arrivée en Italie, prendre d'abord ce pays comme le prennent tous les touristes : il visite scrupuleusement tous les musées, ne passe pas un tableau, n'omet pas une médaille, observe toutes les œuvres des grands maîtres de l'art. Il fait plus : il commence une étude approfondie des principes de l'architecture antique, dont il entreprend de bien définir tous les genres et de noter tous les modèles. Évidemment ce travail était peu de son goût; il ne le continue pas. Rome, où il ne trouve pas seulement des musées, mais où les monuments sont aussi de grands souvenirs, lui suggère sa première œuvre d'imagination.

L'auteur suppose qu'un jour, après une longue course dans Rome, il gravit le Capitole du côté du Campo Vaccino; que là, excédé de fatigue, il tombe à terre et s'endort. Pendant son sommeil l'ancienne Rome lui apparaît tout entière avec son passé, ses héros, sa gloire, sa puissance, surtout sa liberté; il voit ainsi se succéder devant lui tous les grands événements et tous les grands hommes de l'antiquité romaine, depuis la fondation de la République jusqu'au meurtre de César, depuis le premier Brutus jusqu'à l'avénement d'Auguste.

Tout à coup il est réveillé par une procession de moines déchaussés qui, pour se rendre à leur église, montent les degrés du Capitole, tandis qu'un garde-vache fait entendre les sons d'une clochette avec laquelle il rassemble son troupeau paissant dans le forum. « Je me levai, dit-il, m'acheminant lentement vers ma demeure, tournant de temps en temps la tête, et me disant : Pauvre humanité, qu'es-tu donc?... »

Ce cadre, qui pour être rempli aurait demandé tout le goût et l'imagination qu'il avait et l'érudition qu'alors peut-être il n'avait pas, n'était pas le mieux approprié aux facultés d'Alexis de Tocqueville. Cependant on devine déjà l'homme à venir dans cette œuvre, où il date la décadence de Rome du jour où Rome perdit sa liberté.

On l'aperçoit mieux encore dans le voyage de Sicile, où, témoin des misères que fait peser sur ce pays un détestable gouvernement, il est conduit à méditer sur les conditions premières desquelles dépend l'infortune ou la prospérité des peuples. Il n'avait d'abord pensé qu'à décrire l'aspect extérieur du pays, mais bientôt il ne peint que les institutions et les mœurs, et les descriptions disparaissent pour faire place aux idées.

Il achevait en Sicile ce voyage et le manuscrit qu'il en a rapporté, lorsqu'une ordonnance royale du 5 avril

1827 le rappela en France. Il était nommé juge auditeur, et attaché en cette qualité au tribunal de Versailles. Il venait d'avoir vingt et un ans, c'est-à-dire
l'âge légalement requis pour entrer dans la magistrature.

Si Alexis de Tocqueville eût été un homme ordinaire, sa destinée se trouvait toute tracée : son nom,
sa famille, sa position sociale, sa carrière lui marquaient
la voie à suivre. Petit-fils de Malesherbes, n'était-il
pas sûr de parvenir aux postes les plus élevés de la magistrature, même sans effort, et en laissant seulement
couler le temps? Jeune, agréable, allié à toutes les
grandes familles, fait pour prétendre aux plus beaux
partis, qui déjà lui étaient offerts, il eût épousé quelque
riche héritière. Sa vie, renfermée dans un cercle cir-
conscrit à l'avance, se fût écoulée, d'ailleurs doucement
et honnêtement, dans l'accomplissement régulier des
devoirs de sa charge, au sein du bien-être que procure
la possession d'une grande fortune, au milieu des intérêts sérieux de la justice et des paisibles jouissances
de la vie privée.

L'existence ainsi comprise ne convenait ni à la nature
de son esprit ni à son caractère ; et d'abord, résolu de
ne devoir son avancement qu'à lui-même, il rechercha
aussitôt dans la carrière où il entrait le côté par lequel
il pourrait y appliquer ses facultés. On sait que les
fonctions de juge auditeur, transformées depuis en
celles de juge suppléant, n'impliquaient par elles-mêmes l'obligation d'aucun service très-actif, à moins que

le titulaire ne fût appelé à prendre part aux travaux
du ministère public. Alexis de Tocqueville sollicita et
obtint d'être associé à ces travaux. C'est là qu'il rencontra parmi ses collaborateurs un substitut, M. Gustave
de Beaumont, avec lequel il commença des rapports
devenus en peu de temps une liaison intime, et plus
tard une étroite amitié.

A peine Alexis de Tocqueville eut-il un certain nombre de fois occupé le siége du ministère public devant
la cour d'assises de Versailles, que sa parole grave, le
tour sérieux de sa pensée, la maturité de son jugement
et la supériorité de son esprit, le placèrent hors ligne.
Son plus grand succès n'était pas auprès de la foule ; mais
jamais aucun suffrage d'élite ne lui manqua ; personne
ne doutait qu'un brillant avenir ne lui fût réservé, et
plus d'un président des assises lui pronostiqua une
haute destinée. Il convient seulement de remarquer
que dans ces présages on pensait plus à Malesherbes
qu'à Montesquieu.

Cependant si toutes ses qualités convenaient parfaitement à la magistrature, cette carrière n'était peut-
être pas celle qui convenait le mieux à la nature de
son esprit. Alexis de Tocqueville possédait au plus haut
degré la faculté si rare de généraliser ses idées ; et précisément parce qu'il y était supérieur, c'était toujours
là que tendait son intelligence. Le juge suit d'ordinaire
une tendance tout opposée qu'il puise dans les habitudes
mêmes de sa profession, où son esprit ne se nourrit
que d'espèces et de cas particuliers. La pensée d'Alexis

de Tocqueville souffrait d'être emprisonnée dans les limites d'une spécialité. La gêne qu'il y éprouvait s'accroissait à mesure que le procès à juger était moindre; au contraire, en proportion de la gravité de la cause son talent grandissait, comme si les liens qui enchaînaient son intelligence fussent brisés ou détendus.

Est-il besoin de dire que cet esprit, si avide d'indépendance et d'espace, sortait souvent de la sphère étroite du droit, où le retenait seul l'exercice de sa profession, pour entrer dans l'arène alors si librement ouverte aux questions générales de la politique? Quand la part des travaux juridiques avait été faite, lorsque les devoirs de l'audience et du parquet avaient été remplis, les deux collègues, devenus des amis, unis par le lien de goûts communs autant que par celui d'idées et d'opinions semblables, se précipitaient sur les études de leurs choix, celles surtout qui avaient pour objet l'histoire. Et alors quelle activité! quelle émulation! quel charme dans cette vie laborieuse! quelle sincérité dans la poursuite du vrai en toutes choses! et quel élan vers l'avenir, vers l'avenir sans bornes, sans nuages, tel que l'ouvraient à des esprits ardents et à des cœurs généreux les passions et la foi du jeune âge à une époque croyante et passionnée!

Ceux qui n'ont pas vu cette époque (1827-1828), et qui ne connaissent que la mollesse et l'indifférence d'aujourd'hui, comprendront difficilement les ardeurs de ce temps-là. Douze années s'étaient écoulées depuis que l'Empire était tombé. Pour la première fois la France avait connu la liberté, et l'avait aimée. Cette liberté, consolation pour les uns, souverain bien pour les autres, avait créé pour tous un pays nouveau. Des institutions mises à la place d'un homme, de nouvelles mœurs, au milieu d'une paix profonde le développement d'idées, de sentiments et de besoins jusque-là inconnus, tout avait contribué à répandre dans une nation régénérée une nouvelle vie. Oui, il faut le reconnaître, en dehors des vieux partis de la Révolution et de l'Empire, dont le libéralisme ne fut qu'un mensonge, et au milieu des dissidences inhérentes à la liberté même, il y eut alors une France sincèrement libérale, passionnée pour les institutions nouvelles, jalouse de les soutenir, prompte à s'alarmer de leurs périls et à voir dans leur chute ou dans leur maintien l'échec ou le succès de sa propre fortune. C'était la première fois que se posait sérieusement en France le grand problème de la liberté constitutionnelle. Il semblait que le pays eût le sentiment de ce que contenait de périlleux cette première épreuve. Aussi, avec quelle anxiété la France assistait aux débats de cette grande cause! avec quelle émotion elle voyait paraître le moindre symptôme d'orage, de quelque côté qu'il vînt, du peuple ou du prince! Quel intérêt excitaient alors les moindres incidents de la vie publique, l'acte arbitraire d'un agent, un procès de presse, un verdict du jury, l'apparition d'un livre, un mot tombé de la tribune, quelquefois un article de journal!

C'était d'ailleurs le moment où la lutte des partis qui divisaient le gouvernement autant que le pays allait prendre le caractère le plus offensif. Encore quelques jours, et il n'y aurait plus entre le gouvernement de la Restauration et sa chute que le ministère de M. de Martignac, cette suprême tentative des hommes sages, dont le succès eût peut-être épargné à la France bien des malheurs !

Alexis de Tocqueville contemplait le spectacle de cette grande lutte avec toutes les passions communes à la jeunesse de ce temps, en y apportant de plus une sagesse et une profondeur d'observation bien rares. Il avait dès lors un certain nombre d'opinions très-arrêtées en politique.

Son premier principe était que tout peuple, digne de ce nom, doit participer au gouvernement de ses propres affaires, et que sans des institutions libres il ne peut y avoir pour un pays de vraie grandeur, ni pour ceux qui l'administrent de vraie dignité : sa fierté n'admettait pas qu'il pût jamais servir un maître. C'était là pour lui une vérité fondamentale qui lui était venue tout à la fois de l'esprit et du cœur. Il portait une haine égale à la démagogie et à son produit naturel, le pouvoir absolu. Sans exclure aucune forme de gouvernement libre, même la république, il croyait fermement que, dans l'état de la France et de ses mœurs, la forme qui lui convenait le mieux était la monarchie constitutionnelle, celle qui conciliait l'autorité du prince avec la représentation nationale; et s'il faisait des vœux pour l'affermissement de la branche aînée des Bourbons, c'est parce qu'il croyait qu'avec elle il était plus facile de conserver la liberté qu'avec toute dynastie d'origine révolutionnaire.

Cependant, en même temps qu'il croyait possible et qu'il désirait si ardemment le succès de ceux qui tentaient de réaliser l'accord de la monarchie et de la liberté, Alexis de Tocqueville apercevait clairement les difficultés de l'entreprise et l'immensité des abîmes qui s'ouvraient déjà sous les pas de notre génération ; et c'est ce qui rendait si solennel à ses yeux le grand drame dont les scènes commençaient à se dérouler.

Jamais son regard ne s'arrêtait à la surface des faits aperçus de tout le monde : il pénétrait plus avant. Et déjà un coup d'œil rétrospectif dans notre histoire lui faisait entrevoir les grandes questions qu'il a depuis approfondies, et dans lesquelles il cherchait dès lors l'explication de son temps.

Il voyait bien, malgré la paix extérieure qui régnait à la surface de la société française, que nous étions toujours en révolution. Mais ce qui le frappait avant tout, c'était le caractère profondément démocratique de cette révolution, c'était le principe de l'égalité s'emparant des sociétés modernes et s'y établissant en dominateur ; et déjà se posaient dans son esprit les grands problèmes qui devaient remplir sa vie, et pour l'étude desquels il irait un jour interroger le Nouveau-Monde.

Comment l'égalité se conciliera-t-elle avec la liberté? Comment empêcher le pouvoir sorti de la démocratie de devenir tout-puissant et tyrannique? Où trouver une force pour lutter contre lui, là où il n'y a que des hommes, tous égaux, il est vrai, mais également faibles, isolés et impuissants? L'avenir des sociétés modernes serait-il tout à la fois la démocratie et le despotisme? Telles étaient les questions qui dès lors occupaient son esprit et troublaient son âme.

On a dit avec raison qu'Alexis de Tocqueville était un penseur; oui, et un penseur dont la tête toujours en travail ne se reposait jamais. Cette expression de penseur serait cependant inexacte si elle donnait de lui l'idée qu'elle implique ordinairement d'un philosophe abstrait, se plaisant dans les spéculations de la métaphysique, aimant la science pour elle-même et se passionnant pour une idée ou pour une théorie indépendamment de leur application; je peins là le vrai philosophe et le vrai savant; tel n'était point Alexis de Tocqueville, dont la méditation avait toujours un but actuel et déterminé. Il était, à vrai dire, peu versé dans la philosophie pour laquelle il avait peu de goût, dont il savait imparfaitement la langue, et dont à tort ou à raison les disputes lui avaient toujours paru plus ou moins vaines. Un moment, dans sa plus grande jeunesse, son esprit, impatient du doute, avait cherché en elle un appui, mais il n'y avait trouvé aucun secours. On peut voir dans ses notes, de cette date, les efforts et les souffrances de son intelligence, lorsque, poursuivant la vérité avec ardeur, il aperçoit l'infirmité et l'impuissance de l'esprit humain, s'arrête tout à coup, semble abandonner cette chimère et écrit avec douleur ces mots: «Il n'y a point de vérité absolue;» et ailleurs il écrit ces autres mots plus tristes encore:

« Si j'étais chargé de classer les misères humaines, je
le ferais dans cet ordre :

» 1° Les maladies ;

» 2° La mort ;

» 3° Le doute[1]. »

Comme tous les esprits qui veulent s'éclairer, il commençait par le doute ; à l'exemple de toutes les âmes
énergiques, il s'attachait fortement au sentiment qu'il
avait enfin adopté comme le plus vrai et le plus juste,
et il en faisait la loi absolue de sa conduite. Hésitant
d'abord sur la règle, il ne l'était point sur le devoir, la
règle une fois admise. Il était aussi résolu dans l'action
qu'il avait été timide dans la résolution. Essentiellement
pratique dans toutes ses spéculations intellectuelles, il
ne s'occupait jamais du passé qu'en vue du présent, et
des peuples étrangers qu'en vue de son pays. C'est ainsi
que ses études historiques, et dans ces études celles qui
avaient pour objet notre première révolution, se rapportaient toutes à l'état présent de la France, et aux événements contemporains, devenus de jour en jour plus graves, qui présageaient de nouveaux troubles, peut-être
une nouvelle révolution.   -

Cette révolution éclata. Alexis de Tocqueville se rallia
sans hésitation, mais sans élan, au gouvernement de
1830. Il possédait déjà une faculté qu'il a toujours eue,
celle de voir plus vite et plus loin que les autres. Cette
exaltation morale qu'excite un grand mouvement popu-

[1] V. Lettre à M. Charles ***, tome VII, page 83.

laire, l'enthousiasme, les joies, les vives espérances qui
saluent d'ordinaire un régime nouveau, rien de tout
cela ne l'atteignait. La révolution de juillet lui parut un
malheur. Il avait peur qu'un prince ainsi parvenu au
trône ne fût ou trop porté à la guerre afin de se faire
craindre, ou trop enclin à la faiblesse pour se faire pardonner. Cependant la constitution de 1830 était la seconde, peut-être la dernière chance offerte à l'établissement en France de la monarchie constitutionnelle et de
la liberté politique. Il ne pouvait refuser son adhésion ;
il la donna avec tristesse, et six mois après il partait
pour les États-Unis.

Aucun lien puissant ne le retenait en France, et une
irrésistible curiosité d'esprit le poussait en Amérique.
L'intérêt de sa carrière de magistrat était à peu près nul
à ses yeux. Quelle chance le fils du préfet de la Restauration avait-il de recevoir du gouvernement de juillet
un avancement que le gouvernement de la Restauration n'avait pas donné au petit-fils de Malesherbes, juge
auditeur à Versailles depuis près de quatre années?
D'un autre côté, la révolution à laquelle il venait d'assister, les scènes violentes qu'elle avait fait naître, les passions qu'elle avait soulevées, les théories étranges qu'elle
avait fait éclore, tout cela n'avait fait qu'accroître pour
lui l'intérêt et la gravité des questions qui s'agitaient
dans son esprit ; et de plus en plus convaincu que la
France, en s'avançant fatalement vers la démocratie,
marchait aussi vers ses périls, il résolut d'aller visiter
le seul grand pays du monde où ces périls aient été con-

jurés, et, où avec l'égalité absolue règne aussi la liberté.
Il fit part de son projet à son ancien collègue de Versailles, alors substitut du procureur du roi à Paris,
qui l'accueillit avec transport. Une difficulté cependant
les arrêtait : c'est que, comme magistrats, ils ne pouvaient ni l'un ni l'autre s'absenter sans congé ; il s'a-
gissait donc de trouver pour cette absence une cause légitime qui les mît en règle. A cette époque, où, comme
il arrive toujours le lendemain d'une révolution, toutes
les idées d'innovation étaient en honneur, une réforme
d'un intérêt réel quoique secondaire, celle des prisons,
attirait l'attention publique. On parlait d'un système
pénitentiaire pratiqué avec succès dans les États du
Nouveau-Monde. Les deux jeunes magistrats présentè-
rent au ministre de l'intérieur, alors le comte de Monta-
livet, un Mémoire dans lequel, après avoir exposé la
question, ils offraient d'aller l'étudier sur les lieux, s'ils
en recevaient la mission officielle. Cette mission leur fut
donnée ; et le ministre de la justice y ayant prêté son
concours, le substitut et le juge auditeur partirent avec
un congé en bonne forme. On a dit souvent que cette
mission avait été pour Alexis de Tocqueville la cause
de son voyage : la vérité est qu'elle en fut l'occasion
et le moyen. L'objet véritable et prémédité fut l'étude
des institutions et des mœurs de la société américaine.

CHAPITRE II

Le voyage d'Amérique.

Si pour les deux voyageurs l'observation des prisons d'Amérique fut moins le texte que le prétexte de ce voyage, hâtons-nous de dire qu'ils donnèrent à cette étude une attention aussi sérieuse que si elle en eût seule été l'objet.

A peine arrivés à New-York (le 10 mai 1831), ils se livrèrent avec zèle à l'accomplissement de leur mission officielle. Singsing et Auburn dans l'État de New-York, Wethersfield dans le Connecticut, Walnut-Street et Cherry-Hill dans la Pensylvanie, tous les établissements auxquels ces lieux ont donné leur nom, et une foule d'autres moins célèbres dans les annales pénitentiaires, furent successivement l'objet de leur examen le plus consciencieux. On pourra juger par un seul exemple de l'importance qu'ils attachaient à ce travail; le fait que l'on va citer jette d'ailleurs un jour curieux sur

une des facultés d'Alexis de Tocqueville, sur sa mémoire.

Lorsqu'à Philadelphie ils se trouvèrent en face de la
fameuse prison de Cherry-Hill, où était en vigueur le
système de l'isolement absolu de jour et de nuit, ils pen-
sèrent que ce qui importait pour se rendre compte des
effets de ce régime, c'était d'examiner, non-seulement
l'état physique des détenus, mais encore et surtout leur
état moral. La note du directeur relative à chacun d'eux
portait bien : *conduite parfaite, conduite excellente*;
mais les commissaires français ne purent s'empêcher
de demander quelle espèce d'infraction à la discipline
pouvait commettre un prisonnier confiné seul entre
quatre murs, sans contact possible avec aucun de ses
pareils. Ils sollicitèrent donc l'autorisation de visiter
séparément tous les détenus, et de les entretenir hors de
la présence d'aucun employé de la prison, espérant par
ce moyen obtenir d'eux la révélation de leurs secrètes
impressions et pénétrer au fond de leur âme. L'autorisation accordée, Alexis de Tocqueville se chargea de ce
travail délicat sans aucun concours de son compagnon,
qui pensa comme lui que telles confidences qui se font
à un seul ne se font pas à deux. Il consacra quinze
jours à cette minutieuse enquête, qu'il ne commença
d'abord que par un sentiment de devoir, et qu'il continua ensuite avec un intérêt extrême, tantôt frappé
des effets singuliers de l'isolement sur l'âme humaine,
tantôt ému des misères morales dont le mystère se dé-
voilait sous ses yeux, souvent retenu par l'intérêt de

ces entretiens solitaires au-delà des heures fixées par la
discipline de la maison, et par les pauvres prisonniers
eux-mêmes, ingénieux à prolonger l'accident, si rare
pour eux, d'une conversation avec un homme, et qui ne
soupçonnaient pas avec quel homme ! Alexis de Tocqueville avait noté tour à tour et ensuite rédigé chacun de
ces entretiens. Cependant, peu de temps après avoir
quitté Philadelphie, il cherche un jour ces notes pour les
montrer à son collaborateur, et ne les retrouve pas. Il
les recherche encore, mais vainement. Enfin, après
beaucoup d'autres efforts aussi infructueux il demeure
convaincu qu'il les a perdues. Alors il recueille ses souvenirs, écrit ce que sa mémoire lui rappelle ; et telle
était la profonde impression qu'avaient faite sur son
âme ces entretiens de la solitude, qu'en quelques heures
il les retraça tous sur le papier, sans aucune confusion,
et sans en omettre un seul. Le lendemain, ne cherchant plus ses notes, il les retrouva. On put voir en les
comparant avec ses souvenirs combien ceux-ci étaient
exacts, et avec quelle prodigieuse fidélité sa mémoire
avait tout reproduit. Quelques détails avaient seuls été
oubliés, mais nulle part la pensée mère n'était absente.
Ce sont ces notes qui, dans l'ouvrage publié plus tard
sur le système pénitentiaire, figurent sous le titre d'*Enquête sur le Pénitencier de Philadelphie*. Alexis de Tocqueville n'avait pas la mémoire des mots, ni celle des
chiffres, mais il possédait au plus haut degré la mémoire de l'idée ; celle-ci entrée dans son esprit n'en sortait jamais.

. La part du système pénitentiaire ayant été faite, Alexis de Tocqueville se livra avec plus d'ardeur encore, il faut le reconnaître, à l'étude des questions d'un ordre plus général ; et certes, les hommes politiques qui, en France, l'avaient chargé d'un mandat officiel et spécial, ne durent pas regretter qu'il s'en détournât un moment pour remplir la mission plus large qu'il s'était donnée à lui-même.

On n'attend point ici le récit de ce voyage[1], dans lequel Alexis de Tocqueville parcourut toute l'Union américaine, et étudia tout d'abord les États de la Nouvelle-Angleterre, dont Boston forme la tête, comme pour bien connaître un fleuve on commence par en explorer la source. Ce récit remplirait à lui seul un volume, et dépasserait de beaucoup le cadre que l'on s'est tracé. L'auteur ne pourrait d'ailleurs raconter le voyage d'Alexis de Tocqueville sans raconter aussi le sien ; car leurs vies, alors, furent tellement unies qu'il serait impossible de les séparer. Ne serait-il pas ainsi entraîné vers un écueil qu'il s'est par-dessus tout appliqué à éviter? Quelque charme qu'ait eu pour lui ce voyage, qui se rattache aux premières impressions de sa jeunesse et en résume toute la poésie, il a résolu d'en écarter

[1] Indépendamment des motifs qu'on a eus d'abréger le récit de ce voyage, et qu'on exprime ici, il en est un autre qui sera peut-être mieux compris du lecteur : c'est le succès du livre publié depuis par M. Ampère, sous le titre de *Promenade en Amérique*, et dans lequel tout ce que la vue des États-Unis peut suggérer a été dit avec une vivacité que donne le récit immédiat et à laquelle le souvenir ne peut suppléer.

tous les souvenirs personnels pour ne penser qu'à celui
dont la mémoire doit seule l'occuper.

Ce qui, du reste, dans le voyage d'Alexis de Tocqueville est le plus intéressant, c'est moins le voyage en
lui-même que sa manière de voyager. Elle était particulière. On ne saurait se figurer l'activité d'esprit et
de corps qui, comme une fièvre ardente, le dévorait sans
relâche ; tout lui était sujet d'observation. Il posait à
l'avance dans sa tête toutes les questions qu'il aspirait
à résoudre, et à chacune desquelles venaient répondre
les faits et les conversations de chaque jour. Jamais une
idée ne s'offrait à son esprit sans qu'il la notât, et cela
sans retard, en quelque lieu qu'il fût. Car il avait remarqué que presque toujours la première impression
se produit sous une forme originale qu'on ne retrouve
pas, si on la laisse échapper. Il est curieux de relire aujourd'hui les petits *memorandum* qu'il portait toujours
sur lui, et qui recevaient cette première impression.
Toutes les idées mères du livre de *la Démocratie* y sont
en germe ; et plus d'une a été textuellement reproduite
dans l'ouvrage.

Dans le même temps qu'Alexis de Tocqueville parcourait l'Amérique du Nord pour y étudier des institutions et y pénétrer, pour ainsi dire, l'âme d'un peuple, il y avait un Anglais, d'ailleurs le plus aimable
homme du monde, qui voyageait dans le même pays
sans autre but que d'y rechercher les variétés de gibier
propres à ce climat, et notamment les diverses races de
canards sauvages. A la même époque aussi, deux Fran-

çais, très-distingués et du commerce le plus agréable, y étaient à la recherche de sites pittoresques pour les dessiner. On ne parle pas de ceux qui y passaient sans y rien voir et sans y rien chercher, pas même des canards sauvages. Assurément ces divers modes de voyager sont également honnêtes et légitimes, et, si on les rappelle ici, ce n'est pas pour critiquer ceux qui prennent les voyages comme un exercice du corps ou comme un agréable passe-temps, mais seulement pour montrer qu'Alexis de Tocqueville les entendait autrement. Sans doute entre celui qui tire de ses voyages un livre, et celui qui en rapporte un album, il y a le voyageur intermédiaire, qui, sans être aussi frivole que l'un est moins sérieux que l'autre. Mais en général il n'est guère de voyageur, même sérieux, qui dans le voyage ne cherche de la distraction et ne se permette quelque repos. Alexis de Tocqueville en voyage ne se reposait pas.

Le repos était antipathique à sa nature; et que son corps fût en mouvement ou immobile, son intelligence était toujours en travail. En même temps qu'il n'omettait rien de ce qui pouvait altérer ses forces et les user, on ne pouvait obtenir de lui qu'il fît rien pour les réparer. Jamais il ne lui est arrivé de prendre une promenade comme une distraction, ni une conversation comme un délassement. Les causeries étaient continues entre les deux compagnons de voyage, et s'il est vrai, comme disait le bon Ballanche, que l'on ne discute bien que lorsqu'on est d'accord, ils pensaient tellement de

même sur toutes choses, que leurs conversations n'é-
taient sans doute pas stériles. Mais tout d'abord elles
prenaient un tour sérieux, et ce n'était pas encore du
repos. Pour Alexis de Tocqueville l'entretien le plus
agréable était celui qui était le plus utile. Le mauvais
jour était le jour perdu ou mal employé ; la moindre
perte de temps lui était importune. Cette pensée le tenait dans une sorte d'anxiété continue, et il poussait
cette passion dans ses voyages jusqu'à ce point qu'il
n'arrivait jamais dans un lieu sans préalablement s'assurer du moyen de le quitter ; ce qui faisait dire à
un de ses amis qu'il repartait toujours avant d'être
arrivé.

Il y a des pays où le voyageur le plus laborieux trouve,
quoi qu'il fasse, et en quelque sorte malgré lui, de certaines occasions de détente et de repos. Il lui suffit, par
exemple, de rencontrer de temps à autre quelques-uns
de ces sots désœuvrés, assez communs en Europe, qui
ne vous cherchent que pour consumer le temps dont
ils ne savent que faire, et dont la présence, quelque irri-
tante qu'elle soit, repose forcément l'esprit. Cette salutaire diversion manquait absolument à Alexis de Tocqueville, dans un pays où il n'y a pas d'oisifs et où l'on
ne trouve guère que des gens sensés. Cet admirable et
universel bon sens des Américains l'attirait et le capti-
vait. C'était pour lui une mine d'un prix inestimable,
et dans laquelle il fouillait sans relâche ; il suivait ainsi
impétueusement, sans arrêt et sans répit, la pente de
sa passion.

Et quand on songe à ce qu'avait de délicat et de frêle le corps qui portait cette âme ardente et cet esprit inquiet, on se demande comment une constitution si fragile pouvait suffire à une pareille activité morale. On le comprend encore moins quand on considère qu'au lieu de ménager d'ailleurs ce faible corps, il semblait prendre à cœur de le soumettre aux plus rudes et même aux plus périlleuses épreuves.

C'est ainsi qu'un jour, en dépit des obstacles qui auraient dû l'arrêter, il résolut de s'enfoncer dans l'Ouest jusqu'à ce qu'il eût trouvé le désert.

Ce n'était pas seulement de sa part cette vague curiosité de l'esprit, ce désir naturel à l'homme d'aller où nul n'a jamais pénétré. Sa résolution procédait d'un sentiment plus grave. Convaincu que l'une des conditions premières de la prospérité de l'Amérique est l'immensité de ses espaces non encore occupés, il voulait y faire au moins une reconnaissance, s'avancer dans la forêt jusqu'à la limite de la civilisation, et avec les derniers pionniers voir les premiers Indiens sauvages.

Tout voyage est aisé quand on suit les voies frayées; hors de ces voies il n'est jamais sans difficultés. Sans doute pour un homme jeune et robuste comme l'était son compagnon de voyage, une pareille entreprise n'offrait rien de périlleux; elle était un danger pour une santé aussi fragile que la sienne. Il serait impossible d'accomplir cette expédition sans de très-longues courses faites d'une seule haleine, presque toujours à cheval; il faudrait passer des jours entiers sans repos, des nuits sans sommeil, peut-être sans abri ; plus de repas réglés, plus d'auberges, plus de routes. C'étaient là sans doute d'assez bonnes raisons pour ne point entreprendre une pareille campagne ; et il n'est pas un seul de ces arguments qui ne lui fût présenté dans les termes les plus pressants. Mais la lutte était impossible contre le courant de sa passion. On ne saurait s'imaginer à quel point, quand il désirait une chose, il était ingénieux à prouver aux autres et à se démontrer à lui-même que la raison même la lui commandait. L'idée d'un péril ne l'arrêtait jamais. Combien de fois il marqua ce mépris du danger, non-seulement dans le voyage d'Amérique, mais encore dans ses autres voyages en Angleterre, en Irlande, en Algérie, en Allemagne, et à des époques où sa santé encore affaiblie eût demandé d'autant plus de soins et de ménagements ! Du reste, il eut raison cette fois : son excursion au désert s'exécuta sinon sans de grandes fatigues, du moins sans grand dommage pour sa santé ; et jamais peut-être il ne fit aucun voyage qui lui laissât d'aussi vives et d'aussi durables impressions.

Ce serait une grande erreur de croire qu'Alexis de Tocqueville, qu'on voit dans des voyages poursuivant surtout des idées, demeurât impassible et froid en présence des grands spectacles de la nature. Nul au contraire n'y était plus sensible que lui et n'en éprouvait plus l'attrait. En même temps que toutes les facultés de son esprit le portaient à la méditation intellectuelle, une autre pente de son âme l'inclinait à la rêverie, et ce

n'était jamais que par un effort de sa volonté sur lui-
même qu'il sortait du domaine des impressions pour
rentrer dans celui des idées. Sa raison seule le ramenait
à celles-ci, car la rêverie dont il avait l'instinct, était
pour lui pleine de mélancolie; et par ce motif il la
fuyait. Le mouvement de l'esprit était alors pour lui
comme un asile où il se réfugiait pour échapper aux
agitations et aux tristesses de l'âme.

Jamais, du reste, en aucune circonstance de sa vie,
Alexis de Tocqueville ne se laissa plus aller au courant
de ses impressions que sous le charme irrésistible de
ces grandes solitudes de l'Amérique, où tout se réunit
pour enivrer les sens et pour endormir la pensée. Il
a peint lui-même ces impressions dans un petit ouvrage
intitulé : *Quinze jours au désert*, et que le lecteur trouvera à la suite de la Notice. Cette œuvre charmante est
entièrement inédite; et, si elle n'a pas été publiée plus
tôt, c'est par suite d'une circonstance qu'il convient
peut-être de révéler ici.

Tandis qu'Alexis de Tocqueville se livrait à une profonde étude des institutions américaines, son compagnon
de voyage s'appliquait à recueillir quelques peintures de
mœurs que plus tard il encadra, tant bien que mal, dans
un roman intitulé *Marie!* or, dans ce cadre s'étaient
tout naturellement placés ces mêmes forêts, ces solitudes, ce désert, parcourus par les deux amis; il en
avait fait le théâtre de son drame, il y avait transporté
ses propres émotions, et s'était efforcé de rattacher ainsi
sa fiction à quelque chose de réel.

Cependant, lorsque plus tard Alexis de Tocqueville publia la seconde partie de son ouvrage qui peint les effets de la démocratie sur les mœurs, il eut la pensée de placer son récit de *Quinze jours au désert* en forme d'appendice à la fin du livre ; mais comme il en faisait d'abord, suivant son usage, la lecture à son ami, qu'il consultait toujours, celui-ci, en lui donnant son avis, eut l'imprudence de lui prédire un succès qui dépasserait de beaucoup celui de *Marie*. A ce moment Alexis de Tocqueville ne dit rien, mais son parti était pris ; et rien ne put jamais le décider à une publication qui pouvait avoir l'air d'une concurrence faite à l'œuvre et sur le terrain de son ami. Il avait en amitié des recherches et des délicatesses qui rendaient nécessaire une grande circonspection.

A la suite de cette Notice, et immédiatement avant les *Quinze jours au désert*, on a placé aussi un opuscule de quelques pages seulement, également inédit, intitulé *Course au lac Oneïda*, et emprunté également aux souvenirs de cette excursion. C'est un morceau du même genre et de la même famille. Ces fragments, où l'homme se peint avec ses passions, feront voir au public Alexis de Tocqueville sous un jour nouveau. Mais ceux qui l'ont connu intimement sauront seuls tout ce qu'il y avait de sensibilité et de poésie dans cette âme tendre, unie à une intelligence si nette et si profonde.

Plus tard, dans une autre partie du voyage, qui semblait devoir être exempte de tous périls pour sa santé, celle-ci fut mise à de bien plus graves épreuves. L'hiver

approchait, et avant qu'il fût arrivé, les deux voyageurs avaient résolu de gagner le Sud. Leur plan était
de rejoindre, près de Pittsburg, les bords de l'Ohio ; là,
de s'embarquer sur un bateau à vapeur et de descendre
l'Ohio et le Mississipi jusqu'à la Nouvelle-Orléans ; voyage
très-simple et très-facile en temps ordinaire, même à
cette époque où les chemins de fer n'existaient pas encore. Mais l'hiver arriva, cette année, un mois plus tôt
que de coutume. Dans ce pays, d'ailleurs, les saisons
sont extrêmes et se succèdent sans transition. Quelques
jours après leur départ de Baltimore, où l'été durait
encore, ils rencontraient dans les Alleghanys la neige et
les frimas qui ne les quittèrent plus. Mais ici, pour
rendre plus rapide ce récit, qu'on ne veut qu'esquisser,
il convient, à défaut des notes d'Alexis de Tocqueville
qui sur ce point manquent, de reproduire textuellement
celles de son compagnon de voyage, telles qu'il les traçait au crayon jour par jour :

« .... 1er décembre (1831), départ de Wheeling, à
« dix milles de Pittsburg, sur le bateau à vapeur le ***.
« L'Ohio chargé de glaçons. Ses rives couvertes de neige.
« Navigation qu'on dit dangereuse la nuit, surtout par
« une nuit sombre. Cependant, nous allons toujours....
« vers minuit, cri d'alarme ! *all lost !* c'est la voix du
« capitaine, nous avons donné contre un écueil (Bur-
« lington Bar); notre bateau s'y est brisé; il enfonce à
« vue d'œil. Impression solennelle ; deux cents passa-
« gers à bord, et seulement deux chaloupes pouvant

« contenir chacune dix à douze personnes. L'eau monte,
« monte ; elle remplit déjà les cabines. Admirable sang-
« froid des femmes américaines ; il y en a là cinquante ;
« pas un cri à l'aspect de la mort qui s'approche d'elles.
« Tocqueville et moi nous jetons un coup d'œil sur
« l'Ohio qui, en cet endroit, a plus d'un mille de large et
« dont le cours traîne d'énormes glaçons ; nous nous
« serrons la main en signe d'adieu.... Tout à coup, le
« bateau cesse de s'enfoncer ; sa coque s'est accrochée à
« l'écueil même qui l'a brisée ; ce qui le sauve, c'est la
« profondeur même de sa blessure et la rapidité avec la-
« quelle l'eau qui l'envahit le fait asseoir sur le rocher...

« Plus de danger... Mais qu'allons-nous devenir,
« ainsi plantés au milieu du fleuve comme des prison-
« niers sur des pontons ?

« Un autre bateau à vapeur, le *William Parsons*,
« passe et nous prend à son bord..... Nous continuons
« notre route..... Le 2 décembre, arrivée à Cincinnati,
« hâte de repartir ; le froid nous presse..... Le 3, départ
« de Cincinnati..... Froid rigoureux. Le 4, notre ba-
« teau s'arrête pris dans les glaces. Vingt-quatre heures
« passées dans une petite crique, où nous nous sommes
« retranchés pour attendre le dégel. Le dégel ne vient
« pas. Le froid augmente.

« Le capitaine prend le parti de nous déposer sur
« le rivage, dont on s'approche en cassant peu à peu la
« glace, et en ouvrant ainsi un passage à notre bateau.

« Débarqués à West-Port, petit village du Kentucky,
« situé à vingt-cinq milles environ de Louisville.

« Impossibilité de trouver ni voiture, ni chevaux pour
« nous transporter à Louisville ; il faut faire la route à
« pied ; nos bagages sont jetés dans une charrette que
« nous escortons. Nous marchons toute la journée à
« travers les bois, dans un demi-pied de neige. L'Amé-
« rique n'est encore qu'une forêt.

« Le 7 décembre au soir, arrivée à Louisville. Là,
« même embarras. L'Ohio n'y est pas plus navigable
« qu'à West-Port. Que faire ? revenir sur nos pas ? re-
« passer par les lieux déjà vus ? Inadmissible. Mais com-
« ment continuer ? — Moyen de salut : c'est, nous dit-
« on, de gagner à travers les terres un point plus méri-
« dional, où la navigation du Mississipi n'est jamais
« entravée par les glaces. On nous indique Memphis,
« petite ville du Tennessée, située sur la rive gauche du
« Mississipi..... à quatre cents milles environ (près de
« cent cinquante lieues).

« Le 9, départ de Louisville dans le stage de Nash-
« ville, route de deux jours et deux nuits. En arrivant
« à Nashville, nous apprenons avec douleur que le Cum-
« berland est gelé (c'est un affluent de l'Ohio).

« Le 11 décembre, départ de Nashville. A mesure
« que nous avançons dans le Sud, nous trouvons un froid
« plus vif. Jamais, dit-on, de mémoire d'homme on n'a-
« vait rien vu de pareil. C'est toujours ce que l'on dit à
« ceux qui ne viennent qu'une fois..... Froid de dix
« degrés au-dessous de glace. Le froid augmente tou-
« jours. Notre *stage* se change en un char-à-bancs dé-
« couvert. Routes affreuses. Descentes à pic. Point de

« voie encaissée ; la route n'est qu'une trouée faite dans
« la forêt. Le tronc des arbres mal coupés forme comme
« autant de bornes qu'on heurte sans cesse. Seulement
« dix lieues par jour. — Vous avez, n'est-ce pas, de
« très-mauvaises routes en France ? me dit un Améri-
« ricain. — Oui, monsieur, et vous en avez, n'est-ce
« pas, de bien belles en Amérique ? Il ne me comprend
« pas. Orgueil américain.

« Après Nashville, pas une ville sur la route. Il n'y a
« plus que quelques bourgades éparses çà et là, jusqu'à
« Memphis.

« Le 11 décembre, une soupente et une roue, puis
« un essieu cassés. Moitié de la route faite à pied. Nous
« accusons notre mauvais sort. Plaignez-vous donc, nous
« dit-on ; avant-hier, deux voyageurs se sont cassé en
« route, l'un le bras, l'autre la jambe.

« Le 12, le froid toujours plus rigoureux ; nous pas-
« sons en bac le Tennessée, qui porte de gros glaçons.
« Tocqueville transi de froid ; il éprouve un frisson gé-
« néral. Il a perdu l'appétit ; sa tête prise ; impossible
« d'aller plus loin, il faut s'arrêter..... Où ? comment ?
« Point d'auberge sur la route. Angoisse extrême. Le
« stage va toujours..... Voici enfin une maison : *Sandy-*
« *Bridge* (nom du lieu). Log-House! N'importe, on nous
« y dépose.....

« 13 décembre ; quelle journée ! quelle nuit ! Le lit
« où Tocqueville se couche est dans une chambre dont
« les murs se composent de morceaux de chêne non
« équarris, posés les uns sur les autres. Il gèle à pierre

« fendre. J'allume un feu monstre; la flamme petille
« dans l'âtre, excitée par le vent qui nous vient de tous
« côtés. La lune nous envoie ses clartés par les inter-
« stices des pièces de bois. Tocqueville ne se réchauffe
« qu'en s'étouffant sous son drap et sous la multitude
« de couvertures dont je le charge. Nul secours à obte-
« nir de nos hôtes. Profondeur de notre isolement et de
« notre abandon. Que faire? que devenir, si le mal s'ag-
« grave? quel est ce mal? où trouver un médecin? Le
« plus proche à plus de 30 milles; plus de deux jours
« nécessaires pour l'aller chercher et revenir; à mon
« retour que trouverai-je?

« Monsieur et madame Harris (c'est le nom de nos
« hôtes), petits propriétaires du Tennessée; ils ont des
« esclaves; en leur qualité de propriétaires d'esclaves,
« ils ne font rien. Le mari chasse, se promène, va à
« cheval; certains airs de gentleman; petits aristocrates
« à mœurs féodales, donnant l'hospitalité aux voyageurs,
« moyennant cent sous par jour.

« Le 14, Tocqueville mieux. Ce ne sera pas une ma-
« ladie; trop faible cependant pour repartir. Difficulté
« de trouver des vivres qui lui conviennent. Prodige
« de diplomatie pour obtenir de madame Harris un
« lapin que M. Harris a tué, et que je fais manger à
« mon malade, à la place de l'éternel *beacon* (viande de
« porc.)

« Le 15 décembre, grand progrès; le 16, Tocque-
« ville tout à fait bien: retour de l'appétit. Grand in-
« térêt de fuir au plus tôt ce lieu inhospitalier. Le stage

« de Nashville à Memphis passe. Quel stage ! Tocqueville
« y monte, non sans peine. Le froid est toujours intense.
« Route de deux jours et deux nuits. Nouveaux acci-
« dents sans gravité, mais non sans souffrances.

« Le 17 décembre arrivée à Memphis. Hélas! le
« Mississipi aussi est couvert de glace et sa navigation
« suspendue.

« Memphis!!! grand comme Beaumont-la-Chartre;
« quelle chute! rien à voir, ni hommes ni choses. Nos
« promenades dans les forêts du Tennessée. Joie de
« Tocqueville qui tue deux perroquets du plus char-
« mant plumage. Nous trouvons Shakespeare et Milton
« dans un log-house.

« 24 décembre. Le froid cède tout à coup. — Le soir,
« un bateau à vapeur (*le Louisville*) paraît; il descend
« le fleuve. En quelques jours, il nous emporte à la
« Nouvelle-Orléans, où nous voilà : 1ᵉʳ janvier 1832. »

Le souvenir de *Sandy-Bridge* et de quelques mauvais
jours ne serait rien aujourd'hui et ne manquerait même
pas de quelque douceur, si on n'y apercevait pas déjà,
sinon l'atteinte du mal auquel Alexis de Tocqueville
a prématurément succombé et dont rien n'indique
qu'il portât alors le moindre germe, du moins les
symptômes de cette constitution délicate qui a toujours
été si chancelante et lui a si souvent été un obstacle dans
sa vie.

CHAPITRE III

Après avoir passé une année aux États-Unis, Alexis de Tocqueville était de retour en France, où désormais son grand intérêt fut d'écrire le livre dont il avait les matériaux dans les mains et le plan dans la tête.

Il en fut détourné quelque temps par les soins qu'il fallut donner à la question pénitentiaire, dont les deux commissaires avaient à rendre compte au gouvernement et au public, et sur laquelle ils adressèrent un rapport au ministre et publièrent en commun un livre qui fut leur premier ouvrage [1].

[1] Sous le titre de *Système pénitentiaire aux États-Unis et de son application en France*, 1 vol. in-8°. — 2e édition, 2 vol. in-8°. — 3e édition, 1 vol. in-18. Traduit en allemand par le docteur Julius, de Berlin, et en anglais, par François Lieber, de Boston, auteur distingué de plusieurs ouvrages, entre autres d'un livre intitulé *Political Ethics*, aujourd'hui membre correspondant de l'Institut. (*Note de l'édition* 1860.)— François Lieber est mort en 1803.

Il aurait pu trouver aussi, dans ses fonctions de magistrat qu'il était venu reprendre à Versailles, sinon un obstacle, du moins un travail rival de l'œuvre qu'il méditait. Cet obstacle cessa tout à coup par une circonstance fortuite. Son ami, M. de Beaumont, qui avait repris son poste au parquet de Paris, ayant refusé de porter la parole dans une affaire où le rôle du ministère public lui paraissait devoir être peu honorable, avait été, pour ce fait, révoqué de ses fonctions. Alexis de Tocqueville, se jugeant atteint par le coup qui frappait son ami, envoya immédiatement sa démission, conçue dans ces termes :

« Toulon, 21 mai 1852.

« Monsieur le procureur-général,

« Me trouvant en ce moment à Toulon où je me livre « à l'examen du bagne et des autres prisons de cette « ville, je n'apprends qu'aujourd'hui même, par *le Mo-* « *niteur* du 16 mai, la mesure rigoureuse, et j'ose dire « souverainement injuste, dont M. le garde-des-sceaux « a frappé M. G. de Beaumont.

« Lié depuis longtemps par une intime amitié avec « celui qu'une destitution vient ainsi d'atteindre, dont je « partage les principes et dont j'approuve la conduite, je « crois devoir m'associer volontairement à son sort et « quitter avec lui une carrière où les services et la « conscience ne peuvent garantir d'une disgrâce immé- « ritée.

« J'ai donc l'honneur de vous prier, monsieur le pro-

« cureur-général, de vouloir bien mettre sous les yeux
« de M. le garde-des-sceaux ma démission de juge sup-
« pléant près le tribunal de Versailles.

« J'ai l'honneur, etc. »

A vrai dire, par ce fait la magistrature perdait plus
qu'Alexis de Tocqueville. En abandonnant ses fonctions,
il redevenait maître absolu de son temps, dont il allait
faire un si noble usage.

C'est de 1832 à 1834 qu'il composa ses deux premiers volumes de *la Démocratie en Amérique*. Ces deux
années, de 1832 à 1834, furent probablement les deux
plus heureuses de sa vie. Non-seulement il se livra avec
passion à son œuvre, mais il s'y livra sans un seul
trouble.

Exempt désormais de tout devoir professionnel, non
encore marié, mais aimant déjà celle qui devait être sa
femme, l'esprit tranquille et le cœur plein, il était dans
cette situation si rare et toujours si courte dans la vie,
où l'homme, affranchi de toutes obligations, de tous
liens, de tous soucis, ne prenant de la famille et du
monde que ce qu'il veut, libre ainsi sans être isolé, se
trouve en pleine possession de son indépendance intellectuelle.

Ce fut alors un spectacle digne d'intérêt que celui que
présenta, pendant ces deux années, l'existence austère et
passionnée d'Alexis de Tocqueville, réfugié tout le jour
dans une mansarde mystérieuse dont presque personne
n'avait le secret, se livrant là avec délices à la joie si

vive et si pure que procurent seules les créations de l'esprit ; en possession d'une sécurité profonde, jouissant de cette paix que vous assure si bien l'indifférence du plus grand nombre ; valant en ce moment autant qu'il valut jamais, mais ignoré de tous et de lui-même ; plein d'espérances et aussi de craintes ; à la veille d'être illustre, mais encore inconnu, et séparé seulement par quelques instants de ce tourbillon du succès qui allait bientôt l'emporter et avec ses grandes jouissances lui imposer ses servitudes.

Le génie de l'homme n'enfante rien de grand au milieu des petits bruits de ce monde. Malheur à l'écrivain qui ne s'élève pas au-dessus de terre et ne se crée pas un ciel pour penser ! Ce ciel pur, Alexis de Tocqueville le trouvait dans la vie qu'il s'était faite, et qui s'écoulait si douce et si belle entre le travail qui exaltait son esprit et le tendre sentiment qui remplissait son cœur.

Les deux premiers volumes de *la Démocratie en Amérique* parurent au mois de janvier 1835.

Il n'entre point dans le plan de cette Notice d'analyser le livre d'Alexis de Tocqueville. Il est dans toutes les mains, chacun peut le juger [1]. Il suffit ici de constater son immense succès, succès tel qu'on ne saurait peut-être de notre temps le comparer à aucun autre. Tout

---

[1] Ceux qui voudraient en avoir l'analyse peuvent lire le beau travail publié récemment par M. de Laboulaye sur la vie et les ouvrages d'Alexis de Tocqueville. Voir *Journal des Débats*, du 1er octobre 1859. Voir aussi le jugement porté par M. de Sacy dans ses *Variétés littéraires*, tome II, page 107 (note de l'édition de 1860).

le monde sait le mot de M. Royer-Collard, après avoir lu *la Démocratie :* « Depuis Montesquieu il n'a rien paru » de pareil. » « Et vingt ans après on répète le même » jugement, » ajoutait naguère en rappelant ces paroles dans une circonstance solennelle un historien célèbre et un homme d'État illustre, M. de Barante [1]. Ce qui caractérise surtout ce succès, c'est, si l'on peut s'exprimer ainsi, son universalité. Il n'existe peut-être pas d'autre exemple d'un livre qui, tout en s'adressant aux plus hautes intelligences, ait pénétré plus avant dans le grand public. Le premier signe de succès populaire se montra pendant l'impression du livre, et au sein même des ateliers où celle-ci s'exécutait. Alexis de Tocqueville fut frappé de l'intérêt que paraissaient y prendre les divers ouvriers qui en étaient chargés. Tous, depuis le prote et les correcteurs d'épreuves jusqu'aux simples compositeurs, apportaient un soin insolite à leur travail, témoignaient à l'auteur leur sympathie, et semblaient passionnés pour le succès d'un ouvrage auquel chacun, dans sa mesure, s'honorait d'avoir concouru. C'était là un bon présage, auquel Alexis de Tocqueville fut d'autant plus sensible que son éditeur, homme pourtant très-intelligent, mais qui, sans doute, n'avait pas lu son manuscrit, ne s'était qu'à son corps défendant, et après le refus d'un autre libraire, chargé de cette publication.

Les éditions se succédèrent avec une incroyable rapidité, presque toutes dans le format économique, qui

[1] Société de l'Histoire de France, séance du 2 mai 1859.

convient au très-grand nombre; et à l'heure qu'il est
le livre a atteint sa quatorzième édition. Le succès continue, et si l'on osait exprimer ici une conviction profonde, on dirait qu'il grandira encore d'année en année,
trouvant ainsi dans sa durée la consécration qui ne
s'attache qu'aux œuvres du génie.

On ne doit pas s'étonner qu'à l'aspect de ce succès,
tous les partis fussent jaloux de s'approprier le livre et
son auteur. Les uns firent d'Alexis de Tocqueville un
démocrate, les autres un aristocrate : il n'était ni l'un
ni l'autre. Alexis de Tocqueville était un homme qui,
né dans l'aristocratie avec le goût de la liberté, avait
trouvé la démocratie en possession des sociétés modernes, et, la prenant pour un fait accompli, désormais impossible à discuter, croyait qu'à l'égalité absolue qu'elle
établit partout il fallait s'efforcer de joindre la liberté,
sans laquelle l'égalité a des entraînements sans frein et
des oppressions sans contre-poids, et jugeait cette union
si nécessaire qu'il ne voyait pas de but plus considérable
à poursuivre, de notre temps, et qu'il consacra toute sa
vie à cette entreprise. C'était la pensée-mère de son livre,
et, on peut le dire déjà, des ouvrages qui l'ont suivi.

Tout grand publiciste a eu un but principal dans ses
écrits. Cette union de la liberté à l'égalité a été celui
d'Alexis de Tocqueville; et non-seulement il a cherché
passionnément les conditions fondamentales de la liberté
dans un état démocratique, mais encore on peut dire
qu'il les a vues et signalées : à la base de la société, un
pouvoir municipal bien enraciné; entre l'individu et

l'État le jury et un pouvoir judiciaire assez fort pour qu'entre le gouvernement et les citoyens il y ait toujours un arbitre impartial ; des libertés locales établies en dehors des dangers qui menacent incessamment la grande liberté politique, de telle sorte qu'en cas de ruine de celle-ci, toutes les autres ne meurent pas avec elle. Nul autre avant lui n'avait aussi bien compris et aussi bien mis en lumière de quel secours les institutions judiciaires sont pour la liberté, et comment ces institutions sont plus nécessaires dans un état démocratique que dans aucun autre. C'est ce que met en relief, à chaque page, sa *Démocratie en Amérique*.

Ce n'est pas seulement en France que le succès de *la Démocratie* fut éclatant ; il fut le même à l'étranger où tout aussitôt le livre fut traduit dans toutes les langues. Mais ce qui surtout est digne d'observation, c'est la sensation qu'il produisit dans le pays qui en était le sujet et dont il contenait plus d'une critique, c'est-à-dire dans les États-Unis eux-mêmes. Les Américains ne pouvaient comprendre comment un étranger, après un an seulement de séjour au milieu d'eux, avait pu avec une aussi merveilleuse sagacité saisir leurs institutions et leurs mœurs, en pénétrer l'âme et leur montrer, sous une forme si nette et si logique, ce qu'ils n'avaient jamais aperçu que confusément. Il n'est pas un homme éminent aux États-Unis, qui ne reconnaisse que c'est M. de Tocqueville qui lui a appris la constitution de son pays et l'*esprit des lois* de l'Amérique.

Et ce qui n'est pas moins digne de remarque, c'est

qu'en même temps qu'il produisait cette impression
chez le peuple le plus démocratique du monde, il trouvait une égale faveur dans le pays le plus aristocrati-
quement constitué, en Angleterre. Là aussi, son livre
rencontrait dans tous les rangs de la société, dans la
presse, dans les salons, à la tribune même, une approbation universelle dont M. de Tocqueville eut du reste
l'occasion de recevoir personnellement les témoignages. A cette époque, en effet (mai 1835), toujours avec
son compagnon de voyage d'Amérique, il visita l'Angleterre, où la brillante réception qui lui fut faite le
toucha d'autant plus qu'une circonstance particulière
lui en faisait encore mieux sentir tout le prix. Deux ans
auparavant (en 1833), il était venu aussi en Angleterre ; il y avait été reçu, sans doute avec bienveillance,
mais avec cette bienveillance froide due seulement à son
nom et aux lettres d'introduction dont il était porteur.
En comparant ce premier accueil avec celui dont, en
ce moment, il était l'objet, il mesurait la révolution
qu'un seul jour avait faite dans son existence, et il jouis-
sait vivement d'un changement qu'il ne devait qu'à lui-
même.

Telle était l'autorité morale que, par la publication
de son livre, Alexis de Tocqueville avait tout à coup
acquise en Angleterre, que, profitant de sa présence à
Londres, un comité de la chambre des communes, qui
faisait alors une enquête sur les garanties dont il convient d'entourer le vote dans les élections politiques,
l'appelait dans son sein pour lui demander sur ce sujet

le tribut de ses lumières [1], et les paroles prononcées
par Alexis de Tocqueville en cette circonstance produi-
sirent assez d'effet pour que six mois après elles fussent reproduites dans le Parlement lui-même, et par qui?
Par sir Robert Peel qui s'en emparait au profit de ses
opinions dans le même temps que le parti opposé à sir
Robert Peel invoquait aussi M. de Tocqueville en sa faveur.

C'est un des caractères du livre de M. de Tocqueville,
comme celui de tous les produits d'une intelligence supérieure, d'occuper une sphère indépendante des vues
étroites des partis, des accidents du jour et des passions
du moment. C'est ainsi qu'il a été tout d'abord et sera
longtemps encore invoqué par les opinions les plus contraires ; et ceci explique le double succès obtenu en
même temps dans le pays où l'aristocratie est dominante
et celui où la démocratie est souveraine.

Ce voyage d'Angleterre eut pour Alexis de Tocqueville un autre avantage ; il fut pour lui l'origine d'un
certain nombre de relations personnelles avec des hommes distingués de ce pays, dont quelques-uns ont été
des amis de toute sa vie. C'est à son retour de ce voyage,
rempli pour lui de vives impressions et de souvenirs
flatteurs, qu'au mois d'octobre 1835 il épousa la jeune
Anglaise, mademoiselle Marie Mottley, dont il était depuis longtemps passionnément épris. La même année
vit ainsi s'accomplir pour lui deux grands événements :

[1] Voir Minutes of evidence taken before the select committee on bri-
bery at elections. 22 juin 1835.

le succès de son premier livre, succès immense qui le précipita tout d'un coup dans la vie publique, et son mariage qui fixait à jamais le destin de sa vie privée.

Parmi les actes particuliers de l'homme, il n'en est certainement pas un seul qui exerce une plus grande influence sur tout le reste de sa vie que son mariage, ni qui mette mieux à découvert le fond de son caractère. Mademoiselle Mottley n'avait presque aucune fortune, et contre un tel mariage les hommes raisonnables, selon les lois du monde, ne manquaient pas d'objections. Ces objections trouvaient encore une nouvelle force dans les brillants succès d'Alexis de Tocqueville, dont la valeur personnelle, constatée avec cet éclat, ajoutait un avantage de plus à ceux qu'il tenait déjà de sa naissance et de sa fortune. Il n'hésita pas cependant. Ce serait bien la peine d'être supérieur par l'intelligence, si on restait au niveau commun par les sentiments et par le caractère! Alexis de Tocqueville, quoique sa raison comprît les idées démocratiques, avait conservé l'aristocratie des sentiments; or, il n'y a rien de si aristocratique que le mépris de l'argent. Tout en comprenant très-bien la valeur de l'argent comme moyen d'action dans ce monde, Alexis de Tocqueville n'y voyait cependant qu'un intérêt secondaire. Il n'admettait pas que pour être riche on risquât son bonheur et son honneur; et à la différence de tant de gens qui, en se mariant, aspirent avant tout à conclure une *bonne affaire*, il mit sa sagesse et son orgueil à se marier selon sa raison et son cœur. En agissant ainsi il ne suivit pas seulement son instinct; il était profondément convaincu de l'influence morale qu'exerce sur l'existence tout entière de l'homme le caractère personnel de celle qu'il a prise pour compagne. Il savait bien que, dans la vie publique comme dans la vie privée, la conscience la plus droite et l'indépendance la plus ferme chancellent bientôt si elles n'ont pas auprès d'elles une force auxiliaire sur laquelle elles s'appuient; il savait que la défaillance est-certaine pour qui s'allie à la faiblesse; enfin, il se connaissait et il ne voyait de bonheur possible pour lui que dans le choix d'une femme qui confondît absolument sa vie dans la sienne, s'associât sans réserve à son genre de vie, à ses goûts, à ses travaux, à ses passions, si éloignées des goûts et des passions du monde. Il avait aperçu toutes ces choses dans celle qu'il aimait, et dès lors sa résolution fut prise irrévocablement. Combien de fois il a dit à celui qui écrit ces lignes, que son mariage, critiqué par *quelques sages*, avait été l'acte le plus sensé de sa vie! Nul ne sait peut-être, autant que celui qui était le confident de ses plus intimes secrets, ce qu'a été pour lui, pendant vingt-cinq ans d'union, cette douce et fidèle compagne de sa vie, ce qu'il a trouvé en elle de sympathie passionnée pour ses succès, de secours dans ses découragements, de calme et de sérénité dans ses troubles et ses mélancolies, de soins, de dévouement, d'abnégation et d'énergie dans toutes ses épreuves!

Un an après son mariage, de retour de Suisse, où il venait de faire avec sa femme un voyage de quelques mois, il écrivait à son plus vieil ami [1] une lettre qui, certes, n'était pas destinée à la publicité, et dont un passage montre mieux que tout ce que l'on pourrait dire comment il jugeait lui-même celle à laquelle il avait uni son sort.

« Nacqueville [2], 10 octobre 1836.

. . . .

. . . . « Je ne puis te dire le charme inexprimable
« que j'ai trouvé à vivre ainsi continuellement avec
« Marie, ni les ressources nouvelles que je découvrais
« à chaque instant dans son cœur. Tu sais qu'en voyage
« plus encore qu'à l'ordinaire je suis inégal, irritable,
« impatient. Je la grondais bien souvent, et presque
« toujours à tort ; et dans chacune de ces circonstances
« je découvrais en elle des sources inépuisables de ten-
« dresse et d'indulgence ; et puis je ne saurais te dire
« quel bonheur on éprouve, à la longue, dans la com-
« pagnie habituelle d'une femme chez laquelle tout ce
« qu'il peut y avoir de bien dans votre âme se réfléchit
« naturellement et paraît mieux encore. Quand je fais
« ou dis une chose qui me semble complétement bien,
« je lis aussitôt dans les traits de Marie un sentiment de
« bonheur et de fierté qui m'élève moi-même. De même
« que, quand ma conscience me reproche quelque
« chose, j'aperçois immédiatement un nuage dans ses

[1] Le comte Louis de Kergorlay.
[2] Nacqueville, près de Cherbourg, est le château appartenant au comte de Tocqueville (Hippolyte), frère aîné d'Alexis, et chez lequel celui-ci se trouvait lorsqu'il écrivit cette lettre au comte de Kergorlay.

« yeux. Quoique maître de son âme à un point rare,
« je vois avec plaisir qu'elle m'intimide ; et tant que
« je l'aimerai comme je fais, je suis sûr de ne jamais
« me laisser entraîner à quelque chose qui ne soit pas
« bien. . . . .

   « Il n'y a pas de jour où je ne remercie le ciel d'a-
« voir placé Marie dans mon chemin, et où je ne pense
« que si quelque chose peut donner le bonheur sur cette
« terre, c'est une semblable compagne. . . . .

. . . . »

Ce qu'il pensait et écrivait alors, il le pensait bien plus
encore et l'écrivait de même vingt-cinq ans plus tard,
alors qu'au milieu de bien des rêves évanouis et de bien
des espérances déçues il ne voyait de stable et de complet qu'un seul bonheur, celui qu'il avait trouvé dans son
mariage.

Cependant le succès du livre de *la Démocratie*, sanc-
tionné par le public, reçut bientôt une consécration
plus éclatante ; il porta tout aussitôt son auteur à l'Institut qui, c'est bien le cas de le dire, lui ouvrit ses portes
à deux battants. Déjà, en 1836, l'Académie française,
qui chaque année couronne les livres les plus utiles aux
mœurs, avait à ce titre décerné à *la Démocratie en Amérique* un prix extraordinaire qu'elle avait porté de 6,000
francs, qui est le maximum usité, à 8,000 francs, afin
de marquer par là une distinction exceptionnelle[1]. En

[1] Séance de l'Académie française, du 11 août 1836. Le prix fut donné
sur le rapport de M. Villemain, qui, après avoir analysé *la Démocratie*

1838, Alexis de Tocqueville fut élu membre de l'Académie des sciences morales et politiques[1]; et cette élection eut lieu dans des circonstances qui montrèrent bien le vif désir qu'éprouvait l'Institut de posséder Alexis de Tocqueville dans son sein. Le titulaire à remplacer était M. La Romiguière qui, comme chacun sait, appartenait par tous ses travaux à la section de philosophie. C'est là qu'il y avait un vide à remplir; et ce vide, on doit l'avouer, ne semblait pas devoir être comblé par l'élection d'Alexis de Tocqueville, dont les titres étaient d'un autre ordre. Pour prévenir toute objection et tout regret, l'Académie imagina de faire passer l'un de ses membres, M. Jouffroy, de la section de morale, où il était sans doute parfaitement, dans la section de philosophie où il serait encore mieux, et elle rendit ainsi vacante une place dans la section de morale où elle appela Alexis de Tocqueville qui, par son caractère et par ses ouvrages, y convenait si bien. Cependant, en 1841, un fauteuil étant devenu vacant par la mort de M. de Cessac, Alexis de Tocqueville fut élu aussi membre de l'Académie française[2].

A cette époque, les titres et la renommée de Tocque-

en Amérique, concluait ainsi : « Tel est livre de M. de Tocqueville; le talent, la raison, la hauteur des vues, la ferme simplicité du style, un éloquent amour du bien caractérisent cet ouvrage, et ne laissent pas à l'Académie l'espérance d'en couronner souvent de semblables... » (Moniteur du 19 août 1836.)

[1] 6 janvier 1838.

[2] Élection du 24 décembre 1841. On trouvera dans le tome IX le remarquable discours de réception d'Alexis de Tocqueville à l'Académie française et la réponse de M. le comte Molé. (V. p. 1 et 607.)

ville s'étaient encore accrus par la publication, faite en
1840, des deux derniers volumes qui complétèrent son
livre sur l'Amérique, ceux où il peint l'influence de la
démocratie sur les mœurs.

On s'est abstenu plus haut de porter un jugement sur
les deux premiers volumes de *la Démocratie;* on obser-
vera la même réserve à l'égard de ceux-ci. Qu'il suffise
de constater que ces deux derniers volumes coûtèrent à
leur auteur beaucoup plus de travail et un bien plus
grand effort. Il se sentait obligé par le succès; il aspirait non-seulement à ne pas décroître, mais à grandir
encore. Il avait coutume de dire à ses amis : « On ne
« doit jamais se proposer de faire un bon livre, mais
« un livre excellent. » Maxime non d'orgueil, mais de
sévérité envers lui-même, qu'il appliquait à ses moindres
créations comme à ses plus grands ouvrages. Outre
qu'il médita plus profondément son sujet pour s'en rendre plus maître, il s'appliqua aussi à perfectionner son
style : il avait fait un livre admirable avant de se bien
rendre compte des secrets de l'art d'écrire. Il avait cependant, en travaillant, entrevu ces secrets. Il était convaincu que c'est seulement à la condition de les pénétrer
qu'on crée des œuvres durables; il croyait fermement
que tout travail de l'esprit, quelle que soit son étendue,
est avant tout une œuvre d'art, et que la pensée n'a de
puissance et de valeur que par sa forme. Dans la première partie de *la Démocratie,* Tocqueville avait souvent été un très-grand artiste sans le paraître; dans la
seconde, il l'est toujours, mais en laissant voir davantage

l'effort. Du reste, si cet effort s'aperçoit, on en voit aussi
le fruit, qui est certainement un grand progrès de style.
Dans son ardente aspiration vers un perfectionnement
continu, il voulut relire tous ceux qui ont excellé dans
l'art, et avant tout les grands maîtres du dix-septième
siècle. Il s'appliqua à découvrir la méthode et les procédés de chacun d'eux, mais il n'en étudia aucun avec
plus de constance et d'amour que Pascal. Ces deux esprits étaient faits l'un pour l'autre. Cette obligation incessante de penser que vous inflige Pascal était pour lui
pleine de charme ; peut-être pourrait-on trouver dans
cette prédilection l'origine du seul défaut qu'on lui ait
reproché, qui est de laisser trop peu de répit à son lecteur, surtout dans quelques parties des derniers volumes
de *la Démocratie*, où il semble que l'enchaînement étroit
qui y lie toutes les idées ne permette à l'esprit aucun
repos.

Tocqueville avait complétement échappé à ce reproche dans la première partie de *la Démocratie*, où le tableau animé qu'il présente des institutions américaines
lui fournit sans cesse un texte de faits auxquels les idées
générales se mêlent et avec lesquels elles se confondent.
Un Anglais, auteur d'un livre intéressant sur les États-
Unis [1], le félicitait un jour du mérite de cette première
partie : « Ce que j'admire particulièrement, lui disait-il,
« c'est qu'en traitant un si grand sujet, vous ayez si
« complétement évité les idées générales. » Rien n'était

---

[1] Le capitaine Basyl Hall.

moins exact que ce jugement qui charma cependant Tocqueville en lui apprenant que les idées générales qui
abondent dans son livre sont assez habilement revêtues
de formes particulières pour qu'un esprit, sans doute
peu profond, mais cependant éclairé, ne les aperçût pas
tout d'abord à travers l'enveloppe qui les recouvre. La
lecture de son second ouvrage ne pouvait faire naître une
semblable impression. Dans ces études sur le mouvement
intellectuel, sur les sentiments et sur les mœurs des Américains, il n'est plus possible à l'auteur de dissimuler les
idées générales, et, en incorporant celles-ci à des faits, de
les rendre tout à la fois saisissantes sans être apparentes.
Ici ce sont des idées sur des idées : tout esprit incapable
de remonter lui-même aux sources d'où elles découlent
et de saisir, par sa propre force, leur vérité profonde, a
dû éprouver quelque fatigue à la lecture de ce livre et
n'y a peut-être vu qu'une suite de propositions ingé-
nieuses, admissibles mais contestables. Les esprits énergiques seuls ont été émerveillés de la puissance avec laquelle l'auteur porte la netteté et la précision dans les
matières où l'on a coutume de rester vague et obscur.
La composition de cette œuvre sans modèle leur a paru
un véritable tour de force, et ils ont placé ces deux volumes non-seulement au niveau, mais au-dessus même
des deux premiers.

Nous avons dit tout à l'heure que Tocqueville, désireux de développer son esprit et de perfectionner son
talent, avait fait des grands écrivains du dix-septième
siècle une étude particulière. Tout s'enchaîne dans les

travaux de l'intelligence, et ceci le conduisit à réparer certaines lacunes de son instruction première. Dans son entraînement vers les ouvrages purement historiques, il avait trop négligé peut-être les œuvres des grands philosophes et des célèbres moralistes de l'antiquité et des temps modernes; leur lecture lui était cependant une préparation salutaire pour cette partie de son travail où il jugeait l'influence de la démocratie sur les sentiments, les idées et les mœurs d'un peuple. Aussi dévora-t-il plutôt qu'il ne lut Platon, Plutarque, Machiavel, Montaigne, Rousseau, etc., etc., etc. « J'éprouve, écrivait-il « à un de ses amis, en lisant ces ouvrages qu'il est hon- « teux d'ignorer, et que hier je connaissais à peine, le « même plaisir que ressentait le maréchal Soult en ap- « prenant la géographie quand il était ministre des af- « faires étrangères. » La quantité d'ouvrages divers qu'il lut alors est prodigieuse; il n'y a qu'une espèce de livres qu'au milieu de son travail Tocqueville ne lisait pas et qu'il s'interdisait même absolument : ce sont ceux qui de près ou de loin traitaient de son sujet; il craignait toujours qu'après être entré dans la voie tracée par un autre son esprit eût de la peine à retrouver son propre chemin, et qu'ainsi il courût le risque de perdre l'élan et l'originalité qui étaient à ses yeux le premier mérite de toute composition.

Quoi qu'il en soit, on comprend par ce qui précède comment il mit cinq ans à créer la seconde partie du livre dont la première ne lui avait demandé que deux années.

Mais, outre qu'il s'appliqua davantage à cette seconde partie de *la Démocratie en Amérique*, il y eut une autre cause qui lui en rendit la composition plus lente : ce fut le changement qui était survenu dans sa position personnelle et qui lui avait fait perdre l'indépendance absolue, privilége exclusif de la première jeunesse.

Sans parler des liens domestiques nés de son mariage et des liens du monde nés de son succès, deux circonstances étaient venues compliquer sa vie : la première, c'était la propriété avec des intérêts agricoles ; la seconde, la politique.

Rien sans doute n'est plus sain pour l'esprit et plus favorable à son libre développement que la vie des champs, mais c'est à la condition d'en prendre la tranquillité seule et d'en fuir les intérêts. Ce qu'il faut, en effet, à la pensée pour germer et éclore, c'est le silence, la sécurité, l'absence de tout trouble, la certitude qu'au moment où elle naît l'inspiration ne sera pas étouffée dans son germe, brisée dans son essor, ou seulement interrompue par quelque incident, une affaire privée, un soin domestique, etc., etc. Cette sécurité parfaite, exempte non-seulement de troubles, mais de menaces, la campagne l'offre à une seule condition : c'est qu'on y soit chez les autres. Or Tocqueville y était chez lui.

Quoiqu'il eût deux frères dont il était le cadet, le vicomte et le baron Édouard de Tocqueville, des arrangements de famille survenus en 1836 après la mort de sa mère, et rendus faciles par la tendresse mutuelle qui

avait toujours uni les trois frères, l'avaient rendu possesseur, en Normandie, du vieux manoir paternel, du
château de Tocqueville, situé dans la presqu'île dont
Cherbourg forme la pointe.

C'était une habitation très-délabrée, pleine de souvenirs et de ruines. Des fenêtres du château on y voit la
mer et toutes les scènes magnifiques qui se déploient
sur son rivage. Ce pays si beau est en même temps le
plus fertile du monde, et nulle part peut-être la nature
ne présente un aspect plus grandiose et plus riche. Mais
toutes ces vieilles traditions attachées au sol, toutes
ces séductions de la nature et de la propriété sont d'autant plus dangereuses pour l'esprit qu'elles sont plus
douces au cœur. Les intérêts sont les plus grands ennemis des idées, et alors même que la propriété ne détruit
pas l'homme intellectuel en s'emparant de son âme, elle
lui nuit en lui prenant son temps. Tocqueville lutta
sans doute contre de tels ennemis, mais moins énergiquement peut-être qu'il ne l'eût fait, si tous ces intérêts
de propriété, nuisibles à son livre, ne se fussent trouvés
en même temps très-utiles à une autre chose qui l'occupait déjà. Cette autre chose, c'était son entrée dans la
vie politique.

Assurément la vie politique fût venue le chercher
alors même qu'il n'eût pas été au-devant d'elle, car,
dans les pays libres, tout ce qui tire un homme de la
foule attire sur lui les regards du peuple, et à cette
époque il était déjà illustre; mais la vérité est qu'il la
souhaitait. Tocqueville avait beaucoup d'ambition : non

cette ambition vulgaire qui se repaît d'argent et de places, ou se satisfait de vains honneurs ; cette sorte d'ambition-là, il ne la connut jamais que pour la mépriser ; mais celle qui l'animait et dont il était plein, c'était cette mâle et pure ambition, la première des vertus publiques dans les pays libres, qui, dans celui qui l'éprouve, se confond avec l'amour du pays et la passion de sa grandeur, qui aspire à gouverner l'État, mais au prix des luttes inséparables de la liberté, au milieu d'efforts sans cesse renouvelés et de succès dus à la seule supériorité du mérite et des talents : grande et noble ambition qu'il faut honorer et non flétrir, qui seule donne au pouvoir son lustre et sa dignité, et qui grandit ceux même qu'elle n'élève pas.

Cependant l'habitation du sol avec ses intérêts n'est pas seulement utile, elle est nécessaire à la vie politique. Elle seule crée et conserve l'existence locale, qui elle-même donne l'élection ; et l'élection, dans les pays libres, c'est l'acte de naissance de l'homme politique.

Pour établir son existence en Normandie, Tocqueville avait eu à lutter, non-seulement contre les difficultés attachées à toute nouvelle candidature, mais encore contre des obstacles exceptionnels. Malgré l'influence considérable de son père dans cette province, ou plutôt à cause de cette influence même, il avait rencontré dans le corps électoral une disposition générale et d'ailleurs bien naturelle à lui attribuer des opinions légitimistes. Il lui fallut beaucoup de temps, de rapports personnels avec ses concitoyens, pour combattre ce préjugé, qui

était si vivace que, n'était le secours qui lui vint de son
livre, le bruit qu'il fit dans le monde et dont les échos
retentirent jusque dans les moindres hameaux normands, il est douteux qu'il eût jamais triomphé d'un
tel obstacle. L'obstacle était d'ailleurs accru par la dignité même du caractère de Tocqueville, qui, quoique
désirant beaucoup d'arriver à la chambre élective, était
cependant résolu de n'y entrer que dans les conditions
d'une entière indépendance. On va juger par un fait de
la vivacité de son sentiment sur ce point.

Lors des élections de 1837, le comte Molé, alors président du conseil, sachant la candidature de Tocqueville
dans le département de la Manche, l'avait d'office, et à
l'insu de Tocqueville lui-même, recommandé comme
candidat du gouvernement. En agissant ainsi, M. Molé
n'avait fait que céder à un sentiment de sympathie et
d'affection pour un jeune homme distingué qui était son
parent, dont il voyait avec joie la renommée naissante,
et qu'il ne pourrait que s'attacher encore en lui prêtant
son patronage. Cependant, une semaine ou deux avant
l'élection, Tocqueville, qui s'était présenté comme
exempt de tous liens avec le ministère, informé de l'appui que celui-ci lui prêtait, et qui, en assurant, il est
vrai, son élection, pouvait porter atteinte à son caractère, s'empressa d'adresser au comte Molé la réclama-
tion la plus vive ; celle-ci provoqua une réponse non
moins vive de M. Molé, et fut ainsi l'occasion d'une correspondance qui, certainement, les honore tous les deux :
l'un par la franchise et la fermeté avec lesquelles il re-

pousse l'appui qui eût amené son succès ; l'autre, par la noblesse avec laquelle il avait offert cet appui et la dignité avec laquelle il le retire. La conséquence fut que Tocqueville ne fut pas nommé, mais la cause de son échec fut connue et mit en lumière son caractère. Deux ans après, aux élections générales de 1839, il fut élu à une immense majorité[1]. A cette époque il était, on peut le dire, en pleine possession de son collége électoral..

Mais qui ne comprend combien de trouble avait dû jeter dans sa vie intellectuelle cette laborieuse préparation de la vie politique, combien d'énergie et quelle puissance de volonté il lui fallut pour mener de front, au milieu des entraves d'une santé toujours fragile, la composition de son livre, dont l'achèvement voulait le recueillement et la solitude, et l'intérêt de son ambition politique, qui lui imposait le contact et les soins du monde ? Il avait été élu au mois de mars 1839, et c'est seulement au commencement de 1840 que les deux derniers volumes de *la Démocratie en Amérique* furent publiés. De ce jour, sa vie littéraire cesse pour n'être reprise que quinze ans plus tard, et sa vie politique commence.

---

[1] Par l'arrondissement de Valognes (Manche).

CHAPITRE IV

De 1839 à 1848, Tocqueville, élu et toujours réélu par l'arrondissement de Valognes, a siégé sans interruption à la Chambre des députés, où il a constamment voté avec l'opposition constitutionnelle.

Ces temps sont trop près de nous pour qu'il soit possible de juger avec une entière liberté la part qu'il prit aux affaires publiques. Pendant ces dix dernières années de la monarchie constitutionnelle, à laquelle il était sincèrement attaché, Tocqueville n'a pas cessé de combattre une politique qu'il semble peu opportun d'attaquer aujourd'hui, alors même qu'on en éprouverait la disposition. Il avait alors en face de lui des hommes qu'il respecta toujours comme adversaires et qui depuis ont cessé de l'être. Tout ce qui ressemblerait à une agression rétrospective contre ces hommes, dont quelques-uns vivent encore, eût été désavoué par lui et ne pourrait qu'affliger sa mémoire. A quoi bon d'ailleurs évoquer de tels sujets de dissidence entre ceux que rapproche aujourd'hui un sentiment commun, bien supérieur à leurs divergences passées et à leurs anciennes rivalités? Un jour viendra sans doute où la conduite des divers partis durant cette période, gouvernement et opposition, sera soumise au jugement de l'histoire, et parmi les pièces de ce grand procès il faudra certainement compter plusieurs des discours prononcés par Tocqueville à la tribune, ses votes, ses actes, l'attitude de résistance tout à la fois modérée et ferme qu'il avait prise vis-à-vis du gouvernement du roi Louis-Philippe et dans laquelle il a persisté jusqu'au 24 février. Le moment d'écrire cette histoire n'est point encore arrivé, et toute discussion sur cette époque serait prématurée.

Mais ce qu'on peut dire dès à présent sans offenser une seule personne ni blesser aucun parti, c'est que Tocqueville a marqué avec éclat son passage dans la vie parlementaire; qu'il y a porté une intention toujours droite, une ambition constamment subordonnée au bien public, une pensée profonde, une parole grave, souvent brillante et applaudie, toujours écoutée avec respect, un jugement et une raison supérieure; et que, dans ces temps où nulle défaillance ne se produisait sans être signalée, son caractère universellement honoré n'essuya jamais ni une attaque, ni un soupçon.

Il n'a point, on doit le reconnaître, pris dès le début dans la politique le premier rang où il s'était tout d'abord placé dans les lettres : c'est que, doué des principales qualités qui font l'homme d'État, il manquait de quelques-unes des conditions qui font le grand orateur ; et sous un régime parlementaire, on ne saurait être l'un sans l'autre. Il parlait facilement, avec une grande élégance, mais sa voix manquait quelquefois de puissance : ce qui tenait à la faiblesse de sa constitution physique. Peut-être aussi le débat l'agitait trop ; il en était trop ému. Avec sa nature si fine et si délicate, il y apportait une trop grande susceptibilité d'impression ; il y était comme une sensitive. Les luttes de la tribune demandent cependant à l'orateur autant de vigueur et de sang-froid que la guerre en exige du soldat et du général ; car dans les assemblées, celui qui parle est tout à la fois général et soldat : c'est lui qui se bat et qui mène. De pareilles luttes étaient au-dessus des forces de Tocqueville, qui ne s'y engageait jamais sans que sa santé en fût plus ou moins ébranlée. C'était pour lui une trop grande crise pour qu'il l'abordât souvent. La conséquence fut qu'il monta trop rarement à la tribune pour s'y établir en maître.

Une autre chose nuisait à Tocqueville comme orateur : c'étaient les habitudes que son esprit avait contractées en écrivant. On peut sans doute citer l'exemple de quelques grands écrivains devenus des orateurs illustres ; il n'en est pas moins vrai, d'une manière générale, que c'est une mauvaise préparation pour bien parler en public et improviser que d'écrire un livre. L'esprit s'accoutume, dans le travail littéraire, à une certaine méthode régulière et poursuit un certain idéal de formes qui sont peu compatibles avec les accidents et l'imprévu de la tribune. Presque toutes les grandes qualités d'un livre sont des défauts dans un discours. Le principal mérite d'un ouvrage, c'est d'être écrit en vue de l'avenir. Dans les assemblées, tout l'intérêt d'un discours est celui du moment : la grande affaire c'est la journée. Le livre est une pensée ; le discours, un acte. Ce qu'on développe dans un livre, à la tribune on l'indique.

Tocqueville arriva à la Chambre avec ses habitudes et ses méthodes d'écrivain ; à ses yeux, un discours était trop une œuvre d'art, au lieu d'être seulement un moyen d'action. Pour qu'une idée lui semblât digne d'être portée à la tribune, il fallait sans doute qu'elle lui parût juste, mais encore, et c'était à ses yeux une autre condition, qu'elle fût neuve. Il avait pour ce que l'on appelle les *lieux-communs* une répugnance insurmontable : excellente disposition pour qui fait un livre, mais la plus nuisible de toutes pour l'orateur parlant dans les grandes assemblées, où le lieu-commun est principalement en faveur.

Tocqueville avait d'ailleurs dans la pratique des lettres et dans les études mêmes qu'il avait faites de l'art d'écrire, contracté une autre habitude, toujours bonne pour l'écrivain et mauvaise quelquefois pour l'orateur : c'est de ne jamais dire un mot de plus que ce qu'il faut pour exprimer sa pensée et pour la rendre sensible à tout esprit doué d'une intelligence suffisante. L'orateur est gouverné par une autre loi, celle de subordonner l'étendue de son discours aux impressions de son auditoire, de suivre pas à pas ces impressions, d'arrêter le développement de sa pensée au moment où elle paraît comprise, de le continuer sous une nouvelle forme, s'il s'aperçoit qu'elle n'a pas été bien saisie ; de le poursuivre jusqu'à ce que l'évidence éclate, en glissant sur ce qui blesse et en demeurant sur le terrain de la passion dès qu'il l'a trouvé. Tout cela se concilie mal avec les habitudes de l'écrivain, surtout de l'écrivain parfait. Si donc Tocqueville n'a pas été supérieur à la tribune, c'est surtout, il faut le reconnaître, parce qu'il était supérieur dans les lettres ; et le défaut qui lui a le plus nui comme orateur lui est venu de sa principale qualité comme écrivain.

Ceci explique pourquoi quelques-uns de ses discours, accueillis froidement, sont lus aujourd'hui avec un vif intérêt et gagneront en durée ce qui leur a manqué en effet immédiat[1].

Du reste, pendant toute la période de 1839 à 1848, il est vrai de dire que son talent oratoire s'est trouvé placé dans les conditions les moins favorables pour se produire. Tocqueville n'était vraiment éloquent à la tribune que lorsqu'il y montait sous l'empire d'une passion vive et profonde qui l'y poussait, l'y inspirait et l'y soutenait. Or, le rôle d'opposant que pendant tout ce temps sa conscience lui prescrivit ne le passionna jamais. Il était pour ce rôle trop circonspect, trop contenu et peut-être trop prévoyant. Il n'y avait en lui rien du tribun, et

---

[1] Voir ses principaux discours politiques, tome IX.

sa nature l'avait fait plutôt un homme de gouvernement que d'opposition. Il le prouva bien plus tard ; mais il le montra même à cette époque où, étant en dehors du pouvoir, il avait si peu d'occasions de constater son aptitude aux affaires. C'est ainsi qu'à peine entré à la chambre, en 1839, ayant été nommé rapporteur de la proposition relative à l'abolition de l'esclavage dans les colonies, il sut non-seulement tracer d'une main habile et sûre les grands principes de justice et d'humanité qui devaient amener le triomphe de cette sainte cause, mais encore, par un langage plein de respect pour les intérêts existants et pour les droits acquis, préparer le gouvernement et l'esprit public à une indemnité, et les colons à un sacrifice.

De même, l'année suivante (1840), chargé du rapport du projet de loi relatif à la réforme des prisons, il eut le talent d'abord dans la commission, puis dans la Chambre, de faire prévaloir toutes les dispositions importantes de ce projet qui n'était, du reste, que l'application pratique de ses propres théories sur la matière. Et un peu plus tard, lorsque fut portée devant les Chambres (en 1847) la grande question des affaires d'Afrique, Tocqueville qui, pour l'étudier, avait fait deux voyages en Algérie, l'un au printemps de 1841, qui pensa lui coûter la vie, l'autre dans l'hiver de 1846, fut nommé membre et rapporteur de la commission extraordinaire instituée par la Chambre, et rédigea, au nom de la Commission, un rapport dans lequel les principes en matière de colonisation sont si bien posés qu'aujourd'hui encore le gouvernement n'aurait peut-être rien de mieux à faire que d'y chercher l'inspiration de ses actes et la règle de sa conduite. Tocqueville était éminemment pratique, au grand étonnement ou au grand chagrin de ceux qui voudraient que l'homme qui excelle à penser fût inférieur dans l'action, c'est-à-dire que le moins habile dans sa conduite soit celui qui sait le mieux la raison de ce qu'il fait. Il possédait les deux principales qualités de l'homme politique : la première, la perspicacité qui pénètre l'avenir, découvre à l'avance les voies à suivre, les écueils à éviter, voit plus loin et plus avant que tous, qualité précieuse, non-seulement pour l'homme de gouvernement, mais pour tout chef de parti ; la seconde, la connaissance des hommes. Nul ne savait mieux que lui se les attacher et s'en servir, discerner leurs qualités et leurs défauts, tirer parti des unes et des autres, demander à chacun l'office auquel il était le plus propre, et, après le service rendu, les laisser toujours contents de lui et d'eux-mêmes : très-ouvert et très-discret, jamais caché, ne disant jamais que ce qu'il voulait dire, dans la mesure et à l'heure où il le voulait dire, et le disant avec une grâce infinie qui donnait un prix extrême à toutes ses paroles. En somme, Tocqueville était évidemment un de ces hommes éminents par l'esprit, les talents et le caractère, qui, sous un gouvernement représentatif et dans des temps réguliers, sont destinés à prendre une part principale aux affaires de leur pays.

Dans un discours prononcé le 27 janvier 1848 à la

tribune de la Chambre des députés, Tocqueville avait, d'une voix presque prophétique, annoncé la révolution qui était près de s'accomplir.

« . . . . On prétend, disait-il, qu'il n'y a point de
« péril, parce qu'il n'y a point d'émeute ; on dit que
« comme il n'y a point de désordre matériel à la
« surface de la société, les révolutions sont loin de
« nous.

« Messieurs, permettez-moi de vous dire que je crois
« que vous vous trompez. Sans doute le désordre n'est
« pas dans les faits, mais il est entré profondément dans
« les esprits. Regardez ce qui se passe au sein de ces
« classes ouvrières, qui aujourd'hui, je le reconnais,
« sont tranquilles. Il est vrai qu'elles ne sont pas tour-
« mentées par les passions politiques proprement dites,
« au même degré où elles en ont été tourmentées jadis ;
« mais ne voyez-vous pas que leurs passions, de politi-
« ques, sont devenues sociales ? Ne voyez-vous pas qu'il
« se répand peu à peu dans leur sein des opinions, des
« idées qui ne vont point seulement à renverser telles
« lois, tel ministère, tel gouvernement même, mais la
« société, à l'ébranler sur les bases sur lesquelles elle
« repose aujourd'hui ? N'écoutez-vous pas ce qui se dit
« tous les jours dans leur sein ? N'entendez-vous pas
« qu'on y répète sans cesse que tout ce qui se trouve
« au-dessus d'elles est incapable et indigne de les gou-
« verner ; que la division des biens faite jusqu'à pré-
« sent dans le monde est injuste ; que la propriété repose

« sur des bases qui ne sont pas les bases équitables? Et
« ne croyez-vous pas que quand de telles opinions pren-
« nent racine, quand elles se répandent d'une manière
« presque générale, quand elles descendent profondé-
« ment dans les masses, elles doivent amener tôt ou
« tard, je ne sais quand, je ne sais comment, mais
« qu'elles doivent amener tôt ou tard les révolutions les
« plus redoutables.

   « Telle est, messieurs, ma conviction profonde; je
« crois que nous nous endormons, à l'heure qu'il est,
« sur un volcan (*Réclamations*), j'en suis profondément
« convaincu (*Mouvements divers*). . . . . . »

   Tocqueville fut donc plus affligé que surpris de la
révolution du 24 février 1848, mais la douleur qu'il en
éprouva fut profonde. Aucun lien intime et particulier
ne l'unissait à la dynastie tombée, pour laquelle il n'a-
vait jamais éprouvé qu'un attachement constitutionnel;
mais sa grande intelligence avait mesuré tout d'abord
l'étendue du péril que cette révolution faisait courir à la
liberté. Le péril lui paraissait immense, et le mal qu'il
devait amener, le plus grand de tous. Au milieu de tant
de malheurs irrémédiables, de tant de ruines consom-
mées, conjurer, s'il était possible, ce suprême péril, lui
sembla la seule entreprise qui restât à tenter. Or, après
avoir contemplé attentivement ce qui se passait sous ses
yeux, les passions du pays, la division des partis en
France, cette division fidèlement reproduite dans l'Assemblée, à tort ou à raison il demeura convaincu de deux

choses : la première, c'est que la seule et peut-être la
dernière chance de la liberté pour la France était dans
l'établissement de la république ; et la seconde, c'est
que tout ce qui serait fait pour empêcher le succès de
la république aboutirait à la ruine de celle-ci au profit
du pouvoir d'un seul. En jugeant ainsi, il ne cédait assurément à aucun entraînement ; beaucoup de choses
dans la république de 1848 choquaient ses instincts et
offusquaient sa raison : l'origine violente et subreptice
de cette révolution, les hommes qui l'avaient proclamée,
le dévergondage des théories qu'elle avait enfantées, et
jusqu'aux formes ridicules de langage qu'elle avait
inaugurées, tout cela répugnait profondément à sa nature et l'éloignait de la république ; mais ce qui l'y attirait, c'était la grandeur du mal à éviter et dont la république, si elle parvenait à se fonder, lui paraissait seule
capable de préserver la France. Tocqueville eût tout fait
pour prévenir la république, parce qu'il ne doutait pas
que l'effet naturel de sa venue ne fût de précipiter la
France dans d'immenses périls ; et à présent qu'elle
était née, il voyait le salut dans son maintien. Avait-il
tort ? L'établissement de la république était-il une chimère ? Il faut prendre garde de tout juger par l'événement. Combien de gens qui déclaraient la république
impossible, et qui proclamaient plus impossible encore
la durée du pouvoir absolu ! Quoi qu'il en soit, telles
étaient les convictions de Tocqueville, qu'il faut bien
faire connaître, parce qu'elles peuvent seules donner la
clef de sa conduite à cette époque solennelle de l'histoire

contemporaine. Ces convictions furent là règle de tous
ses actes, et il est remarquable qu'au milieu des circonstances les plus propres à troubler l'esprit des hommes
Tocqueville n'eut pas un seul moment d'hésitation et de
faiblesse, et se montra constamment plus énergique et
plus résolu qu'il ne l'avait jamais été.

Le département de la Manche avait envoyé Tocqueville
en qualité de représentant du peuple à l'Assemblée con-
stituante qui, comme on sait, fut convoquée le 4 mai.
Nommé membre de la Commission de constitution, Tocqueville apporta dans cette commission la préoccupation
grave qui remplissait son âme; il concourut avec une entière sincérité à l'œuvre assez ingrate dont la Commission
était chargée, œuvre qui fut très-défectueuse, sans doute,
qui ne pouvait manquer de l'être, exécutée entre le 15 mai
et le 24 juin, et qui peut-être l'eût été moins si elle eût con-
sacré les idées que Tocqueville s'efforça en vain d'y introduire. Ainsi, pour ne citer qu'un exemple, Tocqueville
aurait voulu, qu'au lieu d'être nommé par le suffrage direct des citoyens, le président de la république fût nommé,
comme il l'est aux États-Unis, par un nombre restreint
d'électeurs élus eux-mêmes par le suffrage universel. Il
aurait voulu aussi, au lieu d'une assemblée unique, une
représentation composée de deux Chambres. Mais quoique ses opinions n'eussent pas prévalu, il n'en prêta pas
moins jusqu'à la fin son concours loyal et sincère au
travail de la Commission, bien convaincu d'ailleurs que
dans des temps pareils le succès immédiat d'une constitution dépend beaucoup moins des principes qu'elle

énonce que de la conduite des hommes qui l'exécutent. C'est toujours animé du même sentiment et avec la même netteté de concours que Tocqueville appuya le général Cavaignac. Il le soutint énergiquement, non-seulement dans ses votes, mais encore de ses vœux, sans se faire aucune illusion sur les difficultés de sa candidature ni sur le déclin graduel de ses chances. La vue de ce déclin, le sentiment profond des malheurs vers lesquels on marchait à grands pas, causaient à Tocqueville une peine patriotique. Le souvenir de ce qu'il pensait alors existe sans doute dans la mémoire d'un grand nombre, mais il n'est peut-être nulle part mieux consigné que dans sa correspondance avec l'auteur de cette Notice qui alors était à Londres, et auquel il adressait jour par jour le bulletin de l'Assemblée nationale, le degré du thermomètre politique et ses impressions particulières. Cette correspondance très-curieuse, qui ne saurait aujourd'hui être publiée, mais pourra l'être plus tard, met à nu avec une vérité de coloris saisissante les plaies du temps, celles des hommes et des choses, en même temps que la tristesse qu'en éprouvait Tocqueville.

Au mois d'octobre 1848, deux de ses amis politiques, MM. Dufaure et Vivien, qu'animaient les mêmes désirs et les mêmes craintes, étant entrés dans les conseils du général Cavaignac, Tocqueville fut chargé de la mission de représenter la France en qualité de plénipotentiaire à la conférence de Bruxelles, qui avait pour objet la médiation de la France et de l'Angleterre entre l'Autriche et la Sardaigne. Quoique cette médiation eût été

formellement acceptée par l'Autriche, Tocqueville jugeait bien dès lors, à la tournure que prenaient les événements dans ce pays et en France, que la conférence
avait de grandes chances de ne jamais être réunie. Il accepta cependant, de peur que son refus opposé à de vives
instances ne parût un déni de concours aux amis qui le
pressaient, et auxquels il craignait d'autant plus de nuire
qu'il jugeait plus honorable et plus difficile le succès de
leur entreprise. Enfin lorsque, six mois après l'élection
du 20 décembre 1848, le retour de l'émeute ramena la
crainte de l'anarchie et fit sentir la nécessité de replacer
encore une fois le maintien de l'ordre sous le drapeau
de la république et de la constitution, le président de la
république, ayant fait appel aux hommes constitutionnels et les plus reconnus pour tels, Tocqueville, qui venait d'être élu membre de l'Assemblée législative, accepta
le portefeuille des affaires étrangères et entra avec ses
amis, MM. Dufaure et Lanjuinais, dans le ministère pré-
sidé par M. Barrot, et qui ainsi reconstitué le 2 juin
1849, dura jusqu'au manifeste du 31 octobre de la
même année. Dans le moment où ce ministère se forma,
Tocqueville voyageait avec sa femme sur les bords du
Rhin, et mandé par ses amis à Paris, il n'y arriva que
pour y prendre le poste auquel il se trouvait ainsi appelé.

Ce court passage au ministère des affaires étrangères
aurait suffi, à lui seul, pour montrer la rare capacité
pratique dont était doué Tocqueville, qui, dans l'espace
de quelques mois, eut à porter le fardeau de deux

grandes affaires : l'affaire de Rome qu'il trouva engagée,
et celle des réfugiés hongrois, dont l'Autriche et la
Russie voulaient exiger l'extradition de la Porte Otto-
mane. Tous ceux qui virent alors Tocqueville à l'œuvre
admirèrent la netteté de ses vues, la droiture et la fermeté de ses actes. Il est bien rarement arrivé à un ministre de laisser, en si peu de temps, une trace aussi
brillante et aussi durable de son passage aux affaires,
non-seulement dans son ministère, mais encore dans les
chancelleries étrangères ; c'est une impression que purent constater tous les agents diplomatiques de la France
à cette époque, parmi lesquels deux de ses amis personnels avaient, par son influence, accepté, l'un, le général Lamoricière, le poste de Pétersbourg, l'autre,
celui de Vienne. Dès l'arrivée de ses premières dépêches,
on fut frappé du ton élevé et digne dont elles étaient
empreintes. Tocqueville faisait d'ailleurs sentir la séduction de son esprit et de son caractère à tous ceux qui
entraient en contact avec lui ; et lorsque l'acte du 31 octobre le sépara du président de la république, celui-ci,
qui avait également subi ce charme, s'efforça de le retenir à lui et de l'attacher à ses desseins. Sans être insensible à ces témoignages d'estime, Tocqueville n'en
pouvait être ébranlé. Il voulait le maintien de la république, et on marchait à l'empire, ou plutôt l'*empire
était fait*. L'Assemblée législative se traîna encore plutôt qu'elle ne vécut pendant deux années, comme ces
corps robustes qui, blessés mortellement, ne peuvent ni
vivre ni mourir. Tocqueville y siégea jusqu'à la fin avec

le profond dégoût et la tristesse amère que donnait le spectacle de cette longue agonie. Il n'eut pas, du reste. à se reprocher un seul moment de faiblesse et d'abandon. Il demeura jusqu'au bout ferme et droit dans la ligne de conduite qu'il s'était tracée, et lorsque la question de la révision de la constitution fut agitée *in extremis* au sein de l'Assemblée, sans s'abuser sur le caractère des pétitions qui demandaient cette révision, mais convaincu que les pouvoirs du président allaient être renouvelés et que si quelque chose pouvait diminuer la portée funeste de ce coup d'État populaire, c'était de le rendre à l'avance constitutionnel, il vota pour la révision, et, au nom de la commission dont il était l'organe, il exposa les motifs de son opinion dans un rapport qui fut le dernier et l'un des plus remarquables de ses travaux parlementaires. Quelques jours après, il n'y avait plus de parlement.

Peu de temps auparavant, Alexis de Tocqueville, que les travaux de son ministère avaient fatigué, et dont la santé déjà très-altérée réclamait un climat plus chaud que celui de la France, était allé chercher le repos et le soleil près de Naples, à Sorrente, où il passa l'hiver, et où il n'aurait eu que trop le droit de prolonger son séjour. Mais quelque douce et salutaire que fût sa résidence dans ce charmant asile où la réunion de quelques amis[1] ajoutait l'agrément d'une société intime et choisie

---

[1] J.-J. Ampère, auquel M. Senior, madame et mademoiselle Senior étaient venus se joindre. C'est là que M. Senior recueillit ce volume de conversations, datées de *Sorrente*, et dont on parle plus loin.

à toutes les séductions et à tous les bienfaits de la nature,
Tocqueville s'était hâté de le quitter pour revenir à
Paris dès qu'il avait vu l'orage grossir et près d'éclater
sur l'assemblée dont il était membre. Il voulait être à
son poste et prendre sa part du péril au jour de la lutte,
car il espérait une lutte, et il fut là en effet le 2 décembre 1851. Il assista à la réunion du dixième arrondissement dont il approuva et signa toutes les résolutions,
fut conduit avec 200 de ses collègues de la mairie du
dixième arrondissement à la caserne du quai d'Orsay, et
dans la nuit du 2 au 3 décembre transféré à Vincennes.
Ici cessa la vie politique de Tocqueville. Elle finit avec
la liberté en France.

Ce qui frappe le plus dans le caractère politique de
Tocqueville, c'est la fermeté dans la modération, la
grandeur morale et la dignité dans l'ambition.

En temps de révolution on est prompt à accuser de
faiblesse le caractère des hommes qui ne sont pas violents. Tocqueville n'avait rien, il est vrai, de cette énergie révolutionnaire, produit du tempérament plus encore
que des passions, qui procède par élans et par bonds, et
ne s'élève quelquefois très-haut que pour tomber plus
bas.

Tocqueville était ennemi de la violence, mais, dans la
mesure de l'opinion modérée qu'il avait choisie, nul
n'était plus énergique et plus constant que lui. Retranché sur cette ligne tracée par sa raison et fortifiée
par sa conscience, il y était inexpugnable et jamais il
n'en dévia un instant, soit pour s'emparer du pouvoir,

soit pour le conserver. Et pourtant cette ambition dont nous l'avons vu animé à son entrée dans la vie politique ne s'était pas éteinte en lui ; il la ressentait toujours aussi ardente, mais c'était toujours cette grande ambition qui, dans le pouvoir, comptant pour rien les vains honneurs et les avantages matériels, y voit seulement la gloire d'accomplir sinon de grandes choses, du moins des choses utiles au pays.

Convaincu que dans un pays libre le pouvoir doit appartenir à celui des partis politiques qui a la majorité, et qu'il n'y a de grandeur et de dignité dans le gouvernement qu'à la condition que le parti qui le prend y apporte son programme et y reste fidèle, il n'éprouvait d'ambition et ne la comprenait que dans la limite de ces principes élémentaires. A la vérité, c'est le sort de tous ceux qui ont ainsi compris l'ambition du pouvoir, de ne le saisir que bien rarement et plus rarement encore de le garder ; mais la possession et la durée du pouvoir n'en font pas la grandeur, et l'homme d'État qui veut que sa mémoire soit honorée doit avant tout conserver dans le maniement des affaires publiques sa dignité personnelle et le respect de soi-même[1].

[1] Sans affecter aucun mépris pour les distinctions honorifiques, et sans blâmer ceux qui y attachaient du prix, Tocqueville en faisait peu de cas. Jamais il ne porta aucun titre, quoiqu'il en eût le droit. Il n'avait pas plus de goût pour les décorations. En 1837, M. de Salvandy, alors ministre de l'instruction publique, lui ayant spontanément envoyé la croix de la Légion d'honneur, il l'accepta parce qu'il lui aurait semblé de mauvais goût de la refuser. Cependant, comme déjà, à cette époque, il pensait à entrer dans la vie politique et craignait que le ministre ne vît dans

Si Tocqueville n'a pas tenu longtemps dans ses mains ce qu'on appelle le *pouvoir*, il a connu une autre puissance plus haute et plus durable que celle qui vient du maniement quotidien des affaires, c'est l'influence

son acceptation un engagement, il écrivit à M. de Salvandy la lettre suivante :

« Paris, 16 juin 1837.

« Monsieur le ministre,

« Je n'ai pas répondu plus tôt à la lettre que vous avez bien voulu m'écrire le 6 de ce mois, parce que j'étais alors retenu dans mon lit par une assez grave indisposition. Je profite des premiers jours de ma convalescence pour le faire.

« J'étais bien loin, je vous l'avoue, de m'attendre à être compris dans la liste de ceux qui viennent de recevoir la croix de la Légion d'honneur. Je vous suis personnellement très-reconnaissant, monsieur le ministre, de vous être rappelé mon nom dans cette circonstance ; mais, permettez-moi de vous le dire, je n'avais point sollicité la faveur que je reçois, et pensais n'y avoir aucun droit. Dans la mission que j'ai remplie aux États-Unis en 1831, je n'ai fait que mon devoir, et rien de plus. Depuis lors, je n'ai pris part à aucune affaire publique et me suis borné à garder, comme je garde encore, une entière indépendance au milieu de tous les partis. Je ne puis donc voir dans la décoration qui m'est donnée qu'un suffrage que Sa Majesté veut bien accorder à l'auteur d'un ouvrage que le public a paru honorer de son approbation, et que l'Académie française a couronné l'année dernière comme le livre le plus utile aux mœurs[1].

« C'est une distinction que je reçois avec respect.

« ALEXIS DE TOCQUEVILLE. »

M. de Salvandy comprit ces réserves. Cependant, le 24 avril 1845, le même ministre écrivait à Tocqueville la lettre suivante :

« Mon cher confrère,

« Il faut que vous me le pardonniez. J'ai prêté mon contre-seing à fixer sur vous un des témoignages du souvenir et du bon vouloir royal, destinés à l'Académie des sciences morales et politiques. Le roi vous a nommé officier de la Légion d'honneur. Il m'a paru qu'honorer l'indépendance de

[1] *La Démocratie en Amérique.*

exercée par ses idées. Il a eu par là et il a encore sur son époque une grande action politique. Ses opinions ont fait école, partout on le cite, on le commente comme une autorité, à l'étranger comme en France. C'est surtout par cette puissante action sur les esprits que Tocqueville a été un homme politique et un homme d'État.

l'esprit en même temps que sa supériorité était un des droits aussi bien qu'une des consolations du poste où je suis.

« Tout à vous bien sincèrement,

« SALVANDY. »

Il était certainement pénible de ne pas accepter une faveur offerte avec tant de grâce et de cœur. Tocqueville, cependant, la refusa. En 1837, il n'était qu'homme de lettres. En 1845, il était député, homme politique, et dans l'opposition. Sa conscience, d'accord avec les principes de ce temps-là, lui interdisait d'accepter rien du ministère contre lequel il votait. M. de Salvandy, qu'aucune délicatesse ne surprenait, agréa les motifs de Tocqueville, retira la signature du roi, et prouva cent fois depuis à Tocqueville que les sentiments d'estime et de sympathie mutuelle qui les unissaient étaient bien au-dessus de pareilles épreuves.

Un jour, Tocqueville occupa le poste où les décorations abondent ; il n'en voulut aucune, et il quitta les affaires étrangères sans en emporter un seul crachat ; ce qui n'est peut-être arrivé à aucun autre titulaire.

Tocqueville ne portait qu'un seul ordre étranger : c'était la croix de l'*Étoile polaire*, que le roi de Suède lui avait envoyée en 1845.

CHAPITRE V

Après le 2 décembre 1851. — *L'ancien Régime et la Révolution.*
Œuvres et correspondance inédites.

Après ce brisement violent de son existence politique, Tocqueville, qui était membre de son conseil-général (dans le département de la Manche), et qui depuis plusieurs années en avait toujours été élu le président, tenait encore à la vie publique par ce lien, secondaire, il est vrai, mais profond, et peut-être plus avant dans son cœur qu'aucun autre. Ce lien, qu'il ne pouvait conserver qu'au prix d'un serment impossible à son honneur, il fallut le briser.

Ainsi atteint, Tocqueville ne fut point abattu. Il a été dans sa destinée de grandir avec toutes les épreuves de sa vie. Jamais il ne montra plus de force et de fierté que dans ces tristes temps. Il y avait dans les facultés de son âme et dans celles de son esprit une remarquable harmonie ; et de même que son talent oratoire s'élevait en proportion de l'importance des questions qu'il traitait, de même l'aggravation de l'épreuve trouvait son caractère plus ferme et plus fort. Il montra alors une admirable énergie.

On disait tout à l'heure que l'existence politique de Tocqueville avait cessé : on avait tort ; Tocqueville la continua. Il la continua d'abord en restant ce qu'il était, car en temps de révolution il n'y a qu'une manière de se conserver : c'est de ne point changer au milieu de tout ce qui change ; c'est de maintenir entier son caractère ; de ne pas, un seul jour, donner un démenti à son passé ; de supporter patiemment, noblement, non pas la disgrâce d'un prince, ce qui serait bien facile, mais celle du temps, plus triste et plus lourde ; de voir foulé aux pieds par la multitude tout ce que l'on a vu debout et honoré d'elle, sans en rien abandonner soi-même ; d'être témoin de cette apostasie et de garder sa foi au fond de son cœur, et non-seulement de la garder, mais encore de la montrer, de la professer, d'espérer son triomphe et, dans la mesure de ce qu'on a conservé de forces, de s'y dévouer. C'est ce que fit Tocqueville après le 2 décembre, simplement, sans effort, sans relâche, et avec une fermeté d'âme qui ne fléchit pas un seul instant.

Au milieu de la tristesse profonde qu'excitait dans son âme l'aspect des nouvelles destinées de son pays, Tocqueville résolut d'opposer la force morale à la force matérielle, de remplacer la possession du pouvoir par la dignité, l'action par la pensée ; et dans la sphère, quelque étroite qu'elle fût, laissée à l'indépendance de l'esprit, de travailler à la propagation, ou plutôt au réveil des idées qui peuvent dormir dans le monde, mais ne meurent pas.

Plein de ce sentiment, non-seulement Tocqueville se mit à l'œuvre, mais encore il entreprit de communiquer à ses amis l'ardeur dont il était animé ; et ce fut un vrai chagrin pour lui, en même temps qu'il les trouva tous si sympathiques à son courage et à son succès, de ne pouvoir obtenir de quelques-uns d'entre eux la reprise intellectuelle dont il leur donnait l'exemple. Nul ne fut assurément plus sollicité et plus rebelle à ses instances que celui qui, en écrivant ces lignes, semble y céder aujourd'hui, mais n'écrit, hélas! qu'une biographie, et ne peut se préserver d'un sentiment amer en pensant à quel prix il accomplit en ce moment l'un des derniers vœux de son ami.

Aussitôt après le 2 décembre 1851, Tocqueville s'était retiré dans sa terre de Normandie.

Il y a certainement dans le silence des champs et dans le repos de la vie privée succédant aux bruits de la cité et aux tumultes du forum quelque chose de délicieux, capable d'enivrer l'âme et de l'élever au-dessus d'elle-même. C'est une autre vie, un autre monde, et comme une autre humanité ; c'est la passion du vrai qui vous saisit au lieu de la passion du succès; c'est le désir de savoir, et non de réussir ; c'est un superbe mépris pour le nombre dont on était l'esclave : *Turba argumentum pessimi.* Mais pour sentir ces impressions et pour en jouir, il ne faut pas avoir l'âme mortellement triste, il faut posséder encore une patrie, il faut n'être pas dans son pays comme un exilé. Tocqueville avait trop de troubles dans l'esprit et trop de révoltes dans l'âme pour jouir de ces douces impressions. Ce n'est donc point pour les y chercher qu'il alla vivre à la campagne, mais pour s'y mettre au travail. Ce travail, ce fut son dernier livre : l'*Ancien Régime et la Révolution*.

La pensée première du livre date du séjour qu'il avait fait à Sorrente, six mois auparavant, au commencement de 1851, époque à laquelle, en songeant à l'état de la France, il ne prévoyait que trop déjà le sort qui allait écarter des affaires toute une génération et créer des loisirs qu'il faudrait occuper. C'était le temps où l'Assemblée nationale n'était pas encore morte, mais où chacun de ses membres sentait que chaque jour la vie se retirait d'elle. Voici ce que, le 10 janvier 1851, il écrivait [1] :

« Sorrente, le 10 janvier 1851.

« Je suis de plus en plus satisfait de mon séjour à
« Sorrente ; la beauté du pays et du climat est incom-
« parable, notre habitation est très-commode. . . Il ne
« manquait qu'un peu d'occupation d'esprit, un amu-
« sement de l'intelligence plutôt qu'un travail. Je
« commence à me le procurer. Déjà à Tocqueville j'a-
« vais recueilli quelques-uns de mes souvenirs sur le

[1] Lettre à Gustave de Beaumont.

« temps que j'ai passé aux affaires, et écrit quelques-
« unes des réflexions qui me vinrent à cette occasion
« sur les choses et les hommes de ce temps-là. J'ai re-
« pris ce petit travail, qui, comme vous le jugez bien,
« ne peut, quant à présent, avoir de publicité ni grande
« ni petite; et, quoique je n'aie pas retrouvé le goût et
« l'entrain que j'y avais mis à Tocqueville, il suffit pour
« me faire passer les heures de la matinée, où j'ai l'ha-
« bitude de donner une certaine dose de nourriture à
« mon esprit. Je vous lirai cela un jour, quand nous
« n'aurons qu'à rabâcher sur le passé. Vous compre-
« nez que les événements de mon ministère de cinq
« mois ne sont rien, mais l'aspect des choses que j'ai
« vues de si près était curieux et la physionomie des
« personnages m'intéressait. Ce sont, en général, d'as-
« sez vilains modèles dont je fais d'assez médiocres
« peintures; mais une galerie de contemporains fait
« souvent plus de plaisir à voir que les plus beaux por-
« traits des plus illustres morts. Toutefois ce travail, ou
« plutôt cette rêvasserie, est loin de suffire à l'activité
« d'esprit que j'ai toujours dans la solitude.

« Il y a longtemps, comme vous savez, que je suis
« préoccupé de l'idée d'entreprendre un nouveau livre.
« J'ai pensé cent fois que, si je dois laisser quelques
« traces de moi dans ce monde, ce sera bien plus par
« ce que j'aurai écrit que par ce que j'aurai fait. Je
« me sens d'ailleurs plus en état de faire un livre au-
« jourd'hui qu'il y a quinze ans. Je me suis donc mis,
« tout en parcourant les montagnes de Sorrente, à cher-

« cher un sujet. Il me le fallait contemporain, et qui
« me fournît le moyen de mêler les faits aux idées, la
« philosophie de l'histoire à l'histoire même. Ce sont
« pour moi les conditions du problème. J'avais souvent
« songé à l'empire, cet acte singulier du drame encore
« sans dénoûment qu'on nomme la Révolution française,
« mais j'avais toujours été rebuté par la vue d'obstacles
« insurmontables, et surtout par la pensée que j'aurais
« l'air de vouloir refaire des livres célèbres déjà faits.
« Mais cette fois le sujet m'est apparu sous une forme
« nouvelle qui m'a paru le rendre plus abordable. J'ai
« pensé qu'il ne fallait pas entreprendre l'histoire de
« l'empire, mais chercher à montrer et à faire com-
« prendre la cause, le caractère, la portée des grands
« événements qui forment les anneaux principaux de
« la chaîne de ce temps; les faits ne seraient plus en
« quelque sorte qu'une base solide et continue sur la-
« quelle s'appuieraient toutes les idées que j'ai dans la
« tête, non-seulement sur cette époque, mais sur celle
« qui l'a précédée et suivie, sur son caractère, sur
« l'homme extraordinaire qui l'a remplie, sur la direc-
« tion par lui donnée au mouvement de la Révolution
« française, au sort de la nation et à la destinée de toute
« l'Europe. On pourrait faire ainsi un livre très-court,
« un volume ou deux peut-être, qui aurait de l'intérêt
« et pourrait avoir de la grandeur. Mon esprit a tra-
« vaillé sur ce nouveau cadre et il a trouvé, en s'ani-
« mant un peu, une foule d'aperçus divers qui ne l'a-
« vaient pas d'abord frappé. Tout n'est encore qu'un

« nuage qui flotte devant mon imagination ; que dites-
« vous de la pensée-mère? . . . . »

Le nuage se dissipa, et Tocqueville, rentré dans la vie
privée, se mit à l'œuvre. On comprend quelle en était
la difficulté ; Tocqueville, qui voulait surtout peindre la
Révolution et ses effets, fut tout d'abord amené à l'étude
des temps qui l'ont précédée, comme pour connaître
l'effet on recherche la cause. Il entreprit de retrouver et
de décrire l'état social et politique de la France avant
1789. Il avait ainsi à faire, pour l'ancienne France,
quelque chose d'analogue à ce qu'il avait fait pour l'Amérique du Nord. Mais au lieu de travailler, comme aux
États-Unis, sur un pays et sur des institutions placées
sous ses yeux, il avait à peindre une société morte, des
temps et des institutions qui ne sont plus, et dont il fallait qu'il commençât par retrouver la structure pour en
tracer l'image. Or, on se fait difficilement une idée de
la peine qu'on a déjà, même après moins d'un demi-
siècle, à ressaisir les traces de ce qu'a détruit ou trans-
formé une grande et soudaine révolution. Tocqueville y
appliqua toutes les forces de son intelligence, en analy-
sant, avec sa prodigieuse sagacité, les éléments dont se
composait la société civile et politique en France, avant
et après 1789 ; il fit de chacun d'eux une étude approfondie pour laquelle il se livra à des recherches considérables. Il dut beaucoup pour ce travail aux grandes bibliothèques de l'État, mais nulle part peut-être il ne
puisa plus de documents utiles que dans les archives des

anciennes administrations provinciales, et notamment
dans celles de la généralité de Tours. L'intérêt de ces recherches, joint à celui de sa santé, qui lui recommandait
le climat tempéré de la Touraine, le fixa à Saint-Cyr, près
de Tours, pendant une partie de l'année 1854.

Mais pour l'étude de son sujet, il ne se borna pas à la
France : il voulut revoir l'Allemagne, où toutes les
traces de l'ancienne société féodale ne se sont pas
effacées, et où, mieux peut-être que partout ailleurs, on
aperçoit les passions d'un pays qui n'a pas encore con-
sommé sa révolution. Il exécuta ce voyage pendant l'été
de 1855 ; et comme, pour une pareille enquête, la connaissance de la langue allemande lui manquait, il eut
le courage de l'apprendre : ce qu'il fit assez rapidement
pour être, en peu de temps, capable de mettre à profit
les documents originaux.

C'est au commencement de 1856 qu'il publia la première partie de ce grand ouvrage, qu'il ne devait point,
hélas ! lui être donné d'achever.

Le succès du livre fut prodigieux, et aussi grand à
l'étranger qu'en France. Il fut aussitôt traduit dans toutes les langues [1], analysé dans toutes les revues et dans
tous les journaux et salué par un concert de louanges
unanimes [2].

Tocqueville ressentit de ce succès une satisfaction qui

[1] Même en russe. Saint-Pétersbourg, 2 vol. in-8°, 1864. (*Note de l'édition de* 1866.)

[2] Voir notamment l'article remarquable publié par la *Revue des Deux-
Mondes*, dans son n° du 1ᵉʳ août 1856, et dont l'auteur est M. de Ré-
musat.

n'était pas purement personnelle ; il croyait y voir un bon symptôme de l'esprit public, capable encore d'attrait pour les livres où la liberté est passionnément aimée. Si même quelque chose le troublait dans ce succès, c'était qu'il fût aussi général. Il lui semblait qu'il avait droit à quelques attaques des adversaires naturels de ses idées, et il craignait que l'indulgence avec laquelle ceux-ci eux-mêmes traitaient son livre n'attestât moins leur impartialité que l'indifférence du temps en matière politique. Quoi qu'il en soit, le jugement de tous les organes de l'opinion publique fut uniforme, surtout en un point : tous, en louant l'ouvrage, constatèrent dans son auteur un nouveau progrès, un goût encore plus pur, un style plus sobre, une pensée plus ferme et plus sûre d'elle-même.

Tocqueville devait, aux douze années qu'il avait passées dans les affaires publiques, une maturité de jugement et une puissance d'observation qu'il ne pouvait manquer d'apporter dans ses écrits. S'il est vrai que la vie littéraire soit une mauvaise préparation pour la politique, il ne l'est pas moins que la vie politique en est une excellente pour la composition d'un livre, surtout d'un ouvrage où l'étude des faits contemporains se confond avec l'histoire et où l'expérience de l'homme d'État importe autant que le talent de l'écrivain. En jetant un coup d'œil rétrospectif sur ces longues années, écoulées de 1840 à 1852, pendant lesquelles l'action politique suspendit pour Tocqueville la composition intellectuelle, peut-être trouverait-on que l'aptitude plus grande qu'il y puisa pour l'exécution de son dernier livre en fut le bienfait le plus certain.

En parlant comme on le fait ici du succès de cette publication, on ne rend peut-être qu'imparfaitement l'impression que produisit, sur l'esprit public, le livre de Tocqueville. Le sentiment qu'on éprouve en le lisant est, en effet, autre chose que le plaisir inspiré par la vue de ce qui est beau. En faisant cette lecture, on a l'âme toute pleine des grands intérêts qui remplissent aussi la pensée de l'auteur. On sait que ce ne sont pas seulement des récits curieux qu'il présente, mais que pour lui l'étude du passé n'est qu'une étude de l'avenir, dont il cherche les secrets et sonde les mystères. On comprend qu'il s'agit là de nos propres destinées et du sort de nos enfants. Il y a, dans le sentiment qu'on apporte à cette lecture, quelque chose de solennel qui ressemble à ce que faisait éprouver aux anciens la consultation de l'oracle. C'est plus que de l'admiration, c'est de l'émotion. Le lecteur pense autant à lui-même qu'au livre, et telle est la foi du lecteur dans les lumières de l'écrivain, qu'en lisant ses prémisses il a hâte d'arriver à sa conclusion.

Bien des gens en Europe, pour savoir le dernier mot sur notre révolution, attendaient cette conclusion. C'était aussi vers elle que Tocqueville dirigeait tous les efforts de son esprit. A vrai dire, le titre de *la première partie*, seule publiée, ne donnait pas une idée parfaitement exacte de ce que serait l'ouvrage entier. Si l'on en jugeait par ces mots *l'Ancien régime et la Révolution*, il semblerait que dans l'ordre de ses pensées l'auteur fît une part égale à l'étude de l'ancien régime et à celle de la Révolution française. Il n'en était cependant pas ainsi. Ce n'était point la peinture de l'ancienne société qui était son but final. Il n'empruntait à celle-ci d'autres tableaux que ceux dont il avait besoin pour mettre en lumière et en relief l'état nouveau, 1789, la Révolution, ses suites, l'empire et surtout l'empereur. C'est là qu'était le cœur de ses études ; là était la source de ses méditations, de ses anxiétés, de ses alternatives de tristesse et d'espérance. Le vrai titre de l'ouvrage eût été *la Révolution française*, et c'est celui que Tocqueville eût adopté s'il n'eût pas craint de prendre un titre usé. La Révolution française : c'était là sa pensée, le sujet qui l'obsédait, l'abîme ténébreux où il aspirait à porter la lumière, le problème redoutable dont il voulait trouver la solution.

Mais quelle serait cette solution ? Le volume publié ne la présente pas et ne pouvait la contenir, puisqu'il a surtout pour objet d'offrir une image abrégée du passé. Tout porte à penser que l'ouvrage entier aurait eu plusieurs volumes. Maintenant on conçoit tous les regrets que fait naître l'interruption d'une si grande œuvre. On les comprend d'autant mieux que le second volume était déjà très-avancé. Il ne fallait plus à Tocqueville que quelques mois pour l'achever. L'ordre des chapitres en est fixé ; la déduction des idées y est indiquée depuis le premier jusqu'au dernier. Quelques pages sont non-seulement écrites en entier, mais ont reçu la dernière touche du peintre; et là où les contours de la pensée ne sont pas encore complétement marqués, ils sont déjà indiqués.

On pourrait sans doute, en réunissant ces précieux matériaux, donner à ce second volume un corps et le livrer à la légitime curiosité du public. Mais qui oserait prendre ainsi en main l'œuvre de Tocqueville et comment la publier inachevée, quand on sait le prix que mettait Tocqueville à ne rien publier qui ne fût aussi parfait qu'il était en son pouvoir de le faire? Souvent en marge de ce manuscrit on voit écrits par l'auteur ces mots : *Ceci à revoir, ceci à vérifier.* Quelquefois en regard d'une opinion exprimée, un simple point d'interrogation marque le doute de l'écrivain et fait pressentir un nouvel examen.

En présence de pareils signes qui attestent des scrupules et des craintes, sera-t-on plus brave que l'auteur lui-même?

Deux chapitres seuls de cette seconde partie, écrits à ce que l'on croit dès 1852, ont été trouvés, dont la rédaction paraît complète et tellement finie que Tocqueville ne l'eût sans doute pas désavouée. C'est la partie du livre qui dépeint l'état de la France avant le 18 brumaire et montre comment, tout en n'étant plus républicaine, la France n'avait pas cessé d'être révolutionnaire. On ne saurait dire sans doute que l'auteur ne les eût pas retouchés, car il perfectionnait toujours son œuvre; mais ces fragments peuvent être considérés

comme achevés, et on n'hésite pas à les offrir comme
un spécimen curieux et précieux de l'ouvrage tout entier, qui malheureusement ne paraîtra jamais. On se
borne donc à publier ces fragments de peu d'étendue.

Si on entrait dans une autre voie, où s'arrêterait-on?
Faudrait-il aller chercher jusque dans les notes considérables laissées par Tocqueville le mot de cette énigme
dont le mystère trouble les esprits? Comment apercevoir
rien de décisif et de net dans les essais et les tâtonnements de cette libre intelligence, qui débutait toujours
par le doute, opposait longtemps les unes aux autres les
idées les plus contraires avant d'en adopter aucune, et
dans sa bonne foi ignorait elle-même à quelles prévisions d'avenir l'amènerait l'étude du présent et du passé, comme le chimiste, quand il décompose un corps,
ne sait pas à quels résultats cette analyse va le conduire?

La seule chose que l'on puisse avancer sur ce point,
parce qu'on la croit certaine, c'est que Tocqueville, tout
en montrant dans l'avenir de grands dangers pour la
liberté, avait foi en elle, croyait sinon à sa durée non
interrompue, du moins à ses retours et à de bons intervalles, et eût brisé sa plume plutôt que de donner une
conclusion désespérée.

A la vérité on ne peut voir ces notes de Tocqueville
sur la Révolution française, attestant les profondes études
auxquelles il s'est livré sur tout ce qui, de près ou de
loin, se rapporte à ce sujet, sans être frappé de l'importance de ces travaux. C'est un immense arsenal d'idées.

Dans telle de ces notes bien des auteurs puiseraient la matière de plusieurs volumes. Elles sont toutes de sa main, car Tocqueville n'avait pas la faculté de travailler avec l'aide d'autrui et ne tirait parti que des recherches qu'il avait recueillies lui-même. Lui seul en possédait l'esprit et la clef. Il ne faisait aucun cas des livres que l'on compose avec des livres et n'allait jamais qu'aux sources originales. A ses yeux le principal travail consistait à trouver ces sources ; quand il les avait découvertes, il jugeait son œuvre à moitié faite. Ainsi attaché à la poursuite, il ne s'arrêtait jamais en chemin ; il les cherchait partout, non-seulement en France, mais à l'étranger. Il était allé en Allemagne pour son premier volume ; il alla en Angleterre, en 1857, pour préparer le second. Rien pour lui ne faisait obstacle à un voyage jugé nécessaire à ses travaux, pas même l'intérêt de la conservation de sa vie, qui cependant était déjà en grand péril, et à laquelle tout changement d'habitudes et de climat pouvait être funeste. On juge par ce qui précède de ce qu'était pour lui la préparation d'un livre. Pour publier un volume, il en écrivait dix, et ce qu'il mettait au rebut, comme une étude faite pour lui seul, eût été aux yeux de bien d'autres un texte digne de l'impression. Ses essais sur les économistes, ses notes sur les cahiers des états-généraux, ses observations sur l'Allemagne et sur plusieurs publicistes allemands, ses études sur l'Angleterre, etc., etc., sont des ouvrages à moitié faits. Mais comment offrir au public ce qu'il ne jugeait pas digne de la publicité, et présenter comme des livres ce qu'il ne considérait que comme des documents à l'appui de son livre? Comment donner prolixe et délayée cette pensée qu'il ne montrait jamais que concise et qu'il mettait tout son art à condenser? .

Un homme tel que Tocqueville, qui ne pouvait vivre sans penser ni penser sans écrire, a nécessairement laissé beaucoup de travaux sur des sujets divers. Mais à l'exception de quelques opuscules dont on a parlé plus haut, il n'en a pas laissé un seul auquel il ait mis la dernière main.

Le plus considérable de tous ceux qu'il avait commencés est sans contredit l'ouvrage qu'il avait entrepris d'écrire sur l'établissement des Anglais dans l'Inde; il avait fait de cette grande question une longue étude, et la quantité de documents qu'il avait rassemblés pour la traiter est considérable; le livre est divisé en trois parties, la première a pour titre : *Tableau de l'état actuel dans l'Inde anglaise.* » Cette première partie est écrite tout entière et formerait environ 60 pages d'impression. Elle porte pour épigraphe cette phrase : « *La Religion* « *des Indous est abominable, la seule peut-être qui* « *vaille moins que l'incrédulité.* » La seconde partie, dont le texte n'est pas encore rédigé, est intitulée : « *Effets du gouvernement anglais sur les Indous.* » L'ordre des idées en est établi et la distribution des matières fixée; enfin la troisième partie est celle-ci : « *Com-* « *ment l'empire des Anglais dans l'Inde pourrait être* « *détruit.* »

On ne saurait sans doute imaginer des questions plus

graves et plus intéressantes. Mais si l'on pouvait être tenté de rien publier de ce travail, on s'arrêterait tout à coup devant la note placée sur l'enveloppe même du manuscrit, écrite de la main de Tocqueville et dont voici le texte : « Tout ceci n'a de valeur que si je reprends « le projet d'écrire sur ce sujet. J'avais eu, vers 1843, « la pensée de composer un ouvrage sur ce sujet qui « certes en vaut la peine. Les distractions de la politique « et la grandeur des recherches qu'un pareil livre sup- « pose m'en ont détourné. »

Tocqueville ne comprenait une publication qu'à la condition d'un accroissement de gloire pour son auteur; il n'admettait pas qu'on fît un livre pour faire un livre.

Cette disposition explique pourquoi Tocqueville a livré si peu à la publicité, quoiqu'il ait tant créé, et ceci fait comprendre aussi la perfection du petit nombre d'œuvres auxquelles il a permis de se produire au grand jour. Là aussi est le secret de l'extrême répugnance qu'avait Tocqueville à rien publier dans les journaux et même dans les revues, où l'écrivain est tenu de proportionner à un espace limité d'avance le développement de sa pensée. Aussi n'est-ce que dans les circonstances les plus rares qu'il s'est écarté de la règle d'abstention qu'il s'était imposée.

C'est ainsi qu'en 1836, l'année qui suivit la publication de son premier ouvrage, le directeur éminent d'une revue anglaise (the *London and Westminster Review*), M. John Stuart Mill, qui depuis a publié tant d'ouvrages d'un grand mérite, ayant demandé à Tocqueville un article sur la France, celui-ci lui adressa un travail très-remarquable intitulé : *État social et politique de la France*, et qui a paru dans le numéro de cette revue du mois d'avril 1836, traduit en anglais par M. John Stuart Mill lui-même [1]. Une autre fois, aussi sur les instances pressantes de M. Aristide Guilbert, auteur de l'ouvrage intitulé : *Histoire des Villes de France*, Tocqueville lui remit une notice sur Cherbourg [2], qui a été publiée en 1847 dans cet intéressant recueil, et qui, mieux peut-être que toute autre chose, montre qu'il n'est point de sujet en apparence petit qui ne s'agrandisse au contact d'un esprit supérieur. Cette notice est un chef-d'œuvre ; la petite ville y disparaît dès la première page pour ne laisser voir que l'historique de son port, c'est-à-dire l'un des plus grands et des plus merveilleux ouvrages de ce siècle.

Lors donc que l'on considère la sobriété qu'apportait Tocqueville dans la publication de ses œuvres, on ne peut qu'apporter la même disposition envers ses manuscrits inédits.

Il a cependant, sous le titre de *Souvenirs*, laissé un manuscrit très-important qui un jour sera certainement publié et fournira la matière d'un volume in-8°. Ces *Souvenirs*, écrits à Tocqueville et à Sorrente, en 1850 et 1851, se rapportent surtout à la révolution de 1848 et à l'année suivante. Ils formeront un des éléments les

[1] Ce morceau fait partie du tome VIII, page 1.
[2] La notice sur Cherbourg a été placée dans le tome IX, page 134.

plus précieux de l'histoire contemporaine, mais le moment de les publier n'est pas venu ; l'auteur a solennellement exprimé sa volonté que rien n'en soit mis au jour pendant la vie de ceux que cette publication pourrait atteindre.

Mais parmi ses œuvres inédites il en est une, la plus importante peut-être, dont la publication immédiate nous paraît non-seulement possible, mais nécessaire ; nous voulons parler de sa correspondance privée. Tocqueville n'a pas sans doute écrit ses lettres pour qu'elles fussent publiées, mais il n'a rien dit qui interdise de le faire. C'est le sort de tout ce qui est tombé de la plume des hommes illustres, de ne pas rester longtemps dans l'ombre. Déjà plusieurs de ses lettres ont été livrées au public ; d'autres publications partielles et successives, auxquelles présiderait peut-être moins de discrétion et de goût, pourraient avoir lieu, soit en France, soit en Angleterre, si on ne prévenait cet éparpillement fâcheux par une publication collective.

Si nous avions un jugement à porter sur le mérite littéraire de cette correspondance, nous la placerions peut-être, sinon au-dessus, du moins au niveau de tout ce que Tocqueville a écrit et publié ; mais ce n'est pas au point de vue de l'art et du talent que ces lettres s'offrent d'abord à nos yeux et que nous les présentons au public. Une lettre est bien moins une production de l'intelligence qu'un sentiment, un rapport intime, un acte de la vie ; c'est la conversation du cœur et de l'esprit. Ce n'est pas une œuvre de la méditation ; c'est quelque chose qui fait partie de la personne, qui lui survit et la continue quand elle n'est plus. Un recueil de correspondances n'est pas une production littéraire ; ce sont les fragments retrouvés d'une vie brisée, que la piété des survivants recueille et dans lesquels chacun, suivant la nature et le degré de son affection, se plaît à retrouver le souvenir de celui qu'il a aimé ou admiré.

On a dit et répété cent fois que le style c'est l'homme : cela n'est guère vrai du style d'un livre où l'auteur s'est étudié et a mis tout son art à se montrer tel qu'il veut paraître ; mais cela est plus vrai de la correspondance, où l'homme écrit comme il parle et n'écrit que parce qu'il ne peut parler. Des lettres révèlent quelquefois l'esprit de leur auteur ; elles montrent toujours son cœur et son caractère.

Quoique, dans certaines parties de sa correspondance, Tocqueville rencontre sans le chercher un bonheur d'expressions que le lecteur admirera, ce que l'on y verra surtout, c'est la place immense que ses amitiés occupaient dans sa vie. Les ouvrages qu'il a publiés font connaître l'écrivain ; ses lettres révéleront l'homme et le feront encore plus aimer. Elles montreront d'ailleurs l'écrivain lui-même sous un jour nouveau, car Tocqueville excellait dans le genre épistolaire. Aussi une lettre de lui, quelque courte qu'elle fût, n'était jamais reçue avec indifférence. Ceci explique pourquoi toutes ont été conservées et se retrouvent aujourd'hui ; et c'est par la même raison que personne, en nous les confiant, ne nous en a fait l'abandon, et qu'au contraire il n'est pas un de ceux dont nous tenons ces précieuses lettres qui ne nous ait demandé instamment de lui en rendre l'original, à la possession duquel tous attachent un prix extrême [1]. Nous n'avons pas besoin de dire que ce vœu sera fidèlement rempli. Tout le monde comprendra de même, sans que nous l'exprimions, combien est délicat le procédé de tous les amis de Tocqueville, qui ont remis toutes leurs lettres entre les mains de madame de Tocqueville, à laquelle seule ils reconnaissent le droit d'en autoriser la publication.

Si des considérations diverses ne nous avaient forcé de supprimer, au moins quant à présent, la plus grande partie de cette correspondance, elle serait très-volumineuse. Tocqueville avait beaucoup d'amis. Convaincu que l'amitié est comme la plante délicate qui dépérit faute de culture, il donnait, à sa correspondance avec ses amis, les plus grands soins. Il écrivait beaucoup de lettres, non parce qu'il était, mais quoiqu'il fût écrivain. En général, personne n'écrit moins de lettres que les hommes de lettres. Ils ont l'air de garder tout leur esprit et leurs idées pour leurs livres. Chez Tocqueville, les lettres étaient un besoin de l'homme ; pour lui, la correspondance élargissait le cercle de la vie. Il entretenait dans le monde beaucoup de ces relations voisines de l'amitié, qui parfois se confondent avec elle, et à qui,

[1] En exprimant le désir que le renvoi de ces lettres lui soit fait, M. Senior ajoutait : « My children and grand-children will read them with

pour le devenir, il n'a manqué que de naître un peu plus tôt. Il faisait beaucoup pour elles. La difficulté, pour les hommes éminents et illustres, n'est pas de se créer des relations et même des amis, c'est de les conserver. Les soins, la bienveillance, l'affection véritable, retiennent seuls ce que le succès et l'éclat ont attiré. Il était, du reste, aussi fidèle à ses relations qu'à ses intimités; de là ses nombreuses correspondances tant en France qu'à l'étranger.

La plus ancienne de toutes par sa date, et peut-être aussi la plus remarquable, est celle qu'il a entretenue avec un de ses cousins, vieil ami de son enfance, le comte Louis de Kergorlay. Cette correspondance est si propre à jeter sur le caractère de Tocqueville les plus vives clartés, qu'il convient d'expliquer, au moins en quelques mots, les circonstances dans lesquelles elle s'est produite et poursuivie pendant plus de trente années. Alexis de Tocqueville et Louis de Kergorlay présentent le phénomène de deux hommes qui, profondément divisés par la politique, n'ont jamais cessé d'être unis par les liens de la plus étroite intimité : l'un, Louis de Kergorlay, le lendemain de la prise d'Alger, à laquelle il avait concouru comme officier d'artillerie, donnant sa démission plutôt que de se rattacher au gouvernement de Juillet; l'autre, Alexis de Tocqueville, prêtant serment à ce gouvernement, sans élan, il est vrai, mais sans restriction; le premier si profondément hostile au trône de 1830, que tout d'abord il se trouve impliqué dans une entreprise tentée contre ce gouvernement; le second, persistant dans la voie contraire qu'il a adoptée, entrant dans la chambre élective et y renouvelant son serment ; Louis de Kergorlay, réfugié dans la vie privée, et, malgré un rare mérite et de grandes facultés, se plaisant à rester dans l'ombre, pendant qu'Alexis de Tocqueville est jeté dans tout le mouvement et tout l'éclat de la vie publique ; et au milieu de ces fortunes si opposées, les deux amis restant les mêmes, non-seulement sans un soupçon mutuel ni une amertume, mais sans un ombrage ni un refroidissement.

Aucune épreuve cependant ne leur fut épargnée : et ce n'en fut pas sans doute une peu cruelle, lorsque Louis de Kergorlay, compromis avec son vénérable père dans l'affaire du *Carlo-Alberto*, fut traduit devant la cour d'assises de Montbrison, poursuivi par le gouvernement auquel Alexis de Tocqueville s'était rattaché. Tocqueville accourut au secours de son ami, le défendit avec chaleur, non comme on défend un accusé, mais comme un ami dont on s'honore, et ce devoir de cœur accompli, continua de suivre en politique ses propres voies.

Il y avait évidemment entre ces deux natures, d'ailleurs si diverses, des causes secrètes de sympathie et de certaines affinités mystérieuses ; et ce qui est remarquable, c'est que ces deux hommes, qui agissaient si différemment, avaient autant de points de contact dans l'esprit que dans le cœur, dans les idées que dans les sentiments.

Jamais il n'est arrivé à Tocqueville de rien écrire,

sans soumettre son œuvre à Louis de Kergorlay. Combien de fois, arrêté dans son travail, découragé, désespéré, il est allé trouver *Louis*, qui, d'un mot, écartait le nuage et le remettait dans son chemin ! On se ferait difficilement une idée du secours que Tocqueville trouvait dans cette intelligence si étendue, si féconde, qui lui était toujours ouverte, et où il fouillait comme dans une mine inépuisable, sans en jamais trouver le fond.

Ce qui les séparait en politique est du reste une des principales causes de l'intérêt et de la valeur morale de leur correspondance. Tocqueville sait que dans cette âme amie il y a une zone qui lui est interdite et avec laquelle il ne doit pas communiquer : c'est celle de tous les sentiments et de toutes les impressions qui se rapportent à la politique pratique. Il est ainsi contenu, quand il lui écrit, par des limites posées à l'avance, dans une sphère générale toute philosophique et supérieure. C'est quelquefois une gêne pour son esprit et pour son cœur ; le plus souvent, c'est une protection pour son intelligence qui se trouve là comme dans un lieu d'asile, où elle se réfugie de temps à autre, ou plutôt vers lequel elle s'élève quand elle peut s'échapper des liens qui l'attachent aux luttes politiques et aux affaires.

Au contraire, parce que la politique contemporaine y occupe une grande place, la correspondance d'ailleurs extrêmement remarquable de Tocqueville avec plusieurs de ses amis est le plus souvent impossible à publier. Tel est, notamment, le caractère d'une foule de lettres adressées à MM. de Corcelle, Ampère, le comte Molé,

Dufaure, Lanjuinais, Freslon, Charles Rivet, M. et madame de Circourt, M. Duvergier de Hauranne, etc., etc. On a été obligé de faire un choix parmi ces lettres; celles que l'on publie ne sont pas toujours les plus intéressantes, mais celles que l'on peut publier. Il y a des correspondances qu'il a fallu supprimer presque entièrement, quoique charmantes, parce qu'elles sont où trop politiques ou trop intimes : ce sont celles que Tocqueville entretenait avec ses plus proches, notamment avec ses frères, et, si l'indulgence affectueuse de ceux-ci me permet ce rapprochement, avec l'ami qu'il traitait comme un frère, avec l'auteur lui-même de cette notice. Celui-ci est en possession de 300 lettres qui ne conviendraient point à la publicité.

Il y a une correspondance de Tocqueville qui, au milieu de circonstances très-différentes, présente quelques analogies avec celle qu'il a entretenue avec Louis de Kergorlay, et à laquelle on doit une mention particulière, parce qu'en prouvant encore une fois la profondeur de ses amitiés, elle met à découvert, mieux peut-être qu'aucune autre, le fond de son âme, son vrai caractère, ses véritables opinions et ses sentiments. C'est sa correspondance avec Eugène Stoffels.

Alexis de Tocqueville et Eugène Stoffels, dont la liaison datait du collége de Metz, s'étaient séparés au sortir des bancs, âgés chacun de seize ans. Rien d'ailleurs ne semblait devoir les rapprocher; ce n'était pas l'identité des positions et la conformité des habitudes : l'un vivait à Paris avec une fortune indépendante,

l'autre en province, du produit d'un petit emploi finan-
cier ; ce n'était pas non plus la sympathie mutuelle qui
s'établit quelquefois entre deux grandes intelligences :
Eugène Stoffels avait la distinction, mais non la supériorité de l'esprit. Quel était donc le lien entre eux ? Eugène Stoffels était l'âme la plus pure et le caractère le
plus fier qui puisse exister en ce monde. Tocqueville
avait un jour aperçu cela, et il lui avait donné son cœur
tout entier. Quoique pour Tocqueville la valeur intellectuelle eût un attrait immense, il y avait une chose
qui était encore plus puissante sur lui : c'était la valeur
morale. Il n'a jamais rien entrepris d'important sans
consulter Eugène Stoffels, ni rien exécuté de grave sans
l'en informer ; et précisément parce que Stoffels était
en dehors de la politique et du mouvement du monde,
Tocqueville trouvait un charme extrême à lui confier
toutes ses impressions et à mettre sa vie orageuse et
compliquée en contact avec cette existence simple et
uniforme. Ce qu'il cherchait surtout dans Louis de Kergorlay, c'était un secours pour son intelligence; dans
Stoffels, un appui pour son âme, un repos pour son
cœur. Eugène Stoffels est peut-être l'homme du monde,
dont il a le plus recherché l'estime et dont il eût le plus
redouté-le blâme.

Quoique dans les lettres de Tocqueville on voie figurer
quelquefois des personnages illustres ou distingués à
divers titres, que le lecteur veuille bien cependant le
remarquer, ce qu'il faut chercher dans cette correspondance, ce ne sont point de grands noms mêlés à de

grandes ou de petites affaires; ceci n'est point une publication de vanité ni d'orgueil; mais ce qu'on y trouvera, au milieu de noms quelquefois obscurs ou inconnus, ce sont des idées et des sentiments exprimés dans
un style plein de charme et de grâce. Dans le choix
des lettres publiées, on a considéré la lettre en elle-
même, bien plus que le nom de celui auquel elle était
adressée.

La correspondance de Tocqueville avec des Anglais
distingués occupe une assez grande place dans ce recueil;
notamment celle qu'il a entretenue avec MM. W. N. Senior, Henry Reeve, madame Grote, John Stuart Mill,
lord Radnor, sir George Cornwall et lady Thereza Lewis,
madame Austin, lord Hatherton, W. R. Greg, sir James
Stephen, etc., etc. Cette partie de la correspondance
de Tocqueville occuperait une place bien plus considérable, si, ici encore, on n'avait été arrêté par l'objection
des noms propres qui s'y trouvent, et des questions politiques, dont la publicité serait en ce moment soit impossible, soit inopportune. Un jour cet obstacle n'exis-
tera plus, et il est permis d'annoncer, qu'en vue de
cette éventualité plus ou moins éloignée, tout est déjà
prêt pour une publication ultérieure et complète.

Tocqueville aimait et honorait dans l'Angleterre un
pays libre; et il faisait trop de cas de la valeur individuelle des hommes pour n'être pas sensible aux qualités
particulières qui distinguent les Anglais et qui rendent
les relations avec eux si sûres, les amitiés si solides, les
engagements si sérieux.

Ses rapports avec M. Henry Reeve datent de 1835, c'est-à-dire de la publication de *La Démocratie*, dont M. Reeve donna au public anglais une excellente traduction. M. Reeve, aujourd'hui secrétaire du Conseil privé de la Reine et directeur de *la Revue d'Édimbourg*, à la tête de laquelle il est encore aujourd'hui, n'estima pas qu'il fût au-dessous de lui de continuer de traduire Tocqueville, et la traduction anglaise de *l'Ancien Régime et la Révolution* est également son ouvrage. Tocqueville savait assez parfaitement l'anglais pour juger son traducteur; il faisait grand cas d'un pareil interprète qui, d'ailleurs, était devenu un ami.

Ce n'était pas seulement l'intérêt de la traduction qui avait fait naître et maintenu ces rapports affectueux. Jamais Tocqueville n'oublia l'hospitalité bienveillante et douce qu'en 1835, étant malade à Hampstead, où il s'était réfugié, il trouva dans la famille de Henry Reeve. Le souvenir de madame Reeve, si bonne, si simple dans sa bonté, ne lui revenait jamais sans le toucher. De là datent aussi ses rapports avec la sœur de madame Reeve, madame Austin, dont tout le monde connaît et estime les travaux littéraires.

C'est à la même époque que commence sa correspondance avec M. Senior, économiste distingué; jurisconsulte éminent, grand voyageur, grand causeur; poussé aux voyages par une insatiable curiosité d'esprit; infatigable chercheur de faits et d'idées; toujours en quête d'hommes d'esprit et de conversations intéressantes, et ne se bornant pas à écouter ce qu'il entendait, mais

notant et sténographiant tout textuellement. On comprend de quel prix devait être pour M. Senior un homme
tel que Tocqueville, dont la correspondance et la conversation étaient pour lui une mine féconde[1].

C'est aussi du même temps et seulement un peu plus
tard que datent les premières lettres de Tocqueville à

[1] Tel est le prix que M. Senior attachait aux conversations de Tocqueville, qu'après les avoir recueillies avec le plus grand soin, il en avait composé trois volumes in-4°, portant les titres suivants : premier volume,
Tocqueville during the Republic; le second, *Sorrento and Paris*; le
troisième, *Tocqueville during the Empire*, 1851 to 1858. — (*Note de
l'édition de 1865-66.*) Depuis la première publication de cette notice (1860), la mort a frappé M. Senior (4 juin 1864). M. Senior n'avait
pas résisté au désir de publier le journal de ses conversations avec Tocqueville. Ce journal a paru en anglais. Il est très-intéressant. On peut le lire
dans le même volume qui contient la traduction anglaise des premières
lettres de Tocqueville, traduction excellente dont on sait que l'auteur est
mademoiselle Senior, aujourd'hui madame Simpson. M. Senior et madame
Simpson nous avaient autorisé à reproduire ce journal en français; cependant nous avons cru devoir, par deux raisons, ne point faire usage de cette
autorisation : d'abord, parce que, pour le publier, il eût fallu retraduire
de l'anglais ce morceau, qui est déjà une traduction du français; c'est-à-
dire que nous eussions publié une *traduction d'une traduction*; et, en
second lieu, parce que ces *conversations*, quoique recueillies par la sténo-
graphie la plus sincère et sans doute la plus fidèle, ne sauraient être considérées comme *œuvres* de Tocqueville. Or ce sont les œuvres seules de
Tocqueville que nous publions.

M. W. Senior a laissé plusieurs ouvrages importants, dont les principaux sont :

*Lectures on political economy; Suggestions on popular education;
a Journal in Turkey and Greece; Essays on Fictions; Biographical
sketches; Historical and philosophical essays.* (Ce dernier ouvrage pos-
thume.)

On dit que M. Senior a laissé des Mémoires importants. Leur publication, si elle a lieu, ne peut manquer d'exciter un vif intérêt, surtout si,
comme on l'assure, elle s'accomplit sous les auspices et par les soins de
sa fille, madame Simpson.

madame Grote, cette femme distinguée tout à la fois par
l'esprit et par le cœur, et qui seule eût honoré le nom
qu'elle porte, si son mari, M. G. Grote, l'auteur de la
meilleure histoire de la Grèce qui ait été écrite, ne l'eût
lui-même illustré [1].

Quelques-unes de ses correspondances ne datent que
des dernières années de sa vie ; telles sont celles qu'il a
entretenues avec M. W. R. Greg, avec lady Thereza Lewis et avec sir Georges C. Lewis, cet esprit si sensé et si
original, qui allie si singulièrement la passion de la
science et la pratique des affaires, l'érudition et l'administration ; cet homme d'État qui, pendant qu'il était
chancelier de l'Échiquier, trouvait le temps d'annoter les
fables de Babrius, et qui, aujourd'hui ministre de l'intérieur, est plus occupé peut-être d'éclaircir les dissen-
sions intérieures qui troublèrent les ministères de lord
North et de M. Pitt, que de combattre les difficultés pré-

[1] L'*Histoire de Grèce*, de M. Grote, forme 12 *volumes* in-8°. Outre ce
grand ouvrage, Grote a écrit avant 1852 un certain nombre de brochures
relatives à la réforme parlementaire, et, en 1847, quelques lettres remarquables sur les disputes de l'Église protestante et de l'Église catholique
en Suisse. Il a été récemment élu membre correspondant de l'Institut.
Madame Grote, qui a dernièrement publié sur Ary Scheffer l'intéressante
Notice que tout le monde a lue, n'avait jusque-là rien fait paraître sous
son nom ; mais les nombreux articles qu'elle avait insérés dans les Revues
à différentes époques depuis trente ans avaient souvent percé le voile de
l'anonyme ; et chacun sait notamment que c'est de sa plume qu'est sorti
l'article remarquable publié en 1854 dans la *Revue d'Édimbourg* sur la
vie et les ouvrages de Thomas Moore, etc., etc. — *Note de l'édition*
1865-66. Le livre de M. Grote sur la Grèce vient d'être traduit en français par M. A. L. de Sadous. 15 vol. A la Librairie internationale.

sentes qui peuvent amener la chute de l'administration dont il fait partie[1].

La dernière correspondance de Tocqueville, celle dont la durée a peut-être été la plus courte et la mieux remplie, est celle qu'il a eue avec madame Swetchine, et dont M. le comte de Falloux, dans son beau livre publié l'an dernier[2], a déjà donné des fragments. Il suffit de lire l'ouvrage de M. de Falloux pour comprendre le charme singulier de madame Swetchine, l'attrait de son salon, la séduction de son esprit et de son caractère, l'influence extraordinaire qu'elle prenait sur tous ceux qui l'approchaient, et à laquelle Tocqueville échappa d'autant moins, que madame Swetchine dut mettre plus de prix à exercer, sur un homme tel que lui, tout son ascendant[3].

---

[1] Sir G. C. Lewis a publié un grand nombre d'ouvrages dont les principaux sont : *Irish disturbances*, 1836; — *Government of Dependencies*, 1837; — *Method of observation and of reasoning in Politics*; — *Influence of autority in matters of opinion*; — *Inquiry into the credibility of the early Roman history*; — *On the use and abuse of certain political terms*; — *Fables of Babrius with, notes*, etc., etc. — Voir, tome VII, la note de la page 335. Dans cette note, écrite il y a quelques mois, nous annoncions la mort de sir G. Cornwall Lewis, arrivée le 13 avril 1863. Aujourd'hui, nous apprenons la mort de lady Thereza Lewis, qui, comme on voit, n'a survécu que de bien peu de temps à son excellent et illustre époux (1865).

[2] *Madame Swetchine, sa Vie et ses Œuvres.* 2 vol. in-8°.

[3] *Note de l'édition* 1865-1866. Il n'est question dans cette Notice, publiée pour la première fois en 1860, que des correspondants de Tocqueville, dont les lettres parurent à la même époque dans les deux volumes en tête desquels elle fut dès lors placée (*Œuvres et Correspondance inédites*). On verra paraître dans le tome VII de nouveaux correspondants. Nous avons dit ailleurs les motifs qui nous ont empêché de refondre les

On remarquera que dans ce recueil on n'a jamais, en regard des lettres de Tocquéville, placé celles des personnes auxquelles il écrivait. Peut-être aurait-on aimé quelquefois à connaître la lettre du correspondant, comme on aime à voir la demande à côté de la réponse. Mais si on fût entré dans cette voie, quelle eût été la limite? On se l'est interdite absolument; on y a fait une seule exception pour une lettre de M. le comte Molé, qui se rapporte à un acte de la vie politique de Tocqueville, pour lequel cette lettre est une pièce justificative [1].

Il existe encore d'autres lettres dont on ne parle pas ici, et dont on ne peut pas parler : ce sont celles de Tocqueville à sa femme. Quand on songe que dans les circonstances, à la vérité rares, où il était séparé d'elle, il n'était jamais un seul jour sans lui écrire et sans lui rendre compte de toutes ses impressions avec un entier abandon, on conçoit tout ce que doivent renfermer de pareilles lettres, et quel jour elles répandraient sur le caractère et le cœur de celui qui les écrivait [2].

Dans les derniers temps, Tocqueville écrivait plus de lettres qu'il ne l'avait jamais fait. Depuis que l'action politique lui manquait, il avait plus de loisirs ; et puis il

nouvelles lettres avec celles qui avaient été publiées les premières, et pourquoi il nous a paru utile, au contraire, de les présenter, quant à présent, distinctes les unes des autres. (Voir Préface du tome Ier, pages 22 et 23.)

[1] Et aussi pour quelques lettres de M. Royer-Collard. Voir, tome VII, note de la page 154.

[2] Voir Avant-propos du tome VII, page 3.

y a un âge de la vie où il semble que le monde devienne chaque jour plus étroit, et où l'on s'efforce de l'élargir ; c'est celui où, jugeant mieux les hommes, on ne les compte plus par leur nombre, mais par ce qu'ils valent réellement, et alors on trouve que le monde est petit. Alors, en dépit des distances, on va chercher cette valeur si rare partout où elle existe. C'est ainsi que Tocqueville avait été amené à étendre le cercle non-seulement de ses relations, mais de ses affections elles-mêmes.

Il est d'ailleurs remarquable, qu'au milieu des événements qui avaient détruit tant d'existences individuelles, la sienne se fût augmentée ; et jamais il n'avait eu, à l'étranger, une existence plus grande que depuis qu'il avait cessé d'en avoir une officielle en France. On en jugera par un seul exemple.

Nous avons dit plus haut que le besoin des recherches nécessaires pour l'exécution de son second volume l'avait, en 1857, conduit en Angleterre, où il existe une collection très-précieuse et unique de documents relatifs à la Révolution française. Là, grâce au respect qu'inspirait son caractère personnel, il fut autorisé à compulser librement les archives publiques et à y prendre connaissance de toutes les correspondances confidentielles du gouvernement anglais avec ses agents diplomatiques sur le continent à cette époque. Désirant d'ailleurs se livrer tout entier et sans distraction à l'objet de ses recherches, Tocqueville s'était appliqué, pendant son séjour à Londres, à ne voir que les personnes dont le concours était nécessaire au but spécial de son voyage. Cependant il ne put qu'imparfaitement échapper aux témoignages dont il était l'objet et que dans un pays libre on se plaît à donner aux hommes sortis dignement du pouvoir. Lord Lansdowne, lord Radnor, lord Stanhope, lord Maccaulay (de glorieuse et respectable mémoire), lord et lady Granville, lord Hatherton, sir Georges et lady Thereza Lewis, de même que ses anciens amis Reeve, Senior, Grote, etc., etc., lui prodiguèrent à l'envi toutes les marques possibles de sympathie et d'affection. Le prince Albert lui-même voulut le voir et lui exprimer sa haute estime. Mais un dernier hommage, auquel assurément il n'était pas préparé, lui était réservé. Au moment où il quittait l'Angleterre pour retourner en Normandie, il reçut l'avis qu'un bâtiment de la marine royale était mis à sa disposition pour le reconduire dans le port de France où il lui plairait de se faire débarquer. L'ordre avait été donné par le premier lord de l'amirauté, sir Charles Wood, qui avait cru devoir cette marque de haute courtoisie à l'hôte illustre que l'Angleterre possédait et dont elle était fière : noble hommage qui honore autant celui qui le rend que celui qui le reçoit, et qui n'est pas seulement l'acte d'un ministre, mais encore celui de tout un peuple, sans l'assentiment duquel il eût été impossible. Il n'y eut qu'une voix en Angleterre pour applaudir à ce procédé, si éloigné des hommages publics qu'en d'autres pays on tient exclusivement en réserve pour les personnages officiels. Quoiqu'il sentît vivement le prix d'un pareil honneur,

Tocqueville ne s'en montra point ébloui; et pour s'en convaincre, il suffit de voir le ton simple dont il raconte lui-même l'événement à ses amis :

« J'ai été reçu en Angleterre, écrivait-il le 25 juil-
« let 1857, avec des témoignages de considération si
« nombreux et si marqués, que j'en ai été presque aussi
« confus que content. Tout le monde politique m'y a
« comblé d'égards et d'attentions. . . . . . .

. . . .

« Enfin sir Charles Wood, apprenant que je demeurais
« près de Cherbourg et y retournais, a mis à ma dispo-
« sition un petit bateau à vapeur qui m'a ramené di-
« rectement de Portsmouth à Cherbourg, mardi dernier,
« à la grande stupéfaction des naturels du pays, qui
« s'attendaient à voir sortir du bateau à vapeur au
« moins quelque prince, et qui n'ont aperçu que votre
« serviteur[1]. »

[1] Lettre à G. de Beaumont.

CHAPITRE VI

Cependant le mal qui devait prématurément conduire Tocqueville au tombeau s'était annoncé par son plus sinistre et plus terrible présage. Tocqueville avait eu un crachement de sang. C'était au mois de juin 1858.

Quoiqu'il eût reçu déjà précédemment quelques avertissements moins graves, il est vrai, mais du même genre, il n'en avait jamais bien compris le sens. Rien, en effet, n'était plus contraire à ce qu'il savait lui-même de sa propre constitution. Cette constitution avait toujours été faible et délicate, elle était évidemment atteinte depuis longtemps dans quelqu'un des organes nécessaires à la vie ; mais tout jusqu'alors l'avait porté à croire que cet organe malade n'était pas la poitrine, et ceux qui le connaissaient le plus intimement pensaient de même.

Lors de ses plus grands voyages, notamment pendant celui d'Amérique, il avait été quelquefois souffrant, mais jamais de la poitrine, qui chez lui semblait être la plus solide partie du corps. Dans bien des occasions, son compagnon de voyage avait pu, sur ce point, faire les observations les plus rassurantes. Lorsque, dans leur exploration à travers les forêts et les déserts du Nouveau-Monde, ils avaient à gravir un lieu escarpé, Tocqueville arrivait toujours le premier au sommet, sans paraître haletant. Lorsqu'au retour de la baie de Saginaw, ils eurent à faire d'une seule traite plus de quinze lieues à cheval à travers les sentiers ardus de la forêt vierge ou de la prairie sauvage, Tocqueville ne montra aucun symptôme de fatigue ou d'épuisement. Quelquefois, dans le cours de ces marches aventureuses, une rivière large et profonde venait-elle à leur faire obstacle, Tocqueville la traversait à la nage. Il le fit notamment près de Michillimachinac, sur le lac Huron, dans ce climat où, quelle que soit la saison, les eaux sont toujours froides quand elles ne sont pas glacées; et jamais il ne parut en ressentir aucun mal. Dix ans plus tard, lorsqu'en 1841, voyageant en Afrique, il tomba malade au camp d'Eddis, sur la route de Stora à Constantine, ce n'était point encore la poitrine qui paraissait attaquée; la veille il avait pu gravir le pic de Bougie, à moitié chemin duquel la plupart de ses compagnons s'étaient arrêtés.

Cependant en 1850, peu de temps après sa sortie du ministère, des symptômes graves avaient effrayé ses amis: les médecins n'y avaient point vu une maladie de

poitrine déclarée, mais seulement un accident dangereux, qui, s'il ne reparaissait pas, pourrait ne laisser
aucune trace; et il n'avait pas reparu. Un hiver passé à
Sorrente, un autre en Touraine, paraissaient avoir con-
juré tout accroissement du mal; mais il eût fallu tout
autre chose. Il eût fallu, pour sauver cette précieuse vie,
la transporter, non pas pour un hiver, mais pour des années, dans un pays méridional. Il eût fallu surtout que,
pour un temps indéterminé, il abandonnât le climat,
meurtrier pour lui, de la Normandie. Madame de Tocqueville le voulait, et l'en supplia mille fois; il ne put
s'y résoudre, et on le conçoit : car pour lui, quitter ce
pays qu'il aimait tant, se transporter dans un pays étranger à tous ses intérêts, loin de ses amis et de ses livres,
loin du mouvement intellectuel qui était toute sa vie,
n'eût-ce pas été se condamner à une mort presque certaine et plus prompte peut-être que celle qui le menaçait?

Quoique l'accident du mois de juin 1858 ne permît
plus aucune illusion, Tocqueville s'en faisait encore.
Cependant il se soumit au conseil que lui donnaient ses
médecins de se rendre en Provence ; et après avoir,
malgré l'urgence, passé encore trois ou quatre mois à
faire une provision de livres, de notes et de matériaux
pour son ouvrage, qu'il espérait finir tout en se guéris-
sant, il partit tardivement pour Cannes, où il arriva
dans les premiers jours de novembre 1858.

Faut-il raconter ici ce triste séjour à Cannes, le long
et cruel voyage qui le précéda, les crises qui le suivi-

rent, se succédant plus graves de jour en jour, et au milieu desquelles Tocqueville conservait toujours l'espérance? On aurait la disposition de les décrire qu'on n'en aurait pas le pouvoir. Comment peindre en effet cette existence encore si animée, cette intelligence dans toute sa force, cet esprit toujours aussi brillant et aussi fécond, cette plénitude de vie que quelques jours seulement séparent du moment où tout cela ne sera plus?

Tocqueville, quand tout espoir de salut était perdu, espérait encore ; et tout autour de lui semblait conspirer pour entretenir en lui cette confiance.

On entrait dans la saison où sous le ciel de la Provence tout renaît dans la nature. La petite villa où Tocqueville avait cherché un asile s'élève à une demi-lieue de Cannes, au milieu d'une forêt d'orangers et de citronniers. On ne saurait imaginer rien de plus charmant que ce lieu encadré dans la mer et les montagnes. Rien de plus enivrant que le parfum qui sort de ces bois embaumés et semble s'exhaler de la terre elle-même. Rien de plus splendide que le réveil de cette nature endormie. Il semble que dans ce moment de renaissance générale et dans ces climats bienfaisants, alors que tout ce qu'il y a de plus faible et de plus infime dans le monde reprend à l'existence, il soit plus triste de voir la vie se retirer de ce qu'il y a de plus beau dans la création : une grande intelligence unie à un noble cœur. Il semble aussi qu'en présence de ce spectacle de la régénération universelle il soit impossible au plus découragé et au plus abattu de se soustraire à l'espérance de la vie.

La vie fuyait cependant et rapidement, en dépit de tous les soins et de tous les dévouements. Deux excellents médecins, le docteur Sève, de Cannes, et un ancien collègue, l'éminent docteur Maure, de Grasse, le visitaient sans cesse. Deux sœurs de charité, la sœur Valérie et la sœur Gertrude, étaient près de lui nuit et jour. Cette autre sœur de charité de toute sa vie, madame de Tocqueville, ne le quittait pas. A force de soins on se prenait à partager ses espérances, et quelquefois, sous ce beau ciel, les images de deuil s'éloignaient pour faire place à de moins tristes pensées.

A quelques pas de la villa s'étend une allée de dattiers et de cyprès de laquelle on voit se dérouler d'un côté les premières chaînes des Alpes, et de l'autre la baie de Cannes, le golfe Juan et les îles Sainte-Marguerite. De là on voit la mer sans en sentir à peine la brise, qui n'arrive qu'à travers le parfum des fleurs, et attiédie par l'air chaud auquel elle se mêle. C'est là qu'appuyé sur le bras d'une sœur de charité, le pauvre malade venait tous les jours respirer cet air doux, regarder ce beau ciel, et recevoir les rayons de ce soleil vivifiant. Cette promenade de Tocqueville dans la petite allée de cyprès, sa marche lente et silencieuse, ce corps débile, ce visage pâle, ce regard profond et triste, image de sa pensée et de son âme, la figure candide et simple de la pauvre sœur qui lui servait de soutien, une telle scène restera longtemps gravée dans la mémoire de tous ceux qui une seule fois en ont été les témoins.

Je l'ai dit, Tocqueville espérait.... et comment n'aurait-il pas repris à l'espérance quand tout autour de lui reprenait à la vie? aussi continuait-il toutes ses habitudes, ses projets d'avenir, ses travaux. Il lisait et se faisait lire, écrivait beaucoup de lettres, dévorait celles qu'il recevait en grand nombre. Il n'y a pas un de ses amis qui n'ait reçu de lui au moins une lettre dans le dernier mois de sa vie. La pensée des affaires publiques ne le quittait pas un instant. On était à la veille de la guerre d'Italie. Quelques étrangers illustres qui habitaient Cannes en ce moment, entre autres le baron de Bunsen[1] et lord Brougham, lui faisaient avec grand soin communiquer leurs courriers, auxquels il prenait un vif intérêt. Mais l'objet incessant de sa méditation, c'était la suite de son ouvrage *sur la Révolution*, auquel il rapportait toutes ses lectures. La dernière fut celle des Mémoires du comte Miot de Mélitot, dont il faisait grand cas. En même temps que son esprit conservait toute son activité, son âme semblait acquérir plus de calme. Sa disposition devenait chaque jour plus douce et plus tendre, son caractère plus uni, sa pensée plus religieuse et plus résignée.

Cependant, comme si ce n'eût pas été assez du mal qui lui était propre, à ce mal était venu s'en joindre un autre. Épuisée de fatigue, encore plus épuisée de dou-

---

[1] Le baron de Bunsen, ancien ambassadeur de Prusse à Rome et à Londres, aujourd'hui membre de la Chambre haute, auteur de plusieurs ouvrages très-remarquables, entre autres *Hippolytus*, les *Signes du temps* (die Zeichen von der Zeit), etc., etc. — *Note de l'édition de* 1860. Le baron de Bunsen est mort en 1863.

leur, madame de Tocqueville elle-même tomba malade..... Elle était atteinte de plusieurs maux à la fois,
entre autres d'une maladie des yeux pour laquelle il
lui fut prescrit de se tenir constamment dans la plus
profonde obscurité. Telle était cependant la tendre affection d'Alexis de Tocqueville pour sa femme, et l'impossibilité pour lui de vivre sans elle et loin de sa présence, que celle-ci ne pouvant plus venir s'asseoir près
de son lit de douleur, ce fut lui qui parvint à se traîner
près du sien. Mais la nuit profonde qu'il trouva dans la
chambre de sa femme ne tarda pas à augmenter son
mal; car le grand jour lui était aussi nécessaire qu'à
elle l'obscurité; et, cédant à une sorte d'instinct physique, il s'éloigna des ténèbres pour aller chercher ailleurs la lumière qui seule le ranimait : triste destinée
de ces deux êtres nécessaires l'un à l'autre, qui ne pouvaient plus se réunir ni se séparer. En effet, quelques
instants après : « Chère Marie, » dit-il à sa femme en
venant reprendre sa place auprès d'elle, « le soleil ne
« me fait plus de bien, si, pour jouir de sa lumière, il
« faut que je cesse de te voir. »

Une autre fois, dans un moment de découragement,
hélas! trop légitime, le pauvre malade reconnaissait
qu'il était venu trop tard dans le Midi, et avouait tendrement à sa femme le tort qu'il avait eu de ne pas suivre son conseil.

C'est au milieu de ces scènes désolantes que le mal
allait toujours croissant et prenait chaque jour un aspect plus sombre. Le retour de la belle saison avait été

en somme plus contraire que bienfaisant. Ce mouvement général de renaissance qui se produit alors dans toute la nature s'était bien fait sentir au malade, mais pour lui nuire, et n'avait agi sur le mal que pour lui donner une nouvelle impulsion : c'est ce que les médecins appellent, dans les maladies de poitrine, *le travail du printemps*. L'affaiblissement et le dépérissement étaient manifestes pour tout le monde, excepté pour le malade lui-même, dont les illusions semblaient augmenter à mesure que le péril devenait plus imminent. A la fin de mars, le docteur Maure ne conservait aucune espérance. Le docteur Sève, quoique bien sombre aussi, croyait encore possible de traverser le printemps et l'été, et de gagner l'automne. Mais les vents glacés qui, à cette époque de l'année, ont coutume de descendre des montagnes, et contre lesquels la baie de Cannes n'est pas complétement abritée, ayant sévi avec violence pendant plusieurs jours, on put prévoir que le dénouement fatal se précipiterait, et le 16 avril 1859, dans la soirée, Alexis de Tocqueville succomba à une syncope de quelques instants. Il n'était âgé que de cinquante-quatre ans. Il n'a point laissé d'enfants.

Il avait eu, en ce moment suprême, la consolation de se voir entouré de ses plus prochès, auxquels l'avait toujours uni la plus tendre affection. Son frère aîné, le comte Hippolyte de Tocqueville, qui ne l'avait presque pas quitté depuis son arrivée en Provence et venait d'être appelé en Normandie par des affaires urgentes; son autre frère, le vicomte Édouard, et sa belle-sœur,

la vicomtesse de Tocqueville ; son neveu, le comte Hubert, s'étaient hâtés au premier avis qu'ils avaient reçu
d'accourir à Cannes. Le plus vieil ami de son enfance,
celui dont l'attachement lui fut toujours si fidèle et si
secourable, Louis de Kergorlay, se trouva à son lit de
mort. Est-il besoin de dire qu'elle fut là aussi, la douce
et digne compagne de toute sa vie, celle pour laquelle
allait commencer une existence plus cruelle que la mort?
Elle était là, et c'est elle qui a reçu et recueilli dans son
cœur son dernier soupir et son dernier regard. Trompé
par les illusions que la correspondance du malade lui
avait fait partager jusqu'aux derniers moments, et retenu à Rome par des devoirs cruels, un autre ami, qui
lui était bien cher et bien dévoué, J.-J. Ampère accourait sans inquiétude pour le présent, afin de passer
quelque temps auprès de celui qu'il se faisait un si grand
bonheur de revoir ; il venait à Cannes comme il eût été
à Tocqueville. En débarquant à Marseille, il apprit l'af-
freuse nouvelle et eut la douleur de n'arriver à Cannes
que pour assister à des funérailles. Enfin, il est encore
un ami dont on n'a point parlé, et qui cependant était
assez cher à Tocqueville pour qu'un mois avant le jour
fatal il l'eût mandé près de lui : c'est celui qui, em-
pressé de se rendre à cet appel, a pu être ainsi témoin
des tristesses dont il fait aujourd'hui le récit.

Tocqueville s'était éteint paisiblement, sans aucune
de ces cruelles angoisses que fait éprouver la vue immédiate de la mort, et en même temps, dans cette tranquillité morale d'un homme qui y est préparé, et pour

lequel la fin de la vie n'apporte ni terreurs ni menaces. Quelle meilleure préparation à la mort qu'une existence toute passée à bien faire !

La fin de Tocqueville a été toute chrétienne, comme l'avait été sa vie. C'est à tort qu'on a parlé de conversion ; il n'a point eu à se convertir, parce qu'il n'y avait jamais eu en lui la moindre trace d'irréligion.

Tocqueville avait toujours eu l'esprit agité par bien des doutes ; c'était la loi même de sa nature qui l'y portait. Mais au milieu de ses plus grands troubles, il n'avait jamais cessé d'être profondément chrétien ; il poussait jusqu'à la passion ce sentiment, qui faisait partie de sa foi politique ; car il estimait qu'il n'y a point de liberté possible sans les bonnes mœurs, et point de bonnes mœurs sans religion. Le christianisme et la civilisation n'étaient à ses yeux qu'une seule et même chose. Il croyait fermement que ce qu'il y avait de plus désirable pour le bien des hommes, c'était de voir intimement unis la foi religieuse et l'amour de la liberté ; et il n'apercevait jamais sans une profonde douleur l'une de ces deux choses séparée de l'autre. Ah ! sans doute, si pour constater hautement son attachement à cette religion sainte et son respect pour les règles qu'elle a établies, il eût eu quelque violence à se faire, il n'eût pas hésité à se l'imposer, plutôt que de prêter, par son exemple, des armes à ceux qui ne contestent le dogme que pour échapper à la morale. Mais en se jetant aux pieds d'un ministre de paix et de miséricorde [1], il ne fit que

---

[1] Le vénérable curé de Cannes.

suivre l'élan de sa conscience ; et un aveu de ses fautes, plus étendu et plus minutieux que ne le lui demanda la piété éclairée du prêtre, n'eût pas plus coûté à son orgueil que le repentir ne coûtait à son cœur.

Tocqueville avait témoigné, pendant sa vie, le désir qu'à sa mort ses restes fussent déposés dans le cimetière de la paroisse de Tocqueville. Ce désir était une loi sacrée : la translation du cercueil contenant ses dépouilles mortelles a été accomplie suivant son vœu, dont son frère Hippolyte et son neveu Hubert ont été les pieux exécuteurs. On a passé sous le silence le récit de tous les hommages, même religieux, rendus à la mémoire de Tocqueville ; il est cependant une cérémonie qui, peut-être, eût mérité d'être décrite : c'est celle dont fut témoin la petite paroisse de Tocqueville lorsque le cortége funèbre, parti de Cannes, arriva sur son territoire pour se diriger vers son cimetière, et où il n'y eut que des témoignages sincères et des douleurs vraies ; le deuil de deux bons frères, celui d'un grand nombre d'amis absents représentés par deux amis bien dignes de ce privilége, Corcelles et Ampère [1], les larmes d'une population immense accourue spontanément, jalouse d'adresser ses bénédictions à l'homme illustre qui, pour elle, n'était que l'homme de bien ; et enfin, cette grande et sainte douleur, dont on ose à peine parler, qui, dans ce

---

[1] Ampère, en quittant Cannes, où il avait eu la douleur de ne trouver qu'un cercueil, avait eu du moins la consolation de ramener à Paris madame de Tocqueville ; il voulut avoir encore celle d'assister en Normandie à ces dernières funérailles.

moment, remplissait à elle seule le pauvre château de
Tocqueville, et à laquelle tout le monde pensait... C'est
dans ce lieu modeste et paisible que Tocqueville a voulu
que le plus simple emblème de sa foi, une croix de bois,
marquât sa place parmi les morts. S'il est vrai cependant que ce soient le génie et la vertu qui font la vraie
gloire, on peut dire que l'humble cimetière du petit
village de Tocqueville contient les restes d'un grand
homme.

En apprenant sa mort, le duc de Broglie a dit : « La
« France ne produit plus d'hommes pareils. » C'est le
jugement de la France ; ce sera aussi celui de l'Europe.
La renommée de Tocqueville allait déjà très-loin et très-haut ; on ose prédire que chaque jour elle s'étendra et
s'élèvera encore.

On a essayé de peindre l'écrivain, le publiciste et
l'homme d'État ; mais qui peindra l'homme même, son
cœur, sa grâce, la poésie de son âme et en même temps
sa raison ; cette âme si tendre, cette raison si ferme, ce
jugement si fin et si sûr ; cet esprit si profond et si
lucide, jamais commun, jamais excentrique ; toujours
original, toujours sensé ; en un mot, tout ce qui faisait
de lui une nature d'élite et un homme à part? Tocqueville n'avait pas seulement beaucoup d'esprit ; il avait
les divers genres d'esprit ; il était aussi spirituel dans sa
conversation que dans ses livres ; il racontait aussi bien
qu'il écrivait ; il possédait un autre talent peut-être plus
rare : c'était celui de savoir aussi bien écouter que bien
dire. Doué d'une activité infatigable et presque mala-

dive, il excellait dans l'emploi de son temps. Il trouvait
le temps de tout faire, et n'omettait jamais ni un devoir
ni une convenance. On a dit plus haut qu'il avait beaucoup d'amis, il a connu un bonheur plus grand encore,
celui de n'en perdre jamais un seul. Il eut aussi un autre
bonheur : c'est de savoir si bien les aimer tous, que nul
ne se plaignit jamais de la part qui lui était faite, tout
en voyant celle des autres. Il était aussi ingénieux que
sincère dans ses attachements ; et jamais, peut-être, nul
exemple ne prouva mieux que le sien combien l'esprit
ajoute de charmes à la bonté.

Quelque bon qu'il fût, il aspirait sans cesse à devenir
meilleur ; et il est certain qu'il se rapprochait chaque
jour de la perfection morale qui lui paraissait le seul
but digne de l'homme. Il trouvait, chaque jour, plus
solennel et plus imposant le grand problème de la destinée humaine : aussi apportait-il chaque jour, dans tous
ses sentiments et dans tous ses actes, quelque chose de
plus pieux et de plus reconnaissant envers Dieu et ses
bienfaits. Il sentait plus de respect pour l'homme, pour
ses droits, pour sa vie, et pour celle de tous les êtres
créés. Il s'élevait ainsi à une humanité plus haute, plus
délicate et plus pure. Le rang des hommes lui faisait
moins ; leur valeur personnelle plus. Il était plus patient,
plus résigné, plus laborieux, plus attentif à ne rien
perdre de cette vie qu'il aimait tant et qu'il avait le
droit de trouver belle, lui qui en faisait un si noble
usage ! Enfin, il est permis de dire à son honneur, qu'à
une époque où chacun tend à concentrer son regard sur

soi-même, il n'a pas eu d'autre but que celui de poursuivre les vérités utiles à ses semblables, d'autre passion
que celle d'accroître leur bien-être et leur dignité.

C'est par là, c'est par cette ambition rare qu'il
vivra dans le souvenir des hommes ; car l'humanité
enregistre le nom de ceux qui l'ont honorée et agrandie.

Tocqueville a, dans une de ses lettres, exprimé une
pensée qui semble résumer à elle seule toute son
existence :

« La vie n'est ni un plaisir, ni une douleur, mais une
« affaire grave dont nous sommes chargés et qu'il faut
« conduire et terminer à notre honneur [1]. »

Beaumont-la-Chartre, mai 1860.

GUSTAVE DE BEAUMONT.

[1] Voir lettre du 22 octobre 1851, tome VII, p. 82.

ŒUVRES POSTHUMES

D'ALEXIS DE TOCQUEVILLE

(PUBLIÉES POUR LA PREMIÈRE FOIS EN 1860)

EXTRAITS

DU

VOYAGE EN SICILE[1]

———————

—

Le manuscrit du voyage en Sicile forme un volume
petit in-4°, de 350 pages. Pour donner au lecteur une
idée de ce premier essai littéraire d'Alexis de Tocqueville, nous en citons au hasard quelques fragments, extraits textuellement du manuscrit; nous les donnons sans
réflexions ni commentaires.

Tocqueville était parti de Naples avec son frère
Édouard dans les premiers jours de mars 1827. Pour
son début en mer, il rencontra une violente tempête.

. . . .

. . . .

« Le vaisseau, dit-il, que nous montions, était un
petit brigantin de 75 tonneaux. . . . .

. . . .

[1] Voir la Notice, page 8.

v   9

« Nous cheminions lentement, ayant devant les yeux le superbe spectacle de la baie de Naples, l'oreille frappée des derniers bruits de vie qui s'élevaient de cette populeuse cité ; le rivage d'Herculanum passa devant nous. Bientôt nous aperçûmes la colline qui cache Pompéia. Il était déjà nuit quand nous nous trouvâmes près des rochers de Caprée. Le lendemain en nous réveillant, nous avions encore en vue ces rochers escarpés ; nous les eûmes toute la journée ; ils semblaient nous poursuivre comme un remords.

« Cette île ressemble au repaire d'un oiseau de proie ; c'est la vraie demeure d'un tyran. C'est là que Tibère attirait ses victimes de toutes les parties de l'empire romain ; mais c'est de là aussi, et cette idée console, qu'accablé par les infirmités d'une honteuse vieillesse, désabusé de tout, même des jouissances qu'il avait cru trouver dans la vue des douleurs humaines, et dégoûté de ses monstrueux plaisirs, il laissait échapper enfin la vérité du fond de son âme farouche. C'est de Caprée qu'est datée cette lettre adressée au sénat dans laquelle il disait : « Pourquoi vous écrire, pères conscrits ? Qu'ai-je à « vous dire ? Que les dieux me fassent périr plus misé- « rablement qu'ils ne le font, si je le sais. »

« Vers le soir, au calme qui nous avait arrêtés succéda un vent d'ouest, et on commença à louvoyer. Le matin, les terres n'étaient plus en vue. Nous luttâmes toute la journée contre un vent contraire. La mer grossissait déjà par degrés. Le soleil venait de se coucher ; j'étais assis dans la cabine, la tête appuyée sur ma main, je parcourais des yeux l'horizon; un nuage noir le couvrait de temps en temps. Je voyais au loin se détacher sur cette teinte sombre l'écume des vagues. Je prévoyais la tempête sans croire qu'elle fût si près de nous. Cependant nous commencions à enfoncer profondément dans les vagues et l'écume sautait de toute part sur le pont. Bientôt des éclairs sillonnèrent le ciel, et la tempête s'annonça par un tonnerre sourd et lointain. Je me rappelle que bien des fois je me suis plu à contempler pendant la nuit les approches d'un orage. Je trouvais quelque chose de sublime et d'attachant dans ce calme qui le précède, dans cette espèce de recueillement et d'attente de la création entière au moment de la crise qui se prépare, mais quiconque n'a pas assisté à ce même spectacle sur une mer sans rivages ignore la scène la plus terrible que puisse présenter la nature.

« Quand les premiers coups de tonnerre retentirent, l'agitation régna un instant sur le vaisseau. La voix du capitaine se faisait entendre de la poupe, et le cri monotone des matelots annonçait un changement de manœuvre. Le vent augmentait avec une rapidité terrible. Le tonnerre s'approchait. Chaque éclair illuminait un moment l'étendue, puis nous nous retrouvions plongés dans l'obscurité la plus complète. Les vagues bouillonnaient autour de nous avec une énergie dont je n'avais pas d'idée. On eût dit une immense chaudière en ébullition. Je me rappellerai toute ma vie l'impression profonde que j'éprouvai, lorsque, dans un moment de calme, j'entendis un certain nombre de voix sourdes

répéter les répons d'un psaume à côté de moi. Je cherchai d'où partaient ces voix, et je vis qu'elles s'élevaient
de dessous une voile où s'étaient réfugiés dix ou douze
pauvres passagers. Quel est le philosophe si sûr de ses
systèmes, qui n'eût été tenté de faire comme eux à la
vue de cette terrible manifestation de la toute-puissance
divine?

« Déjà l'orage était presque sur nos têtes. Plusieurs
fois nous avions vu le tonnerre tomber dans la mer assez près de nous ; à chaque instant nous craignions de
sombrer. Tout à coup une vague nous prend en travers
et nous jette entièrement sur le côté. La lame renverse
les bancs, pénètre dans les cabines ; des cris affreux
s'élèvent de toutes parts ; et un chien, qui s'était réfugié entre des tonnes, poussa un hurlement qui forma
l'accord le plus lugubre qu'on puisse imaginer. L'alarme
fut vive, mais ne dura qu'un instant ; le vaisseau se
remit sur sa quille. Une pluie épouvantable ôta à l'orage
une grande partie de son danger ; et quoique la mer
fût encore très-agitée, chacun crut pouvoir chercher le
repos au milieu de torrents d'eau dont on était inondé.
La nuit parut sans doute longue à tous. Pour nous,
lorsque après deux heures d'un sommeil interrompu à
tout moment par les violentes agitations du vaisseau et
par le bouillonnement du vent dans les cordages, nous
nous réveillâmes tout à fait, nous sentîmes que la mer
était bien loin d'être calmée. Cependant, comme le
soleil se levait étincelant, je crus que nous étions hors
d'affaire et, tout joyeux, je mis la tête hors de notre case :

les matelots, les uns accrochés aux cordages, d'autres appuyés sur les mâts, paraissaient absorbés dans la contemplation d'un seul objet. Une inquiétude générale se peignait dans leurs traits, et l'immobilité de leur contenance était plus formidable que l'agitation de la nuit. J'examinai alors le ciel : à l'ouest, un vent impétueux paraissait faire voler sur nos têtes un énorme nuage chargé de pluie, et je vis clairement qu'un nouvel orage s'annonçait. Je cherchai alors à découvrir ce qui frappait ainsi dans le lointain la vue de l'équipage ; enfin, à travers le brouillard, je vis s'élever les formes vagues de hautes montagnes, qui, courant du nord au midi, nous barraient notre chemin, tandis que l'orage qui commençait et la mer, dont la fureur augmentait de moment en moment, nous poussaient de ce côté. Je me traînai sur le pont, car nulle créature vivante n'eût pu y marcher un instant sans être lancée à la mer, et en m'accrochant à chaque objet, je gagnai enfin la barre du gouvernail ; le capitaine la tenait lui-même ; je lui demandai s'il croyait qu'il y eût du danger. Cet homme me regarda d'un air farouche et me repondit : *Credo cosi ;* je le crois bien, d'une voix rude, et refusa d'ajouter un mot. Comme je retournais à la cabine, un vieux matelot me prit par la manche et me dit en grinçant des dents : « C'est votre rage de partir qui nous a « fait quitter le port. Vous allez voir dans un instant ce « qui va en résulter pour vous et pour nous. » La nuit, j'avais vu ces mêmes hommes pleins de courage et d'espérance : ils sautaient alors d'un cordage à l'autre et, placés entre l'eau et le feu, criaient en passant : *Eniente, signori, una burasca* : ce n'est rien, Messieurs ; c'est une bourrasque. Mais cette fois, je l'avoue, je crus que nous étions perdus sans ressource. Je rentrai dans la case ; je fis part à Édouard de l'état des choses, ajoutant qu'il fallait nous préparer à saisir les moindres chances de salut, quoique je n'en visse guères. Dans cet instant, un matelot vint faire une quête pour les âmes du purgatoire. Nous nous rappelâmes alors la religion dans laquelle nous étions nés et vers laquelle on avait dirigé nos premières pensées; nous fîmes une courte prière et puis nous nous assîmes à la porte de la cabine. Je croisai mes bras sur ma poitrine et je me mis à repasser dans mon esprit le peu d'années que j'avais déjà vécu. J'avoue franchement que, dans ce moment où je me croyais près de paraître devant le Juge suprême, le but de l'existence humaine me semblait tout différent de ce que je l'avais jugé jusque-là. Les entreprises que j'avais considérées jusqu'à cet instant comme les plus importantes me paraissaient alors infiniment petites, tandis qu'au contraire la grande figure de l'éternité, s'élevant à vue d'œil, faisait disparaître tout le reste derrière elle. Je regrettai alors amèrement de n'avoir pas en ma puissance une de ces consciences préparées à tout événement; je sentais que ce secours eût mieux valu que le courage humain contre un danger avec lequel on ne pouvait se débattre et au-devant duquel on ne pouvait marcher. Mais le plus rude moment fut celui où je vins à penser à ceux que nous laissions dans ce monde. Quand je me représentai l'instant où la voix publique porterait l'annonce de l'événement jusqu'à leurs oreilles, je sentais que les larmes me venaient aux yeux, et je me hâtai de m'occuper d'autre chose, pour ne point perdre des forces dont je croyais être sur le point d'avoir besoin. Le nuage fondit sur nous avec une grande impétuosité ; les vagues devinrent d'une grosseur énorme, en peu de minutes nous vîmes passer devant nous plusieurs îles. J'appris alors que l'orage nous avait jetés pendant la nuit à quarante lieues de notre route, au milieu de l'Archipel de Lipari. »

Le vaisseau, qui était frété pour Palerme, n'y peut arriver à cause des vents contraires ; mais on parvient enfin en vue d'un petit port, celui d'Olivieri.

« . . . . On peut croire, dit Tocqueville, que nous avions une terrible impatience de quitter cette misérable maison de bois où nous avions passé de si tristes heures. Mais comme dans ce pays, où les mesures de police sont multipliées contre les voyageurs en proportion de ce qu'elles le sont peu contre les voleurs de toute espèce, il semble qu'on se soit fait une étude d'entraver la circulation le plus possible ; on nous déclara qu'il fallait rester sur le vaisseau jusqu'au lendemain midi, heure où il plairait aux douaniers de venir nous visiter. . . . »

« . . Le 12 mars, la visite étant faite, nous abor-

dons enfin sur une petite plage voisine. Nous sautâmes
sur le gazon en nous écriant gaiement : Enfin, Sicile,
nous te tenons !

« Nous nous mîmes aussitôt à parcourir la terre qui
était devant nous. Jamais coup d'œil plus délicieux ne
s'offrit à de pauvres gens qui croyaient encore sentir
sous leurs pas le pont tremblant d'un vaisseau. On ne
voyait point sur la plage ces longues bandes de sable
aride qui attristent le regard sur les bords de l'Océan et
qui sont, du reste, si bien d'accord avec le ciel brumeux
de ses rivages. Là le flot venait baigner le gazon. A
trente pas du rivage, on apercevait des aloës d'une grandeur énorme, des figuiers des Indes en longues lignes
et des arbustes en fleur. Nous avions laissé l'hiver en
Italie. Ici le printemps avec toutes ses couleurs et tous
ses parfums se présentait à nos regards. A deux portées
de fusil, un village s'élevait à travers les oliviers et les
figuiers d'Europe. Sur une colline verte, en face, étaient
les ruines d'un château. Ensuite la vallée remontait rapidement au milieu de la verdure et des fleurs, et formait un triangle assez étendu vers le midi. C'est ainsi
que la Sicile s'offrit pour la première fois à nous sur la
plage d'Olivieri. . . . .

. . . .

. . . .

« . . . Là nous commençons à apprendre que ce n'est
ni la beauté, ni la richesse naturelle d'un pays qui
fait naître le bien-être de ses habitants. La première
chose qui nous frappe, c'est l'absence absolue de vitres.

Ceci est sans exception. . . . .

. . . .

. . . .

« . . . Le 13 mars, avant le jour, nous nous mîmes
en route. La caravane était ainsi formée : un soldat le
fusil à la main, le poignard attaché à la ceinture et
un bonnet de coton sur la tête, ouvrait la marche, mon-
té sur un cheval vigoureux. . . . .

. . . .

« Après lui nous venions à la file, les uns en selle, les
autres juchés assez mal sur quelques parties des bagages
Trois jeunes paysans nu-pieds, au teint cuivré des Mau-
res, couraient sans cesse de la tête à la queue pour hâter le pas de nos mulets, en poussant de temps en temps
ce cri sauvage qui n'est connu qu'en Sicile, et en répé-
tant à chaque instant leur jurement favori de *kasso*. . . »

. . . .

La caravane parcourt ainsi une partie de l'île et arrive
à Palerme.

. . . .

« . . . . La première chose qu'on aperçoit en approchant de la ville est le mont Pellegrin, dont la masse
carrée et isolée abrite Palerme des vents du nord-ouest,
et rend le sirocco plus terrible. Il y a quinze ans, le peuple croyait, dit-on, que si Napoléon se rendait maître
de la Sicile, il ferait jeter cette montagne à la mer. Rien
au monde ne peint mieux peut-être l'espèce de pouvoir
surnaturel que cet homme avait su acquérir sur l'esprit
de ses contemporains.

« . . . . . Le 17 mars nous quittons Palerme. .

« . . . . Après avoir marché deux heures dans ces solitudes, le guide nous fit signe de regarder quelque chose qui s'élevait au loin sur une colline. Nous fûmes remplis d'étonnement en y apercevant debout et isolé un temple grec dans sa plus entière conservation. Là était Segeste. Quelque habitués que nous fussions, depuis notre entrée en Italie, à contempler des ruines de tous les temps et de toutes les formes, et à concevoir par un terrible exemple la fragilité des choses humaines, il ne nous était pas encore arrivé de rencontrer ainsi tout à coup au milieu d'un désert le cadavre d'une grande cité. Jamais impression n'avait été si pleine et si entière. Nous nous arrêtâmes immobiles; nous tâchions de grouper autour de ces restes superbes de la magnificence antique d'autres temples, des palais, des portiques. Nous eussions voulu aussi rendre au sol cette fertilité qui fit Segeste si puissante dès ses premières années; et puis, nous nous réjouissions de ne point voir de petites maisons modernes auprès de ce colosse antique. . . . .

« . . . . Bientôt nous parvînmes sur les bords escarpés d'un torrent. C'est le Xanthe; plus loin coule le Simoïs. Pourquoi ces noms troyens, les ruines de cette ville troyenne, et, en général, les souvenirs qui tiennent à cette antiquité classique nous intéressent-ils davantage que ceux qui se rattachent à des temps plus modernes, ou même à des événements qui nous touchent de près? . . . .

. . . .

« . . . En quittant Selinonte, nous marchons tantôt sur des grèves, tantôt nous traversons des vallées sans arbres ni habitants. . . . .

. . . .

« . . . On peut dire avec vérité, quoique cela paraisse difficile à croire au premier abord, qu'il n'y a pas de villages en Sicile, mais seulement des villes et même en assez grand nombre. On est fort surpris, après avoir traversé une solitude presque complète pendant huit ou dix lieues, d'entrer tout à coup dans une ville de vingt mille âmes, qu'aucune grande route, qu'aucun bruit extérieur ne vous annonce de loin. C'est là que s'est retiré le peu d'industrie et de bien-être, comme la chaleur dans un corps paralytique se retire peu à peu vers le cœur. Il n'est pas impossible de donner une cause à ce singulier état de choses. Les seuls grands propriétaires fonciers de la Sicile sont les nobles et surtout les communautés ; ces deux classes d'hommes sont bien éloignées de toute idée d'amélioration et se sont habituées depuis longtemps au chiffre de revenus qu'ils doivent avoir. Les nobles les dissipent à Palerme ou à Naples, sans songer à leurs biens de Sicile autrement que par les quittances qu'ils y envoient. Il y en a même un grand nombre, nous a-t-on dit, qui n'ont jamais été visiter leurs terres. Quant aux moines, race éminemment routinière de sa nature, ils mangent tranquillement ces mêmes revenus, sans songer à les augmenter. Cependant le peuple, qui n'a que peu ou point d'intérêt dans la terre et dont les récoltes sont sans débouchés, quitte peu à peu la campagne. On sait quel petit nombre d'habitants suffit pour mal cultiver une immense étendue de terrain. Les environs de Rome en font foi.

« Celui qui visiterait par mer les côtes de la Sicile pourrait facilement la croire riche et florissante, tandis qu'il n'est pas de pays plus misérable au monde ; il la jugerait peuplée, tandis que ses campagnes sont désertes et resteront telles, jusqu'à ce que le morcellement des propriétés et l'écoulement des produits donnent au peuple un intérêt suffisant pour y rentrer. . . . . »

Après avoir traversé Siacca et Sicaliana, les voyageurs marchent vers Girgenti. . . . .

. . . .

« . . . . Arrivés à ce point, on voit l'immense enceinte que formaient les murs de Girgenti (Agrigente). Nous jugeâmes qu'elle ne devait pas avoir moins de cinq à six lieues de tour. Presque tout ce qui reste d'antiquités est rangé sur cette muraille naturelle qui regarde la mer. Nous vîmes d'abord le temple de Junon Lucine, dont plusieurs colonnes et la frise sont abattues. Nous passâmes ensuite au temple de la Concorde. Celui-ci est ce que j'ai jamais rencontré de plus extraordinaire pour la conservation. Rien n'y manque, fronton, frise, intérieur ; le temps a tout respecté. Il a fait plus, il lui a donné une couleur admirable ; et nous le voyons plus beau, sans doute, que ceux qui le bâtirent il y a deux mille cinq cents ans à peu près. Ces temples ressemblent absolument à celui de Segeste, sinon qu'ils sont plus petits ; c'est le même module de colonnes, la même simplicité de lignes, la même disposition dans les accessoires.

« C'est une chose extraordinaire que les Grecs, qui avaient une imagination si changeante, n'aient jamais eu l'idée de varier en rien le système d'architecture qu'ils avaient une fois adopté. Je ne sais si je me trompe, mais je crois voir là une force de conviction dans la foi du beau et du grand qui ne saurait appartenir qu'à un peuple si particulièrement doué pour exceller dans tous les arts.

« Toujours sur la même ligne que ces temples, mais plus loin, sont les restes de Jupiter Olympien. Ces restes sont très-remarquables en ce qu'ils annoncent un édifice plus vaste qu'aucun de ceux que nous a laissés l'antiquité. En général, les Grecs et même les Romains, qui avaient tant de grand dans le génie et dans la manière de traiter les choses de ce monde, n'ont jamais donné dans le goût du gigantesque en fait d'arts. Ils jugeaient avec raison qu'il est plus difficile de faire très-beau que faire très-grand, et presque impossible de faire tout à la fois très-beau et très-grand. »

Nos voyageurs se rendent de Girgenti à Catane, en traversant la fertile plaine des Lestrigons.

« Arrivés à Catane, continue Tocqueville, nous voulions partir le soir même pour Nicolosi, et tenter dans la nuit la grande ascension de l'Etna. . . . . Nous partîmes à quatre heures pour Nicolosi. . . . . . .

« . . . . En sortant de la ville, on traverse quelques champs cultivés ; puis on entre dans une lave, vieille, mais encore inculte et horrible. C'est de là que Catane se voit le mieux au milieu des bosquets et des laves qui l'entourent. . . . .

« . . . . . Bientôt on quitte les laves, et on se trouve alors sans transition, au milieu d'un pays enchanté qui vous surprendrait partout, et qui vous ravit en Sicile. Ce sont des vergers continuels entremêlés de cabanes et de jolis villages ; ici aucune place perdue : partout un air de prospérité et d'abondance. Je remarquai, dans la plupart des champs, du blé, de la vigne et des arbres fruitiers croissant et prospérant ensemble. Je me demandais, tout en marchant, d'où pouvait provenir cette grande prospérité locale. On ne peut l'attribuer à la richesse seule du sol, puisque la Sicile entière est un pays très-fertile qui demande même moins de culture que la plupart des autres pays. La première raison que je trouvai de ce phénomène est celle-ci : l'Etna étant placé entre deux des plus grandes villes de la Sicile, Catane et Messine, trouve de ces deux côtés un écoulement de produits qui n'existe pas dans le centre ni sur la côte méridionale. La seconde raison, que j'admis avec plus de difficulté, finit bientôt par me paraître plus concluante. Les terres qui environnent l'Etna étant sujettes à des ravages épouvantables, les seigneurs et les moines s'en sont dégoûtés et le peuple y est devenu propriétaire. Maintenant la division des biens y est presque sans bornes. Chacun a un intérêt dans la terre, quelque petit qu'il soit. C'est la seule partie de la Sicile où le paysan possède.

« Mais maintenant d'où vient que ce morcellement extrême des propriétés, que tant de gens sensés considèrent en France comme un mal, doive être regardé comme un bien et un grand bien en Sicile? Il est facile de le concevoir.

« Je comprends, en effet, que dans un pays très-éclairé où le climat porte à l'activité, où toutes les classes ont envie de s'enrichir, comme en Angleterre, par exemple, l'extrême morcellement de la propriété puisse nuire à l'agriculture, et par conséquent à la prospérité intérieure, parce qu'il ôte de grands moyens d'amélioration et même d'action à des gens qui auraient la volonté et la capacité de les utiliser ; mais, au contraire, quand il s'agit de stimuler et de réveiller un malheureux peuple à moitié paralysé, pour lequel le repos est un plaisir, chez lequel les hautes classes sont engourdies dans leur paresse héréditaire ou dans leurs vices, je ne connais pas de moyen plus efficace que le morcellement des terres. Si donc j'étais roi d'Angleterre, je favoriserais la grande propriété, et si j'étais maître de la Sicile, j'encouragerais de tout mon pouvoir la petite ; mais n'étant ni l'un ni l'autre, je reviens au plus vite à mon journal.

« . . . . . Il faisait nuit quand nous arrivâmes à Nicolosi. . . . .

« . . . . . . A onze heures du soir, on frappa à notre porte pour nous dire de nous apprêter. . . . .

« Notre premier soin dès que nous fûmes dehors fut d'examiner l'état du ciel. Nous reconnûmes avec une grande joie que le vent était tombé et qu'on apercevait les étoiles; la lune seule nous manquait complétement. Une obscurité profonde nous environnait. Cependant nous ne tardâmes pas à découvrir que nous traversions de vastes plaines de sable volcanique où le pied de nos mulets s'enfonçait profondément. Quelque temps après, il nous sembla que nous nous engagions dans les détours d'une vaste coulée de lave. Enfin nous abordâmes la région des bois. . . . .

« Ici nous entrâmes tous dans un profond silence. Cette marche nocturne au milieu d'une des forêts les plus antiques du globe, les effets bizarres que produisait notre lanterne sur les troncs noueux des chênes, les souvenirs de la fable qui semblaient s'agiter autour de nous, et jusqu'au bruissement des feuilles à travers lesquelles nous marchions; tout cela nous jetait dans un monde autre que le réel. . . . .

. . . .

« Enfin nous parvînmes au pied du dernier cône de l'Etna. Nous en apercevions les moindres détails, et déjà nous croyions toucher au cratère. Nous nous abusions en cela, comme on va voir. Il faut encore une heure pour parvenir à ce point que nous pensions si près de nous, et une heure de la marche la plus fatigante que j'aie jamais faite de ma vie. On grimpe d'abord l'espace de vingt minutes environ sur un e pente de glace couverte d'aspérités très-pointues et très-glissantes, et où il est difficile d'appuyer le pied. Ensuite on passe sur le dernier monticule formé par la chute successive de la cendre et dont l'inclinaison, par conséquent, est très-rapide. Sur ce sol mouvant et incliné comme un toit, on ne peut faire un pas sans enfoncer profondément et reculer souvent de plus d'une toise. J'avais déjà éprouvé le désagrément d'une pareille marche en visitant le Vésuve. Mais ici c'était bien autre chose : à la difficulté d'avancer sur un pareil chemin se mêlait celle de respirer à une semblable hauteur ; et ces deux inconvénients s'augmentaient l'un par l'autre. Nous nous trouvions alors à environ 1,700 toises (plus de 10,000 pieds) au-dessus de Catane. L'air était rare et cependant point léger. Les émanations volcaniques le chargeaient de miasmes sulfureux. Tous les dix ou quinze pas il fallait s'arrêter. Nous nous jetions alors sur la cendre, et, pendant quelques secondes, nous sentions dans la poitrine des battements extraordinaires. Ma tête était serrée comme si on l'eût enfermée dans une calotte de fer. Édouard m'avoua qu'il n'était pas sûr d'arriver au haut.

« Nous faisions une de ces pauses forcées, quand le guide, frappant dans ses mains, s'écria avec un accent que je crois encore entendre : *il sole, il sole !* (le soleil). Nous nous tournâmes subitement vers l'orient : le ciel était chargé de nuages, et cependant le disque du soleil,

semblable à une meule de fer ardente, se faisait jour à
travers les obstacles, et se montrait à moitié au-dessus
de la mer de la Grèce. Une teinte rougeâtre et violette
était répandue sur les flots et faisait paraître comme en-
sanglantées les montagnes de la Calabre, qui s'éten-
daient en face de nous. C'était un spectacle comme on
n'en voit qu'une fois dans sa vie, une de ces beautés
sévères et terribles de la nature qui vous font rentrer en
vous-même et vous écrasent de votre petitesse. Il se mêlait à cette grandeur quelque chose de triste et de singulièrement lugubre. Cet astre immense ne jetait qu'une
lumière douteuse autour de lui. Il semblait se traîner
vers le haut du ciel plutôt qu'il n'y montait. C'est ainsi,
nous disions-nous, qu'il se lèvera sans doute le dernier
jour du monde.

« Ce spectacle nous rendit la force dont nous commencions à manquer. Nous fîmes des efforts extraordinaires et en peu d'instants nous parvînmes sur les bords
du cratère. Nous n'y jetâmes les yeux qu'avec une sorte
d'effroi. . . . . Une fumée blanche comme la neige
tourbillonnait et s'agitait avec bruit dans la profondeur
qu'elle nous cachait; elle montait jusqu'au bord de
l'énorme coupe, et puis s'arrêtait, redescendait, remontait encore; il ne s'en échappait qu'une petite quantité,
mais c'était assez pour former un nuage qui occupait
une partie du ciel, et au milieu duquel nous nous trouvions souvent malgré nous.

« A peine le soleil s'était-il levé au-dessus des flots
de la mer, que nous l'avions vu s'enfoncer dans une

ligne de nuages. Bientôt il en sortit étincelant . . . .

. . . .

. . . .

« De toutes parts la mer s'étendait autour de nous, et la Sicile fuyait en pointe devant nos yeux.

« L'ombre de l'Etna se projetait jusque dans les environs de Trapani, et couvrait l'île presque en totalité par l'immense cône qu'elle formait. Mais cette ombre n'était point immobile. Comme un être animé on la voyait s'agiter sans cesse. Elle se resserrait de moments en moments, et, dans sa marche rétrograde, découvrait à chaque instant des cantons tout entiers. L'île nous paraissait plutôt raboteuse que montagneuse. Au milieu de ses collines sans nombre on voyait serpenter une ligne bleue : c'était un fleuve ; une petite plaque blanche faisait reconnaître un lac; quelque chose de brillant au soleil annonçait une ville. Quant aux pauvres humains, il eût fallu, pour les apercevoir, posséder l'œil de celui qui créa avec la même facilité un insecte et l'Etna. . . .

« . . . . La voilà donc enfin, nous disions-nous, cette Sicile, le but de notre voyage, le sujet de nos entretiens depuis tant de mois, la voilà tout entière sous nos pieds. En tournant sur nous-mêmes, nous pouvons la parcourir en un instant ; nous en touchons des yeux tous les points ; presque rien ne nous en échappe et elle est bien loin d'occuper l'horizon. Nous venions d'Italie ; nous avions foulé la cendre des plus grands hommes qui furent jamais et respiré la poussière de leurs monuments ; nous étions pleins des grandeurs de l'histoire.

Mais autre chose encore parlait ici à l'imagination : tous
les objets que nous apercevions, toutes les idées qui
venaient s'offrir en foule à notre esprit nous reportaient
aux temps primitifs. Nous touchions aux premiers âges
du monde, à ces âges de simplicité et d'innocence où
les hommes n'étaient point encore attristés par le souvenir du passé, ni effrayés du vague de l'avenir ; où, contents du bonheur présent, confiants dans sa durée, ils
recueillaient ce que la terre leur donnait sans culture ; et
près des dieux par la pureté du cœur, ils en rencontraient
encore à chaque pas la trace et vivaient, en quelque
sorte, parmi eux ; c'est ici que la fable nous montre les
premiers hommes. C'est ici la patrie des divinités de la
mythologie grecque. Près de ces lieux, Pluton enleva
Proserpine à sa mère ; dans ce bois où nous venions de
passer, Cérès suspendit sa course rapide et, fatiguée de
ses vaines recherches, elle s'assit sur un roc, et, quoique
déesse, pleura, disent les Grecs, parce qu'elle était
mère. Apollon a gardé les troupeaux dans ces vallées ;
ces bosquets qui s'étendent jusque sur le rivage de la
mer ont retenti de la flûte de Pan ; les nymphes se sont
égarées sous leurs ombres et ont respiré leur parfum.
Galathée y fuyait Polyphème, et Acis, près de succomber
sous les coups de son rival, charmait encore ces rivages
et y laissait son nom. . . . Dans le lointain on aperçoit le lac d'Hercule et les rochers des Cyclopes. . . . .

« Terre des dieux et des héros ! Pauvre Sicile ! que
sont devenues tes brillantes chimères ? » . . . . .

Quelques jours après, Tocqueville quittait la Sicile pour aller visiter les îles de Lipari, et surtout le volcan de Stromboli. Arrivé en ce lieu, il le parcourt et le décrit ; mais quand il veut retourner en Sicile, il est retenu à Stromboli par un vent contraire. Cet obstacle dure plusieurs jours, et dans ce lieu désert, où il se trouve comme enchaîné sans savoir combien de jours durera sa captivité, il éprouve des impressions diverses qu'il décrit ainsi. . . . .

« Il y avait, dit-il, dans notre position sur ce rocher brûlant au milieu de la mer, et séparé du monde entier, une idée d'abandon et d'isolement qui, pesant de tout son poids sur notre imagination, l'oppressait. . . .

. . . .

« Quand nous fûmes un peu remis de cette impression, nous songeâmes à occuper nos loisirs : car c'est ce dont nous manquions le moins, et alors nous aurions donné pour rien le temps que souvent on voudrait acheter si cher. . . . .

. . . .

« Un jour, j'étais assis dans le sable, la tête sur mes mains, les yeux dirigés vers la pleine mer, tournant et retournant en moi-même les plus tristes pensées. Je voyais une barque s'avancer depuis longtemps ; elle m'importunait parce qu'elle était remplie de gens qui chantaient à haute voix en s'approchant. C'était une pauvre famille de pêcheurs, mari, femme et enfants ; il y avait réunies là au moins trois générations. Tout le monde ramait ; bientôt on eut gagné le rivage. Le père et les plus âgés

sautèrent à l'eau et tirèrent la barque sur la grève. Dans
ce moment, je vis sortir d'une des huttes de la côte un
enfant de deux ou trois ans, demi-nu ; il accourait, se
traînant sur les pieds et sur les mains, et poussant des
cris de joie ; cet enfant devint aussitôt l'objet de l'attention générale ; une femme de moyen âge qui descendait
en ce moment de la barque ne l'eut pas plutôt aperçu
qu'elle vint à lui, le reçut dans ses bras et l'y éleva aussitôt, en le couvrant de caresses et en lui disant mille
choses que je ne comprenais point. Bientôt tout le monde
s'occupa de lui ; chacun lui adressa son mot ; on le passait de mains en mains ; les hommes déposaient devant
lui le poisson et lui en faisaient toucher l'écaille ; les enfants lui offraient tous quelques bagatelles de la campagne qu'on venait d'accomplir, et il n'y a pas jusqu'aux
plus petits qui, après être parvenus à grand'peine à lui
passer dans le bras un collier de coquillages, ne se re-
tirassent tout joyeux. C'était sans doute le dernier-né de
la famille.

« Jamais de ma vie, comme dans ce moment, je n'ai
compris l'horreur de l'exil et la réalité de ces instincts
de la patrie qui vous ramènent de si loin vers elle en
dépit de tous les obstacles et de tous les dangers. Le
souvenir de la France et de tout ce que ce mot renferme
fondit alors sur moi comme sur une proie. Je me sentis
transporté d'un désir si ardent de la revoir que pour
aucune chose je n'en éprouvai jamais de semblable, et
je ne sais ce que je n'aurais pas sacrifié à la perspective
de me trouver tout à coup sur ses rivages. On ne conçoit

pas plus le bien-être de la patrie, quand on vit dans son
sein, qu'on ne conçoit le bonheur quand on l'éprouve.
Mais éloignez-vous ou soyez malheureux, et puis laissez
faire le souvenir. Vous apprendrez alors à apprécier les
choses à leur juste valeur; ou plutôt vous n'apprendrez
rien, car toutes ces choses ne sont si belles que parce
qu'elles n'existent plus pour vous. Tout a ses tristesses
sur une terre étrangère, souvent jusqu'au plaisir même.
Au contraire, tout ce que vous ne remarquez pas chez
vous, tout ce que l'habitude vous avait rendu indifférent,
insipide, ennuyeux même, tout cela vous revient dans
l'exil, non pas tel que vous l'éprouviez dans votre patrie, mais plein de couleurs, plein de vie, tout rempli de
charmes que vous n'apercevez qu'alors; et ce qui n'a pu
faire que vous soyez heureux a maintenant assez de pouvoir pour vous rendre misérable.

« Je me rappelle qu'avant l'époque dont je parle,
songeant aux chances de la prison à laquelle l'expérience
des quarante dernières années a prouvé qu'il n'était pas
ridicule de se préparer d'avance, j'étais parvenu à me
faire une idée presque agréable de ce lieu si redouté. Je
me figurais qu'un homme renfermé avec des livres, du
papier et des plumes, devait trouver des moyens faciles
de faire couler doucement les heures. De plus la vie civile est si occupée qu'il y a une foule d'études qu'on ne
peut vraiment faire qu'en prison. Et là-dessus je m'é-
tonnais que tant de gens qui, y ayant passé des années,
auraient dû écrire des volumes, en soient sortis sans y
avoir rien fait.

« Le séjour de Stromboli me donna l'explication de
ce phénomène et me prouva que je me trompais. Quoique le temps fût notre plus grand ennemi, nous ne pûmes jamais nous déterminer à le combattre par l'occupation. En effet, dans le tableau séduisant que je m'étais
formé de la prison, je n'avais pas mis en ligne de compte
la préoccupation de l'avenir, la longueur indéfinie du
présent, et surtout le manque d'intérêt positif. On ne dit
point à l'esprit : Travaille, comme on dit à un manœuvre : Bêche ou pioche. Il lui faut une cause, un motif
pour qu'il se mette en mouvement, et l'avenir d'un prisonnier peut être très-éloigné comme il peut finir demain. A quoi bon commencer ce qu'on n'est pas sûr de
finir, ce qui ne sera peut-être jamais utile ni agréable à
soi plus qu'aux autres? Et puis, le temps vous écrase
par la lenteur de sa marche; une longue perspective
d'heures et de jours semblables vous décourage. En
toute chose il faut un effort pour commencer. Cet effort,
fort, pourquoi le faire plutôt maintenant que dans un
moment, aujourd'hui plutôt que demain? Qui vous
presse? Où est l'excitant? L'ennui, cette espèce d'ennui si pénétrant qui ne naît pas seulement de l'oisiveté,
mais aussi d'une situation pénible, engourdit toutes
les facultés, abat le cœur, éteint l'imagination, et, en
définitive, on meurt comme l'avare au milieu de ses
richesses. . . »

Cependant, au moment même où les voyageurs se
croient à jamais enchaînés par un mauvais sort sur le

rocher de Stromboli, un vent favorable vient les délivrer et leur permet de continuer leur voyage.

En un certain endroit de son récit, Tocqueville imagine de mettre en scène deux personnages plus ou moins imaginaires, un Sicilien (don Ambrosio) et un Napolitain (don Carlo), dont il fait le portrait et raconte la conversation, et dans le dialogue desquels on peut apercevoir le résumé de ses propres impressions sur Naples et la Sicile. . . . .

. . . .

« . . . . . Ils étaient, dit-il, tous deux dans la force de l'âge, mais, du reste, ils différaient tellement entre eux, qu'on eût pu croire que l'Océan les avait vus naître sur des rivages opposés. . . . .

« Ce qu'on apercevait tout d'abord dans le premier (don Ambrosio) donnait sur-le-champ l'idée d'une nature dégradée. On y voyait un tel mélange de force et de faiblesse, de courage et de pusillanimité, d'orgueil et de bassesse, que le cœur était pénétré de pitié à sa vue ; une impression chagrine et mécontente se peignait sans cesse dans ses yeux, et cependant, à la vivacité de son regard, à l'esprit qui y brillait de temps à autre, on jugeait que les accents du plaisir ou les élans de la joie ne lui auraient point été étrangers, s'il avait cru pouvoir s'y livrer sans inquiétude. Je doute que la physionomie de cet homme eût exprimé la bonté, dans quelque temps que le ciel l'eût fait naître ; mais la longue patience à laquelle il semblait avoir été soumis avait amassé sur son âme comme un fardeau pesant d'indignation et de colère qui l'oppressait d'autant plus qu'il paraissait ne voir dans l'avenir nulle espérance de s'en décharger jamais.

« Quelque opinion défavorable qu'on dût concevoir à la vue de cet homme, l'abord de son compagnon repoussait encore davantage. Chez lui, pas un trait, pas un mouvement, pas un mot qui n'annonçât cette corruption joyeuse, la pire et la plus hideuse de toutes.

« Au milieu de la dégradation du premier, quelque chose de la dignité naturelle à l'homme restait encore debout. Cette dignité manquait absolument au second ; son regard exprimait en même temps la présomption et la faiblesse. En un mot, c'était un enfant, mais un enfant dépravé.

« Un point de rapport existait cependant entre ces deux hommes ; tous deux semblaient avoir fait de la duplicité une longue habitude ; mais chez le premier, c'était plutôt encore un fruit amer de la nécessité et de la servitude ; on pouvait croire que le second ne trompait que parce que la fourberie était le moyen le plus court et le plus commode d'arriver au but.

« Ces deux hommes si différents n'en étaient pas moins nés sous le même ciel, sujets du même monarque, soumis aux mêmes lois.

« Peu après que nous nous fûmes approchés, le Napolitain (don Carlo) prit la parole :

« — Qu'est-ce ceci, don Ambrosio, dit-il à son compagnon d'un ton railleur ? ou je me trompe fort, ou il me semble que nous allons entrer sur un chemin battu. Si cette vaste plaine n'était point inculte, on pourrait presque commencer à se croire dans un pays civilisé.

« Le Sicilien ne répondit rien et l'autre reprit :

« — Avouez qu'il faut, comme moi, être bien pressé par la nécessité ou tourmenté comme ces étrangers par le démon des voyages pour abandonner le délicieux rivage de Naples et venir se perdre ainsi dans vos déserts. — Don Carlo, répondit le Sicilien d'un air sombre et contraint, n'entamons point, je vous prie, un semblable sujet, qui, de sa nature, ne saurait être agréable ni à l'un ni à l'autre de nous. Vous savez que la Sicile n'a point toujours été ce qu'elle est à présent. Il fut un temps éloigné de nous sans doute, où une seule de nos villes contenait plus d'habitants que n'en renferme l'île entière dans ces jours de misère et de deuil. Alors les Siciliens marchaient à la tête de la race humaine. Nos vaisseaux couvraient jusqu'aux rivages de l'Océan. Nos arts, notre imagination et nos mœurs civilisaient nos voisins ; la fertilité de nos champs et le courage de nos soldats étaient célèbres dans tout l'univers ; l'or coulait à grands flots dans nos heureuses cités...

« Don Ambrosio fut interrompu en cet endroit par un éclat de rire du Napolitain, il se mordit les lèvres et se tut.

« — Oui, il y avait quelque chose de vrai dans tout cela du temps de Denys-le-Tyran, répliqua son compagnon... Mais pourquoi faire tant de bruit d'avantages que vous n'avez plus... Il y a deux ou trois mille ans, en effet, vos

campagnes étaient florissantes, mais elles sont aujour-
d'hui désertes et inhabitées ; vos villes étaient grandes
et riches, mais maintenant elles sont petites et miséra-
bles. Vous couvriez la mer de vos vaisseaux, et vos ports
se comblent en ce moment. Vous brillâtes jadis par les
arts et les dons de l'esprit, mais à présent les simples
commodités de la vie vous sont étrangères ; et quel pays
au monde est plus ignorant que la Sicile? Enfin vous n'a-
vez plus de soldats; trop heureux si vous trouviez assez
de bras pour cultiver vos champs !

« L'orage qui se formait depuis longtemps dans le
cœur du Sicilien éclata à ces derniers mots : — Il est trop
dur, s'écria-t-il, de voir les auteurs de nos derniers désastres se glorifier à notre face du fruit de leurs abomi-
nables travaux. A qui s'en prendre des malheurs inouïs
qui nous accablent? Qui accuser de la décadence successive et de la ruine totale de tout un peuple? Qui? si ce
n'est vous. Et c'est vous qui venez aujourd'hui jouer
avec nos ruines, plaisanter au milieu d'un désert que
vous avez fait, et insulter à une misère qui est votre ouvrage ! . . . Depuis que la Sicile est tombée sous votre
puissance, non par la conquête que vous en avez faite,
mais qu'un autre en avait faite pour vous; depuis que
des traités l'ont remise à votre empire, avons-nous jamais trouvé en vous, je ne dirai point des concitoyens,
tels que cependant pour nous vous eussiez dû vous montrer toujours, mais des maîtres qui voulussent leur propre bien et le désirassent dans le nôtre. Sans le triste

exemple que nous donnons, serait-il possible d'imaginer que, durant une longue succession d'années, on adoptât envers tout un peuple un système d'oppression si désastreux tout à la fois pour le sujet et pour le prince, qu'enfin l'un soit devenu inutile à l'autre, et le second au premier. . . . .

« — N'êtes-vous pas vous-même, répliqua vivement le Napolitain, vos plus cruels oppresseurs? Jamais tyrannie, en admettant qu'elle existe, trouva-t-elle sous sa main de plus vils instruments? Sont-ce des Napolitains qui remplissent chez vous les fonctions publiques? Non, on n'y voit que des Siciliens. Ce sont des Siciliens, des Siciliens seuls qui se chargent du joug de Naples en le bénissant, pourvu qu'il leur soit permis de l'imposer à leur tour à la malheureuse Sicile. Ce sont des Siciliens qui occupent vos tribunaux et font marché public de la justice ! . . . .

« . . . . Si nous avons voulu vous dépraver, certes vous avez comblé nos espérances. . . . .

« Votre noblesse a dépassé ses maîtres ! Je crois qu'elle peut à juste titre se vanter d'être la plus dissolue de toute l'Europe. . . . .

« — Notre noblesse, répliqua le Sicilien, elle n'est plus sicilienne. Vous lui avez ôté tout intérêt dans les affaires publiques, bien avant que vous eussiez porté la dernière main sur notre constitution. Vous l'avez attirée tout entière à Naples. Là vous lui avez fait perdre son énergie primitive et son caractère national, vous l'avez plongée dans les délices, vous avez abâtardi son cœur

en substituant l'ambition de cour au désir de l'illustra-
tion, et le pouvoir de la faveur à celui du mérite et du
courage...

« Pendant que don Ambrosio parlait, la figure du
Napolitain se rembrunissait peu à peu. Il était évident
que la violence de l'attaque était parvenue à émouvoir
jusqu'à cette insouciance qui lui était naturelle. Comme
le Sicilien prononçait sa dernière phrase, don Carlo lui
lança un regard où se peignaient à la fois, avec plus d'é-
nergie qu'on n'eût pu en attendre, l'insolence et le mépris le plus insultant.

« Il l'interrompit.

« —Eh bien ! s'écria-t-il en riant amèrement, puisque
notre joug est si pesant pour vous, que tardez-vous à le
briser ? pourquoi le tocsin ne sonne-t-il point dans vos
campagnes, qu'attendez-vous ? réunissez-vous, marchez ;
mais non : vous ne croirez jamais que l'oppression soit
à son comble, et, jusqu'à vos derniers neveux, vous re-
mettrez la vengeance au lendemain... mais quand vous
seriez jamais assez hardis pour lever l'étendard de la révolte, avec quelle facilité Naples pulvériserait votre faiblesse ! Rappelez votre mémoire... souvenez-vous de
1820. Où sont vos vaisseaux, vos soldats ? Votre jeunesse
hait le métier des armes. On ne voit point de Siciliens
dans notre armée...

« — Il est vrai, répondit don Ambrosio d'une voix al-
térée et contrainte, tout cela n'est que trop vrai : à quoi
bon le cacher ?... et cependant nous n'étions pas nés
pour la servitude. Notre histoire en fait foi, et nul peuple

n'a jamais donné de plus terribles exemples à ses oppresseurs. Quelque chose de libre fermente encore au
fond de nous. Nous sommes loin de ce dernier degré
d'avilissement où l'homme ne conçoit même plus la vengeance ni d'autre état que le sien. L'énergie de notre caractère national n'est point éteinte ; elle vit en germe
dans toutes les âmes, et elle seule pourrait nous relever
de notre bassesse et nous rendre nos antiques vertus.
Nous ne défilons point, il est vrai, à vos revues, mais on
ne nous a jamais vus prendre la fuite avant que l'épée
fût hors de son fourreau. Quel est le malheureux qui
n'aimerait pas mieux labourer le champ de ses pères
qu'être soldat parmi vous? Dénaturée par l'oppression,
cette force cachée ne se révèle plus que par des crimes ;
pour vous, vous n'avez que des vices. En nous refusant la justice, en faisant mieux, en nous la vendant,
vous nous avez appris à considérer l'assassinat comme
un droit.

« Un temps viendra peut-être où les intérêts politiques
se croisant de nouveau en Europe, les rois ne se croi-
ront plus obligés à se soutenir mutuellement. Un jour la
France ou l'Angleterre nous tendront une main secourable et nous ouvriront leurs bras. Nous vous flattons,
Napolitains!... mais alors ne vous trouvez point isolés
parmi nous!...

« Un silence profond suivit ces derniers mots. L'audace qui animait, un moment avant, le regard de don
Carlo avait disparu. Il traversa le chemin, s'approcha

du Sicilien et lui dit quelques mots à demi-voix et d'un
air caressant. A cet aspect, celui-ci fut pénétré de surprise. Mais bientôt, mesurant l'imprudence de ses discours à l'effet qu'ils produisaient sur son compagnon, il
parut effrayé à son tour. Nous le vîmes sourire d'un air
forcé et tourner en plaisanterie ce qui venait de lui échapper. Ainsi ces deux hommes divisés par des passions en-
nemies se réunissaient en un sentiment commun : *la
peur.*   .   .   .   .

.   .   .   .   »

Arrivé au terme de ce récit, dont nous ne donnons
ici que de courts fragments, Tocqueville finit par l'expression d'une pensée qui mérite d'être rapportée. Sous
la forme la plus simple et la plus modeste, il touche du
doigt le point le plus essentiel à toute existence humaine,
et se classe, par ce seul mot, parmi les hommes destinés
à donner plus tard à leur vie une valeur et un but.

« On s'étonnera peut-être, dit-il en finissant, que
nous ayons pu supporter aussi longtemps une pareille
manière de vivre, agissant beaucoup, dormant peu et ne
prenant jamais un vrai repos

« La seule explication que je puisse donner de ce
phénomène, est celle-ci : nous le voulions, non pas à peu
près et de la manière dont on veut, par exemple, en général, le bien du prochain, mais fermement et résolû-
ment. Le but, il est vrai, ne répondait pas à l'effort, et,
c'était de notre part, du luxe de force et de ténacité. Mais
si ce but était futile, nous y marchions comme s'il ne

l'eût pas été et nous arrivions. Pour moi, et c'est ainsi que je veux finir ce journal, je ne demande à Dieu qu'une grâce : qu'il m'accorde de me retrouver un jour voulant de la même manière une chose qui en vaille la peine. »

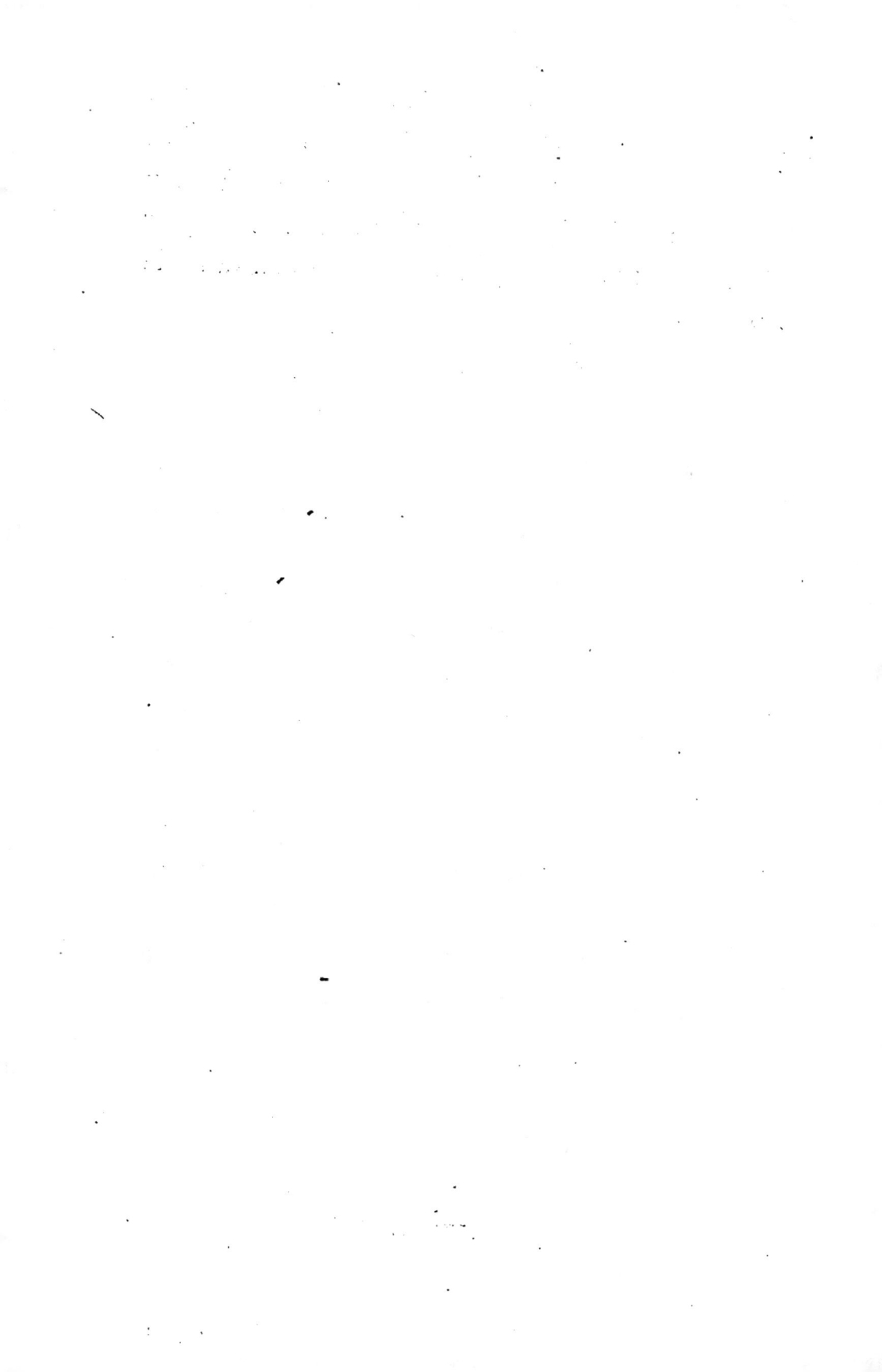

COURSE

AU

LAC ONÉIDA

Le 8 juillet 1831, au soleil levant, nous quittâmes le petit village appelé *Fort-Brewington*, et nous commençâmes à nous avancer vers le Nord-Est.

A environ un mille et demi de la maison de notre hôte, un sentier s'ouvre dans la forêt; nous nous hâtâmes de le prendre; la chaleur commençait à devenir gênante. A une nuit agitée avait succédé une matinée sans fraîcheur. Bientôt nous nous trouvâmes à l'abri des rayons du soleil, et au milieu d'une de ces profondes forêts du Nouveau-Monde, dont la majesté sombre et sauvage saisit l'imagination et remplit l'âme d'une sorte de terreur religieuse.

Comment peindre un pareil spectacle? Sur un terrain marécageux, où mille ruisseaux que n'a point encore

---

[1] Voir la Notice, page 27.

emprisonnés la main de l'homme courent et se perdent
en liberté, la nature a semé pêle-mêle, et avec une incroyable profusion, les germes de presque toutes les
plantes qui rampent sur la terre ou s'élèvent au-dessus
du sol.

Sur nos têtes était étendu comme un vaste dôme de
verdure. Au-dessous de ce voile épais, et comme au milieu des profondeurs humides du bois, l'œil aperçoit
une immense confusion : une sorte de chaos, des arbres
de tous les âges, des feuillages de toutes les nuances,
des herbes, des fruits, des fleurs de mille espèces, entremêlés, enlacés dans les mêmes lieux. Là des générations d'arbres se sont succédé sans interruption depuis
des siècles, et la terre est couverte de leurs débris. Les
uns semblent abattus d'hier ; d'autres, déjà à moitié en-
foncés dans la terre, ne présentent plus qu'une écorce
vide ; d'autres enfin sont réduits en poussière et servent
d'engrais à leurs derniers rejetons. Au milieu d'eux mille
plantes diverses se hâtent de se faire jour à leur tour.
Elles se glissent entre ces cadavres immobiles, rampent
sur leur surface, s'introduisent sous leur écorce flétrie,
soulèvent et dispersent la poudre de leurs débris. C'est
comme une lutte entre la mort et la vie. Quelquefois il
nous arrivait de rencontrer un arbre immense que le vent
avait déraciné, mais les rangs sont si pressés dans la forêt que souvent malgré son poids il n'avait pu se faire
jour jusqu'à la terre. Il balançait encore ses rameaux
desséchés dans les airs.

Il régnait un silence solennel au milieu de cette solitude. . . . On n'y voyait que peu ou point de créatures animées. L'homme y manquait, et cependant ce n'était point là un désert. Tout, au contraire, y montrait dans la nature une force de production inconnue ailleurs. Tout y était activité; l'air y paraissait imprégné d'une odeur de végétation. Il semblait qu'on entendît comme un bruit intérieur qui révélât le travail de la création, et qu'on vît circuler la séve et la vie par des canaux toujours ouverts.

C'est au milieu de ces imposantes solitudes, et à la clarté d'un jour douteux, que nous marchâmes pendant plusieurs heures, sans entendre d'autre bruit que celui que faisaient nos chevaux en foulant sous leurs pieds les feuilles entassées par plusieurs hivers, ou en se frayant péniblement un passage à travers les branches desséchées qui couvraient le chemin. Nous gardions nous-mêmes le silence; notre âme était remplie de la grandeur et de la nouveauté du spectacle. Enfin, nous entendîmes retentir les premiers coups de hache qui annonçaient au loin la présence d'un Européen; des arbres abattus, des troncs brûlés et noircis, quelques plantes utiles à la vie de l'homme, semées au milieu d'un mélange confus de cent débris divers, nous guidèrent jusqu'à l'habitation du pionnier. Au centre d'un cercle assez restreint que le fer et le feu avaient tracé autour d'elle s'élevait la grossière demeure du précurseur de la civilisation. C'était comme l'oasis au milieu du désert.

Après nous être entretenus quelques instants avec

l'habitant de ce lieu, nous reprîmes notre course, et, une demi-heure après, nous arrivions à une cabane de pêcheur bâtie sur les bords même du lac que nous venions visiter.

Le lac Onéida est situé au milieu de collines peu élevées et au centre de forêts encore respectées. Une ceinture d'épais feuillages l'environne de toutes parts, ses eaux mouillent les racines des arbres qui viennent se réfléchir dans sa surface transparente et tranquille ; la cabane isolée d'un pêcheur s'élevait seule sur ses bords. Du reste nulle voile n'apparaissait sur toute son étendue ; on ne voyait pas même de fumée s'élever au-dessus de ces bois, car l'Européen, sans avoir encore pris complétement possession de ses rives, s'en est déjà rapproché d'assez près pour en exiler la tribu nombreuse et guerrière qui lui avait jadis donné son nom.

A un mille environ du rivage sur lequel nous étions placés, se trouvaient deux îles de forme ovale et d'égale longueur. Ces îles sont couvertes d'un bois si épais qu'il cache entièrement la terre qui le porte ; on dirait deux bosquets flottant paisiblement sur la surface du lac.

Aucune route ne passe auprès de cet endroit. On ne voit point dans ces contrées de grands établissements d'industrie ou de lieux célèbres par leur beauté pittoresque. Ce n'était cependant pas le hasard qui nous avait conduits près de ce lac solitaire. Il était au contraire le but et le terme de notre voyage.

Il y a bien des années, il m'était tombé sous la main

un livre intitulé : *Voyage au lac Onéida.* L'auteur y racontait qu'un jeune Français et sa femme, chassés de leur pays par les orages de notre première révolution, étaient venus chercher un asile dans l'une des îles que le lac environne de ses eaux. Là, séparés de l'univers entier, loin des tempêtes de l'Europe, et rejetés par la société qui les avait vus naître, ces deux infortunés vivaient l'un pour l'autre, se consolaient mutuellement dans leur malheur.

Ce livre avait laissé une trace profonde et durable dans mon âme. Que cet effet sur moi fût dû au talent de l'auteur, au charme réel des événements ou à l'influence de l'âge, je ne saurais le dire, mais le souvenir des deux Français du lac Onéida n'avait pu s'effacer de ma mémoire. Combien de fois ne leur avais-je pas envié les tranquilles délices de leur solitude ! Le bonheur domestique, les charmes de l'union conjugale, l'amour lui-même se confondaient dans mon esprit avec l'image de l'île solitaire où mon imagination avait créé un nouvel Éden. Cette histoire contée à mon compagnon de voyage l'avait vivement ému à son tour. Il nous arrivait souvent d'en parler, et nous finissions toujours par répéter, soit en riant, soit avec tristesse : Il n'y a de bonheur dans le monde que sur les bords du lac Onéida ! Lorsque des événements qu'il nous était impossible de prévoir nous eurent poussés tous deux en Amérique, ce souvenir nous revint avec plus de force. Nous nous promîmes d'aller visiter nos deux Français, s'ils existaient encore, ou du moins de parcourir leur demeure. Admirez ici l'étrange pouvoir de l'imagination sur l'esprit de l'homme : ces lieux sauvages, ce lac silencieux et immobile, ces îles couvertes de verdure, ne nous frappaient point comme des objets nouveaux ; au contraire il nous semblait revoir un lieu où s'était passée une partie de notre jeunesse.

Nous nous hâtâmes d'entrer dans la cabane du pêcheur. L'homme était dans les bois, une femme âgée l'habitait seule ; elle vint en boitant nous recevoir sur le seuil de sa demeure. — Comment nommez-vous cette île verte qui s'élève à un mille d'ici dans les eaux du lac ? lui dîmes-nous. — Elle se nomme l'Ile du Français, répondit-elle. — Savez-vous ce qui lui a fait donner ce nom ? — On m'a dit qu'elle avait été ainsi nommée à cause d'un Français qui, il y a bien des années, vint y fixer sa demeure. — Était-il seul ? — Non, il avait amené avec lui sa jeune épouse. — Habitent-ils encore cet endroit ? — Il y a vingt et un ans, lorsque je vins m'établir en ce lieu, les Français n'étaient plus dans l'île ; je me rappelle que j'eus la curiosité d'aller la visiter. C'était encore alors un beau lieu que cette île qui d'ici vous paraît si sauvage ; l'intérieur en était cultivé avec soin ; la maison des Français était placée au milieu d'un verger, entourée de fruits et de fleurs, un grand cep de vigne rampait sur ses murs et l'environnait alors de toutes parts, mais elle tombait déjà en ruine faute d'habitants. — Qu'étaient donc devenus les Français ? —La femme étant morte, l'homme avait abandonné l'île, et on ne sait ce qu'il est devenu depuis. — Pou-

vez-vous nous confier le canot qui est amarré à votre
porte pour traverser la partie du lac qui nous sépare de
l'île? — Bien volontiers; mais il y a loin à ramer, et le
travail est rude pour des gens qui n'y sont pas accoutu-
més; et d'ailleurs que pouvez-vous voir de curieux dans
un lieu qui est redevenu sauvage?

Comme nous nous hâtions, sans lui répondre, de
pousser la nacelle à l'eau : — Je vois ce que c'est, dit-
elle, vous voulez acheter cette île. Le sol y est bon, et
la terre n'est pas encore chère dans notre canton. —
Nous lui répondons que nous sommes des voyageurs.
— Alors, reprit-elle, vous êtes sans doute les parents
du Français, et il vous a chargés de visiter son héritage? — Encore moins, nous ne savons pas même
son nom. — La bonne femme secoua la tête avec incrédulité, et nous, faisant manœuvrer les avirons, nous
commençons à nous avancer rapidement vers l'île du
Français.

Nous gardions pendant cette petite traversée un profond silence. Notre cœur était plein d'émotions douces
et pénibles. Plus nous approchions, moins nous com-
prenions que cette île eût pu être habitée jadis, tant ses
abords étaient sauvages. Il semblait que nous fussions
les jouets d'un récit mensonger. Enfin nous parvenons
jusqu'à son rivage et, nous glissant sous les branches
immenses que les arbres projetaient sur le lac, nous
commençons à pénétrer plus avant. Nous traversons d'a-
bord un cercle d'arbres séculaires qui semblent défendre les approches du lieu. Au delà de ce rempart de

feuillages, nous découvrons tout à coup un autre spectacle. Un taillis clair-semé et une jeune futaie remplissaient tout l'intérieur de l'île. Dans les forêts que nous avions parcourues le matin, nous avions souvent vu l'homme luttant corps à corps contre la nature et parvenant, quoique avec peine, à lui enlever son caractère énergique et sauvage pour la plier à ses lois. Ici, au contraire, nous voyions la forêt reprenant son empire, marchant de nouveau à la conquête du désert, bravant l'homme et faisant rapidement disparaître les traces passagères de sa victoire.

Il était facile de reconnaître qu'une main diligente avait jadis défriché le lieu occupé maintenant au centre de l'île par la jeune génération d'arbres dont j'ai parlé. On n'y rencontrait point de troncs vieillis et étendus sur des débris. Tout, au contraire, y sentait la jeunesse. Il était visible que les arbres environnants avaient poussé des rejetons au milieu des champs abandonnés ; des herbes avaient crû sur le lieu qui portait autrefois la récolte de l'exilé ; des ronces et des plantes parasites étaient venues reprendre possession de leur ancien domaine. A peine de loin en loin retrouvait-on la trace d'une clôture ou la marque d'un champ. Pendant une heure nous cherchâmes inutilement à travers le feuillage des bois et parmi les broussailles qui embarrassaient le sol quelques vestiges de la demeure abandonnée. Le lieu champêtre que la femme du pêcheur venait de nous décrire, le gazon, le parterre, les fruits, ces produits de la civilisation qu'une tendresse ingénieuse avait introduits au milieu d'un désert, tout avait disparu avec les êtres qui l'avaient habité ; nous allions renoncer à notre entreprise, lorsque nous apercevons un pommier à moitié mort de vieillesse ; ceci commença à nous mettre sur la voie. Près de là une plante que nous prîmes d'abord pour une liane montait d'abord le long des plus hauts arbres, s'entrelaçant à leurs troncs élancés ou pendant comme une guirlande de feuillage à leurs rameaux ; en l'examinant de plus près, nous reconnûmes un cep de vigne. Alors nous pûmes juger avec certitude que nous étions sur l'emplacement même choisi, il y a quarante ans, par nos deux malheureux compatriotes pour en faire leur dernier asile. Mais à peine, en creusant l'épais lit de feuilles qui couvre le sol, pûmes-nous retrouver quelques débris tombant en poussière, et qui, dans peu de temps, auront cessé d'exister. Quant aux restes mêmes de celle qui n'a pas craint d'échanger les délices de la vie civilisée contre un tombeau dans une île déserte du Nouveau-Monde, il nous fut impossible d'en découvrir la trace. L'exilé a-t-il laissé ce précieux dépôt dans son désert? l'a-t-il, au contraire, porté jusqu'aux lieux où lui-même a été finir sa vie? C'est ce que personne n'a pu nous apprendre.

Peut-être ceux qui liront ces lignes ne concevront-ils pas les sentiments qu'elles retracent, et les traiteront-ils d'exagération ou de chimère? Je n'en dirai pas moins que c'est le cœur plein d'émotions, agités de craintes et d'espérances ; que c'est animés d'une sorte de sentiment religieux que nous nous livrions à ces recherches minu-

tieuses et que nous poursuivions les traces de ces deux
êtres dont le nom, la famille et en partie l'histoire nous
étaient inconnus, et qui n'avaient pour les recommander à nous que d'avoir éprouvé dans ces mêmes lieux
des douleurs et des joies auxquelles tous les cœurs s'intéressent, parce qu'elles ont leur principe dans tous les
cœurs.

Voici un malheureux que la société humaine a froissé ;
ses semblables l'ont rejeté, banni, forcé de renoncer à
leur commerce et de les fuir dans le désert. Un seul
être s'est attaché à ses pas, l'a suivi dans sa solitude, est
venu panser les plaies de son âme et substituer aux joies
du monde les plus pénétrantes émotions du cœur. Le
voilà réconcilié avec sa fortune. Il a oublié les révolutions, les partis, les villes, son rang, sa famille. Il respire enfin. Sa femme meurt. La mort vient la frapper,
et elle l'épargne. L'infortuné ! que peut-il devenir ? Va-
t-il rester seul au désert ? Rentrera-t-il dans une société
où il est oublié depuis longtemps ? Il n'est plus fait ni
pour la solitude, ni pour le monde. Il ne saurait plus
vivre ni avec les hommes, ni sans eux ; ce n'est ni un
sauvage, ni un homme civilisé ; il n'est rien qu'un débris semblable à ces arbres des forêts d'Amérique que le
vent a eu la force de déraciner et non d'abattre. Il est debout, mais il ne vit plus.

Après avoir parcouru l'île dans tous les sens, avoir
visité ses moindres débris et écouté le silence glacé qui
règne maintenant sous ses ombrages, nous reprîmes la
route du continent.

Ce n'est pas sans regret que je vis s'éloigner ce vaste rempart de verdure qui avait su défendre, pendant tant d'années, les deux exilés contre le plomb de l'Européen et la flèche du sauvage, mais qui n'avait pu dérober leur chaumière aux coups invisibles de la mort.   .   .   .   .

QUINZE JOURS

AŪ DÉSERT[1]

———

Écrit sur le steamboat *the Superior*, août 1831.

Une des choses qui piquaient le plus notre curiosité en venant en Amérique, c'était de parcourir les extrêmes limites de la civilisation européenne ; et même, si le temps nous le permettait, de visiter quelques-unes de ces tribus indiennes qui ont mieux aimé fuir dans les solitudes les plus sauvages que de se plier à ce que les blancs appellent les délices de la vie sociale. Mais il est plus difficile qu'on ne croit de rencontrer aujourd'hui le désert. A partir de New-York, et à mesure que nous avancions vers le Nord-Ouest, le but de notre voyage semblait fuir devant nous. Nous parcourions des lieux célèbres dans l'histoire des Indiens ; nous rencontrions des vallées qu'ils ont nommées ; nous traversions des

[1] Voir la Notice, page 26.

fleuves qui portent encore le nom de leurs tribus, mais partout la hutte du sauvage avait fait place à la maison de l'homme civilisé, les bois étaient tombés, la solitude prenait une vie.

Cependant nous semblions marcher sur les traces des indigènes. Il y a dix ans, nous disait-on, ils étaient ici ; là, cinq ans ; là, deux ans. Au lieu où vous voyez la plus belle église du village, nous racontait celui-ci, j'ai abattu le premier arbre de la forêt. Ici, nous racontait un autre, se tenait le grand conseil de la confédération des Iroquois. — Et que sont devenus les Indiens? disais-je. — Les Indiens, reprenait notre hôte, ils ont été je ne sais pas trop où, par delà les grands lacs ; c'est une race qui s'éteint ; ils ne sont pas faits pour la civilisation, elle les tue.

L'homme s'accoutume à tout, à la mort sur les champs de bataille, à la mort dans les hôpitaux, à tuer et à souffrir. Il se fait à tous les spectacles. Un peuple antique, le premier et le légitime maître du continent américain, fond chaque jour comme la neige aux rayons du soleil, et disparaît à vue d'œil de la surface de la terre. Dans les mêmes lieux et à sa place, une autre race grandit avec une rapidité plus surprenante encore ; par elle les forêts tombent, les marais se dessèchent ; des lacs semblables à des mers, des fleuves immenses s'opposent en vain à sa marche triomphante. Les déserts deviennent des villages, les villages deviennent des villes. Témoin journalier de ces merveilles, l'Américain ne voit dans tout cela rien qui l'étonne.

Cette incroyable destruction, cet accroissement plus surprenant encore, lui paraissent la marche habituelle des événements de ce monde. Il s'y accoutume comme à l'ordre immuable de la nature.

C'est ainsi que, toujours en quête des sauvages et du désert, nous parcourûmes les trois cent soixante milles qui séparent New-York de Buffalo.

Le premier objet qui frappa notre vue fut un grand nombre d'Indiens qui s'étaient réunis ce jour-là à Buffalo pour recevoir le paiement des terres qu'ils ont livrées aux États-Unis.

Je ne crois pas avoir jamais éprouvé un désappointement plus complet qu'à la vue de ces Indiens. J'étais plein des souvenirs de M. de Chateaubriand et de Cooper, et je m'attendais à voir, dans les indigènes de l'Amérique, des sauvages sur la figure desquels la nature aurait laissé la trace de quelques-unes de ces vertus hautaines qu'enfante l'esprit de liberté. Je croyais rencontrer en eux des hommes dont le corps avait été développé par la chasse et la guerre, et qui ne perdaient rien à être vus dans leur nudité. On peut juger de mon étonnement en rapprochant ce portrait de celui qui va suivre.

Les Indiens que je vis ce jour-là avaient une petite stature ; leurs membres, autant qu'on en pouvait juger sous leurs vêtements, étaient grêles ; leur peau, au lieu de présenter une teinte de rouge cuivré, comme on le croit communément, était bronze foncé, de telle sorte qu'au premier abord elle semblait se rapprocher beaucoup de celle des mulâtres. Leurs cheveux noirs et luisants tombaient avec une singulière roideur sur leurs cous et sur leurs épaules. Leurs bouches étaient en général démesurément grandes, l'expression de leur figure ignoble et méchante. Leur physionomie annonçait cette profonde dépravation qu'un long abus des bienfaits de la civilisation peut seul donner. On eût dit des hommes appartenant à la dernière populace de nos grandes villes d'Europe, et cependant c'étaient encore des sauvages. Aux vices qu'ils tenaient de nous se mêlait quelque chose de barbare et d'incivilisé qui les rendait cent fois plus repoussants encore. Ces Indiens ne portaient pas d'armes, ils étaient couverts de vêtements européens ; mais ils ne s'en servaient pas de la même manière que nous. On voyait qu'ils n'étaient point familiarisés à leur usage et qu'ils se trouvaient comme emprisonnés dans leurs replis. Aux ornements de l'Europe ils joignaient les produits d'un luxe barbare, des plumes, d'énormes boucles d'oreilles et des colliers de coquillages. Les mouvements de ces hommes étaient rapides et désordonnés, leur voix aiguë et discordante, leur regard inquiet et sauvage. Au premier abord, on eût été tenté de ne voir dans chacun d'eux qu'une bête des forêts à laquelle l'éducation avait bien pu donner l'apparence d'un homme, mais qui n'en était pas moins resté un animal. Ces êtres faibles et dépravés appartenaient cependant à l'une des tribus les plus renommées de l'ancien monde américain. Nous avions devant nous, et c'est pitié de le dire, les derniers restes de cette célèbre confédération des Iroquois dont la mâle sagesse n'était pas moins connue que le courage, et qui tinrent longtemps la balance entre les deux plus grandes nations de l'Europe.

On aurait tort toutefois de vouloir juger la race indienne sur cet échantillon informe, ce rejeton égaré d'un arbre sauvage qui a crû dans la boue de nos villes. Ce serait renouveler l'erreur que nous venions de commettre nous-mêmes, et que nous eûmes l'occasion de reconnaître plus tard.

Le soir nous sortîmes de la ville, et, à peu de distance des dernières maisons, nous aperçûmes un Indien couché sur le bord de la route. C'était un jeune homme. Il était sans mouvement, et nous le crûmes mort. Quelques gémissements étouffés qui s'échappaient péniblement de sa poitrine nous firent connaître qu'il vivait encore et luttait contre une de ces dangereuses ivresses causées par l'eau-de-vie. Le soleil était déjà couché ; la terre devenait de plus en plus humide. Tout annonçait que ce malheureux rendrait là son dernier soupir, à moins qu'il ne fût secouru. C'était l'heure où les Indiens quittaient Buffalo pour regagner leur village ; de temps en temps un groupe d'entre eux venait à passer près de nous. Ils s'approchaient, retournaient brutalement le corps de leur compatriote pour le reconnaître et puis reprenaient leur marche sans tenir aucun compte de nos observations. La plupart de ces hommes eux-mêmes étaient ivres. Il vint enfin une jeune Indienne qui d'abord sembla s'approcher avec un certain intérêt. Je crus que c'était la femme ou la sœur du mourant. Elle le considéra attentivement, l'appela à haute voix par son nom, tâta son cœur et, s'étant assurée qu'il vivait, chercha à le tirer de sa léthargie. Mais comme ses efforts étaient inutiles, nous la vîmes entrer en fureur contre ce corps inanimé qui gisait devant elle. Elle lui frappait la tête, lui tortillait le visage avec ses mains, le foulait aux pieds. En se livrant à ces actes de férocité, elle poussait des cris inarticulés et sauvages qui, à cette heure, semblent encore vibrer dans mes oreilles. Nous crûmes enfin devoir intervenir et nous lui ordonnâmes péremptoirement de se retirer. Elle obéit, mais nous l'entendîmes, en s'éloignant, pousser un éclat de rire barbare.

Revenus à la ville, nous entretenons plusieurs personnes du jeune Indien. Nous parlons du danger imminent auquel il est exposé ; nous offrons même de payer sa dépense dans une auberge. Tout cela est inutile. Nous ne pouvons déterminer personne à s'en occuper. Les uns nous disaient : Ces hommes sont habitués à boire avec excès et à coucher sur la terre ; ils ne meurent point pour de pareils accidents. D'autres avouaient que probablement l'Indien mourrait ; mais on lisait sur leurs lèvres cette pensée à moitié exprimée : Qu'est-ce que la vie d'un Indien? C'était là le fond du sentiment général. Au milieu de cette société si jalouse de moralité et de philanthropie, on rencontre une insensibilité complète, une sorte d'égoïsme froid et implacable lorsqu'il s'agit des indigènes de l'Amérique. Les habitants des États-Unis ne chassent pas les Indiens à cor et à cris ainsi que faisaient les Espagnols du Mexique ; mais c'est le même instinct impitoyable qui anime ici comme partout ailleurs la race européenne.

Combien de fois, dans le cours de nos voyages, n'avons-nous pas rencontré d'honnêtes citadins qui nous disaient le soir, tranquillement assis au coin de leur foyer : Chaque jour le nombre des Indiens va décroissant ! Ce n'est pas cependant que nous leur fassions souvent la guerre, mais l'eau-de-vie que nous leur vendons à bas prix en enlève tous les ans plus que ne pourraient faire nos armes. Ce monde-ci nous appartient, ajoutaient-ils; Dieu, en refusant à ses premiers habitants la faculté de se civiliser, les a destinés par avance à une destruction inévitable. Les véritables propriétaires de ce continent sont ceux qui savent tirer parti de ses richesses.

Satisfait de son raisonnement, l'Américain s'en va au temple où il entend un ministre de l'Évangile lui répéter que les hommes sont frères, et que l'Être éternel, qui les a tous faits sur le même modèle, leur a donné à tous le devoir de se secourir.

Le 19 juillet, à dix heures du matin, nous montâmes sur le bateau à vapeur l'*Ohio*, nous dirigeant vers Détroit, une brise très-forte soufflait du nord-ouest et donnait aux eaux du lac Érié l'apparence des vagues de l'Océan. A droite s'étendait un horizon sans bornes ; à gauche nous serrions les côtes méridionales du lac dont souvent nous nous approchions jusqu'à la portée de la voix. Ces côtes sont parfaitement plates, et diffèrent de celles de tous les lacs que j'avais eu l'occasion de visiter en Europe. Elles ne ressemblaient pas non plus aux bords de la mer : d'immenses forêts les ombrageaient et faisaient autour du lac comme une ceinture épaisse et rarement interrompue. De temps en temps, cependant, le pays change tout à coup d'aspect. Au détour d'un bois on aperçoit la flèche élégante d'un clocher, des maisons éclatantes de blancheur et de propreté, des boutiques. Deux pas plus loin la forêt primitive, et en apparence impénétrable, reprend son empire et réfléchit de nouveau son feuillage dans les eaux du lac.

Ceux qui ont parcouru les États-Unis trouveront dans ce tableau un emblème frappant de la société américaine. Tout y est heurté, imprévu. Partout l'extrême civilisation et la nature abandonnée à elle-même se trouvent en présence et en quelque sorte face à face. C'est ce qu'on ne s'imagine point en France. Pour moi, dans mes illusions de voyageur, et quelle classe d'hommes n'a pas les siennes? je me figurais toute autre chose. J'avais remarqué qu'en Europe l'état plus ou moins retiré dans lequel se trouvait une province ou une ville, sa richesse ou sa pauvreté, sa petitesse ou son étendue, exerçaient une influence immense sur les idées, les mœurs, la civilisation tout entière de ses habitants, et mettaient souvent la différence de plusieurs siècles entre les diverses parties du même territoire.

Je m'imaginai qu'il en était ainsi, et à plus forte raison, dans le Nouveau-Monde, et qu'un pays peuplé d'une manière incomplète et successive comme l'Amérique devait présenter toutes les conditions d'existence et offrir l'image de la société à tous les âges. L'Amérique était donc, suivant moi, le seul pays où l'on pût suivre pas à pas toutes les transformations que l'état social fait subir à l'homme, et où il fût possible d'apercevoir comme une vaste chaîne qui descendît d'anneau en anneau depuis l'opulent patricien des villes jusqu'au sauvage du désert. C'est là, en un mot, qu'entre quelques degrés de longitude je comptais trouver encadrée l'histoire de l'humanité tout entière.

Rien n'est vrai dans ce tableau. De tous les pays du monde l'Amérique est le moins propre à fournir le spectacle que j'y venais chercher. En Amérique, plus encore qu'en Europe, il n'y a qu'une seule société. Elle peut être riche ou pauvre, humble ou brillante, commerçante ou agricole ; mais elle se compose partout des mêmes éléments. Le niveau d'une civilisation égale a passé sur elle. L'homme que vous avez laissé dans les rues de New-York, vous le retrouvez au milieu des solitudes de l'Ouest : même habillement, même esprit, même langue, mêmes habitudes, mêmes plaisirs. Rien de rustique, rien de naïf, rien qui sente le désert, rien même qui ressemble à nos villages. La raison de ce singulier état de choses est facile à comprendre. Les portions de territoire les plus anciennement et les plus complétement peuplées sont parvenues à un haut degré de civilisation. L'instruction y a été prodiguée à profusion ; l'esprit d'égalité y a répandu une teinte singulièrement uniforme sur les habitudes intérieures de la vie. Or, remarquez-le bien, ce sont précisément ces mêmes hommes qui vont peupler chaque année le désert. En Europe, chacun vit et meurt sur le sol qui l'a vu naître. En Amérique, on ne rencontre nulle part les représentants d'une race qui se serait multipliée dans la solitude après y avoir vécu longtemps ignorée du monde et livrée à ses propres efforts. Ceux qui habitent les lieux isolés y sont arrivés d'hier; ils y sont venus avec les mœurs, les idées, les besoins de la civilisation. Ils ne donnent à la vie sauvage que ce que l'impérieuse nécessité des choses exige d'eux : de là les plus bizarres contrastes. On passe sans transition d'un désert dans la rue d'une cité, des scènes les plus sauvages aux tableaux les plus riants de la vie civilisée. Si la nuit vous surprenant ne vous force pas de prendre gîte au pied d'un arbre, vous avez grande chance d'arriver dans un village où vous trouverez tout, jusqu'aux modes françaises et aux caricatures des boulevards. Le marchand de Buffalo et de Détroit en est aussi bien approvisionné que celui de New-York. Les fabriques de Lyon travaillent pour l'un comme pour l'autre. Vous quittez les grandes routes, vous vous enfoncez dans des sentiers à peine frayés; vous apercevez enfin un champ défriché, une cabane composée de troncs à moitié équarris, où le jour n'entre que par une fenêtre étroite; vous vous croyez enfin parvenu à la demeure du paysan américain : erreur. Vous pénétrez dans cette cabane qui semble l'asile de toutes les misères, mais le possesseur de ce lieu est couvert des mêmes habits que vous, il parle le langage des villes. Sur sa table grossière sont des livres et des journaux;

lui-même se hâte de vous prendre à part pour savoir au juste ce qui se passe dans la vieille Europe, et vous demande compte de ce qui vous a le plus frappé dans son pays. Il vous tracera sur le papier un plan de campagne pour les Belges [1], et vous apprendra gravement ce qui reste à faire pour la prospérité de la France. On croirait voir un riche propriétaire qui est venu habiter momentanément, et pour quelques nuits, un rendez-vous de chasse. Et dans le fait la cabane de bois n'est pour l'Américain qu'un asile momentané, une concession temporaire faite à la nécessité des circonstances. Lorsque les champs qui l'environneut seront entièrement en produit, et que le nouveau propriétaire aura le loisir de s'occuper des choses agréables à la vie, une maison plus spacieuse et mieux appropriée à ses besoins remplacera le *log-house* et servira d'asile à de nombreux enfants, qui un jour aussi pourront se créer une demeure dans le désert.

Mais pour en revenir à notre voyage, nous naviguâmes donc péniblement toute la journée en vue des côtes de Pensylvanie et plus tard de celles de l'Ohio. Nous nous arrêtâmes un instant à *Presqu'Ile*, aujourd'hui Érié.

Le soir, le temps étant devenu favorable, nous nous dirigeons rapidement vers Détroit en traversant le milieu du lac. Le matin suivant, nous étions en vue de la petite île appelée *Middle Sister*, près de laquelle

---

[1] À l'époque de ce voyage, la France faisait l'entreprise qui a abouti à la fondation du royaume de Belgique.

le commodore Parry a remporté, en 1814, une célèbre victoire navale sur les Anglais.

Peu après, les côtes unies du Canada semblaient se rapprocher rapidement, et nous vîmes s'ouvrir devant nous la rivière de Détroit et paraître dans le lointain les murailles du fort Malden. Ce lieu, fondé par les Français, porte encore des traces nombreuses de son origine. Les maisons y ont la forme et la position de celles de nos paysans ; au centre du hameau s'élève le clocher catholique surmonté du coq. On dirait un village des environs de Caen ou d'Évreux. Tandis que nous considérions, non sans émotion, cette image de la France, notre attention fut détournée par la vue d'un singulier spectacle. A notre droite, sur le rivage, un soldat écossais montait la garde en grand uniforme. Il portait ce costume que les champs de Waterloo ont rendu si célèbre : le bonnet à plumes, la jaquette, rien n'y manquait ; le soleil faisait étinceler son habit et ses armes. A notre gauche, et comme pour nous fournir un contraste, deux Indiens tout nus, le corps bariolé de couleurs, le nez traversé par un anneau, arrivaient au même instant de la rive opposée. Ils montaient un petit canot d'écorce dont une couverture formait la voile. Abandonnant cette frêle embarcation à l'effort du vent et du courant, ils s'élancèrent comme un trait vers notre vaisseau, dont en un instant il eurent fait le tour, puis ils allèrent tranquillement pêcher près du soldat anglais qui, toujours étincelant et immobile, semblait placé là comme le représentant de la civilisation brillante et armée de l'Europe.

Nous arrivâmes à Détroit à trois heures. Détroit est une petite ville de 2 à 3,000 âmes, que les jésuites ont fondée au milieu des bois en 1710, et qui contient encore un très-grand nombre de familles françaises.

Nous avions traversé tout l'État de New-York et fait cent lieues sur le lac Érié ; nous touchions, cette fois, aux bornes de la civilisation ; mais nous ignorions complétement vers quel lieu il fallait nous diriger. S'en informer n'était pas chose aussi aisée qu'on peut le croire. Traverser des forêts presque impénétrables, passer des rivières profondes, braver les marais pestilentiels, dormir exposé à l'humidité des bois : voilà des efforts que l'Américain conçoit sans peine s'il s'agit de gagner un dollar, car c'est là le point. Mais qu'on fasse de pareilles courses par curiosité, c'est ce qui n'arrive pas jusqu'à son intelligence. Ajoutez qu'habitant d'un désert il ne prise que l'œuvre de l'homme. Il vous enverra volontiers visiter une route, un pont, un beau village ; mais qu'on attache du prix à de grands arbres et à une belle solitude, cela est pour lui absolument incompréhensible.

Rien donc de plus difficile que de trouver quelqu'un en état de vous comprendre. — Vous voulez voir des bois, nous disaient en souriant nos hôtes, allez tout droit devant vous, vous trouverez de quoi vous satisfaire. Il y a précisément dans les environs des routes nouvelles et des sentiers bien percés. Quant

aux Indiens, vous n'en verrez que trop sur nos places
publiques et dans nos rues; il n'est pas besoin pour
cela d'aller bien loin. Ceux-là au moins commencent à
se civiliser et sont d'un aspect moins sauvage. Nous
ne tardâmes pas à reconnaître qu'il était impossible
d'obtenir d'eux la vérité en les attaquant de front, et
qu'il fallait *manœuvrer*.

Nous nous rendîmes donc chez le fonctionnaire
chargé par les États-Unis de la vente des terres encore désertes, dont se compose en partie le district de
Michigan. Nous nous présentâmes à lui comme des
gens qui, sans avoir une volonté bien arrêtée de fonder un établissement dans le pays, pourraient cependant avoir un intérêt éloigné à connaître le prix des
terres et leur situation. M. le major Biddle, c'était le
nom du fonctionnaire, comprit cette fois à merveille
ce que nous voulions faire, et entra immédiatement
dans une foule de détails que nous écoutâmes avec
avidité. — Cette partie-ci, nous dit-il, en nous montrant sur la carte la rivière Saint-Joseph, qui, après
de longues sinuosités, va se décharger dans le lac
Michigan, me paraît la plus propre à répondre à votre
dessein : la terre y est bonne, on y a déjà établi de
beaux villages, et la route qui y conduit est si bien
entretenue que tous les jours des voitures publiques
la parcourent. — Bon! disons-nous en nous-mêmes,
nous savons déjà par où il ne faut pas aller, à moins
que nous ne voulions visiter le désert en poste. —
Nous remercions M. Biddle de ses avis, et nous lui

demandons avec un air d'indifférence et une sorte de mépris, quelle était la portion du district où, jusqu'à présent, le courant des émigrations s'était fait le moins sentir. — Par ici, nous dit-il, sans attacher à ses paroles plus de prix que nous ne paraissions en mettre à notre question, vers le nord-ouest. Jusqu'à Pontiac, et dans les environs de ce village, il a été fondé depuis peu d'assez beaux établissements. Mais il ne faut pas penser à se fixer plus loin : le pays est couvert d'une forêt presque impénétrable qui s'étend sans bornes vers le nord-ouest, où l'on ne rencontre que des bêtes fauves et des Indiens. Les États - Unis projettent d'y ouvrir incessamment une route, mais elle n'est encore que commencée et s'arrête à Pontiac; je vous le répète, c'est un parti auquel il ne faut pas songer. Nous remerciâmes de nouveau M. Biddle de ses bons conseils, et nous sentîmes déterminés à en prendre tout juste le contre-pied. Nous ne nous possédions pas de joie, de connaître enfin un lieu que n'avait pas encore atteint le torrent de la civilisation européenne.

Le lendemain, 23 juillet, nous nous hâtons de louer deux chevaux; comme nous comptons les garder une dizaine de jours, nous voulons déposer dans les mains du propriétaire un certain prix : mais il refuse de le recevoir, disant que nous paierons à notre retour. Il était sans inquiétude. Le Michigan est entouré de tous les côtés par des lacs et des déserts. Il nous lâchait dans une espèce de manége dont il tenait la porte. Après donc avoir acheté une boussole ainsi que des munitions, nous nous mettons en chemin le fusil sur l'épaule, avec autant d'insouciance de l'avenir et le cœur aussi léger que deux écoliers qui quittent le collége pour aller passer leurs vacances sous le toit paternel.

Si en effet nous n'avions voulu voir que des bois, nos hôtes de Détroit auraient eu raison de nous dire qu'il n'était pas nécessaire d'aller bien loin ; car à un mille de la ville la route entre dans la forêt pour n'en plus sortir ; le terrain sur lequel elle se trouve est parfaitement plat et souvent marécageux. De temps en temps on rencontre sur son chemin de nouveaux défrichements. Comme ces établissements ont entre eux une parfaite ressemblance, soit qu'ils se trouvent au fond du Michigan ou à la porte de New-York, je vais tâcher de les décrire ici une fois pour toutes.

La clochette que le pionnier a soin de suspendre au cou de ses bestiaux pour les retrouver dans l'épaisseur du bois annonce de très-loin l'approche du défrichement. Bientôt on entend le retentissement de la hache qui abat les arbres de la forêt et, à mesure qu'on approche, des traces de destruction annoncent plus clairement encore la présence de l'homme. Des branches coupées couvrent le chemin, des troncs à moitié calcinés par le feu ou mutilés par le fer tiennent cependant debout sur votre passage. On continue sa marche, et l'on parvient dans un bois dont tous les arbres semblent avoir été frappés de mort subite ; au milieu de l'été, leurs branches desséchées ne présentent plus que l'image de l'hiver. En les examinant de plus près, on s'aperçoit qu'on a tracé dans leur écorce un cercle profond qui, arrêtant la circulation de la séve, n'a pas tardé à les faire périr. C'est en effet par là que débute ordinairement le planteur. Ne pouvant pas, la première année, couper tous les arbres qui garnissent sa nouvelle propriété, il sème du maïs sous leurs branches et, en les frappant de mort, il les empêche de faire ombre à sa récolte.

Après ce champ, ébauche incomplète, premier pas de la civilisation dans le désert, on aperçoit tout à coup la cabane du propriétaire ; elle est en général placée au centre d'un terrain plus soigneusement cultivé que le reste, mais où cependant l'homme soutient encore une lutte inégale contre la nature. Là, les arbres ont été coupés, mais non arrachés ; leurs troncs garnissent encore et embarrassent le terrain qu'ils ombrageaient autrefois ; autour de ces débris desséchés, du blé, des rejetons de chêne, des plantes de toute espèce, des herbes de toute nature croissent pêle-mêle et grandissent ensemble sur un sol indocile et encore à demi-sauvage. C'est au centre de cette végétation vigoureuse et variée que s'élève la maison du planteur, ou, comme on l'appelle dans le pays, la *log-house*[1].

Ainsi que le champ qui l'environne, cette demeure rustique annonce une œuvre nouvelle et précipitée. Sa longueur excède rarement 30 pieds. Elle est large, de 20, haute de 15. Ses murs, ainsi que le toit, sont

[1] Mot à mot : maison de bûches ou de troncs d'arbres.

formés de troncs d'arbres non équarris, entre lesquels
on a placé de la mousse et de la terre pour empêcher
le froid et la pluie de pénétrer dans l'intérieur de la
maison. A mesure que le voyageur s'approche, la
scène devient plus animée ; avertis par le bruit de ses
pas, des enfants qui se roulaient dans les débris environnants se lèvent précipitamment et fuient vers
l'asile paternel, comme effrayés à la vue d'un homme,
tandis que deux gros chiens à demi sauvages, les
oreilles droites et le museau allongé, sortent de la cabane et viennent en grondant couvrir la retraite de
leurs jeunes maîtres.

C'est alors que le pionnier paraît lui-même à la porte
de sa demeure. Il jette un regard scrutateur sur le nouvel
arrivant, fait signe à ses chiens de rentrer au logis, et
lui-même se hâte de leur en donner l'exemple sans té-
moigner ni curiosité ni inquiétude.

Parvenu sur le seuil de la *log-house*, l'Européen ne
peut s'empêcher de promener un œil étonné sur le
spectacle qu'elle présente.

Il n'y a en général à cette cabane qu'une seule fenêtre, à laquelle pend quelquefois un rideau de mous-
seline ; car dans ces lieux, où il n'est pas rare de
manquer du nécessaire, le superflu se trouve souvent.
Sur le foyer de terre battue petille un feu résineux
qui, mieux que le jour, éclaire le dedans de l'édifice.
Au-dessus de ce foyer rustique, on aperçoit des tro-
phées de guerre ou de chasse : une longue carabine
rayée, une peau de daim, des plumes d'aigle. A droite

de la cheminée est étendue une carte des États-Unis
que le vent, en s'introduisant entre les interstices du
mur, soulève et agite incessamment. Près d'elle, sur
un rayon solitaire de planches mal équarries, sont placés quelques volumes dépareillés : là se rencontre
une Bible dont la piété de deux générations a déjà
usé la couverture et les bords, un livre de prières,
et parfois un chant de Milton ou une tragédie de
Shakspeare. Le long du mur sont rangés quelques
siéges grossiers, fruit de l'industrie du propriétaire :
des malles au lieu d'armoires, des instruments d'agriculture et quelques échantillons de la récolte. Au
centre de l'appartement s'élève une table boiteuse
dont les pieds, encore garnis de feuillage, semblent
avoir poussé d'eux-mêmes sur le sol qu'elle occupe.
C'est là que la famille entière se réunit chaque jour
pour prendre ses repas. On y voit encore une théière
de porcelaine anglaise, des cuillers le plus souvent
de bois, quelques tasses ébréchées et des journaux.

L'aspect du maître de cette demeure n'est pas moins
remarquable que le lieu qui lui sert d'asile : des muscles
anguleux, des membres effilés, font reconnaître au
premier coup d'œil l'habitant de la Nouvelle-Angleterre.
Cet homme n'est pas né dans la solitude où il habite : sa
constitution seule l'annonce. Ses premières années se
sont passées au sein d'une société intellectuelle et raisonnante. C'est sa volonté qui l'a jeté au milieu des travaux du désert pour lesquels il ne semble point fait. Mais
si ses forces physiques paraissent au-dessous de son en-

treprise, sur ses traits, sillonnés par les soins de la vie, règne un air d'intelligence pratique, de froide et de persévérante énergie qui, frappe au premier abord. Sa démarche est lente et compassée, sa parole mesurée et son apparence austère. L'habitude, et plus encore l'orgueil, ont donné à son visage cette rigidité stoïque que ses actions démentent. Le pionnier méprise, il est vrai, ce qui agite avec le plus de violence le cœur des hommes : ses biens et sa vie ne suivront jamais les chances d'un coup de dé ou les destinées d'une femme ; mais pour acquérir l'aisance il a bravé l'exil, la solitude et les misères sans nombre de la vie sauvage, il a couché sur la terre nue, il s'est exposé à la fièvre des bois et au tomahawk de l'Indien. Il a fait cet effort un jour, il le renouvelle depuis des années, il le fera vingt ans encore peut-être sans se rebuter et sans se plaindre. Un homme capable de semblables sacrifices est-il donc un être froid et insensible ? Et ne doit-on pas au contraire reconnaître en lui une de ces passions de cerveau si ardentes, si tenaces, si implacables ?

Concentré dans ce but unique de faire fortune, l'émigrant a fini par se créer une existence tout individuelle ; les sentiments de famille sont venus se fondre eux-mêmes dans un vaste égoïsme, et il est douteux que dans sa femme et ses enfants il voie autre chose qu'une portion détachée de lui-même. Privé de rapports habituels avec ses semblables, il a appris à se faire un plaisir de la solitude. Lorsqu'on se présente au seuil de sa demeure isolée, le pionnier s'avance à votre rencontre ;

il vous tend la main selon l'usage, mais sa physionomie
n'exprime ni la bienveillance ni la joie. Il ne prend la
parole que pour vous interroger. C'est un besoin de tête
et non de cœur qu'il satisfait; et dès qu'il a tiré de vous
la nouvelle qu'il désirait apprendre, il retombe dans le
silence. On croirait voir un homme qui s'est retiré le
soir dans sa demeure, fatigué des importuns et du bruit
du monde. Interrogez-le à votre tour, il vous donnera
avec intelligence les renseignements dont vous manquez ;
il pourvoira même à vos besoins, il veillera à votre sûreté tant que vous serez sous son toit ; mais il règne
dans tous ses procédés tant de contrainte et de séche-
resse, vous y apercevrez une si profonde indifférence
pour le résultat même de vos efforts, que vous sentez se
glacer votre reconnaissance. Le pionnier cependant est
hospitalier à sa manière, mais son hospitalité n'a rien
qui vous touche, parce que lui-même semble en l'exer-
çant se soumettre à une nécessité pénible du désert : il
voit en elle un devoir que sa position lui prescrit, non
un plaisir. Cet homme inconnu est le représentant d'une
race à laquelle appartient l'avenir du Nouveau-Monde :
race inquiète, raisonnante, aventureuse, qui fait froidement ce que l'ardeur des passions explique seule ;
nation de conquérants qui se soumettent à mener la vie
sauvage sans se jamais laisser entraîner par ses charmes,
qui n'aiment de la civilisation et des lumières que ce
qu'elles ont d'utile au bien-être, et qui s'enferment dans
les solitudes de l'Amérique avec une hache et des journaux ;

Peuple immense qui, comme tous les grands peuples, n'a qu'une pensée, et qui marche à l'acquisition des richesses, unique but de ses travaux, avec une persévérance et un mépris de la vie qu'on pourrait appeler héroïque, si ce nom convenait à autre chose qu'aux efforts de la vertu;

Peuple nomade que les fleuves et les lacs n'arrêtent point, devant qui les forêts tombent et les prairies se couvrent d'ombrages, et qui, après avoir touché l'océan Pacifique, reviendra sur ses pas pour troubler et détruire les sociétés qu'il aura formées derrière lui.

En parlant du pionnier, on ne peut oublier la compagne de ses misères et de ses dangers. Regardez à l'autre bout du foyer cette jeune femme qui, tout en veillant aux apprêts du repas, berce sur ses genoux son plus jeune fils. Comme l'émigrant, cette femme est dans la force de l'âge; comme lui, elle peut se rappeler l'aisance de ses premières années. Son costume annonce même encore un goût de parure mal éteint. Mais le temps a pesé lourdement sur elle : dans ses traits flétris avant l'âge et ses membres amoindris, il est facile de voir que l'existence a été pour elle un fardeau pesant. En effet, cette frêle créature s'est déjà trouvée en butte à d'incroyables misères. A peine entrée dans la vie, il lui a fallu s'arracher à la tendresse de sa mère et à ces doux liens fraternels que la jeune fille n'abandonne jamais sans verser des larmes, alors même qu'elle les quitte pour aller partager l'opulente demeure d'un nouvel époux. La femme du pionnier, enlevée en un moment et sans espoir de retour à cet innocent berceau de sa jeunesse, a échangé contre la solitude des forêts les charmes de la société et les joies du foyer domestique. C'est sur la terre nue du désert qu'a été placée sa couche nuptiale. Se vouer à ses devoirs austères, se soumettre à des privations qui lui étaient inconnues, embrasser une existence pour laquelle elle n'était point faite, tel fut l'emploi des plus belles années de sa vie, telles ont été pour elle les douceurs de l'union conjugale. Le dénûment, les souffrances et l'ennui ont altéré son organisation fragile, mais non abattu son courage. Au milieu de la profonde tristesse peinte sur ses traits délicats, on remarque sans peine une résignation religieuse, une paix profonde, et je ne sais quelle fermeté naturelle et tranquille qui affronte toutes les misères de la vie sans les craindre ni les braver.

Autour de cette femme se pressent des enfants deminus, brillants de santé, insouciants du lendemain, véritables fils du désert. Leur mère jette de temps en temps sur eux un regard plein de mélancolie et de joie. A voir leur force et sa faiblesse, on dirait qu'elle s'est épuisée en leur donnant la vie et qu'elle ne regrette pas ce qu'ils lui ont coûté.

La maison habitée par les émigrants n'a point de séparations intérieures ni de grenier. Dans l'unique appartement qu'elle contient, la famille entière vient le soir chercher un asile : cette demeure forme à elle seule comme un petit monde. C'est l'arche de la civilisation perdue au milieu d'un océan de feuillages. Cent pas plus loin, l'éternelle forêt étend autour d'elle son ombrage et la solitude recommence.

Ce n'est que le soir et après le coucher du soleil que nous arrivâmes à Pontiac. Vingt maisons très-propres et fort jolies, formant autant de boutiques bien garnies, un ruisseau transparent, une éclaircie d'un quart de lieue carrée, et alentour la forêt sans bornes : voilà le tableau fidèle de Pontiac qui, dans vingt ans peut-être, sera une ville. La vue de ce lieu me rappela ce que m'avait dit un mois avant, à New-York, M. Gallatin : « Il « n'y a pas de village en Amérique, du moins dans « l'acception qu'on donne chez vous à ce mot. » Ici, les maisons des cultivateurs sont toutes éparpillées au milieu des champs. On ne se réunit dans un lieu que pour y établir une espèce de marché à l'usage de la population environnante. On ne voit dans ces prétendus villages que des hommes de loi, des imprimeurs et des marchands.

Nous nous fîmes conduire à la plus belle auberge de Pontiac (car il y en a deux), et l'on nous introduisit, comme de coutume, dans ce qu'on appelle le *barroom*; c'est une salle où l'on donne à boire, et où le plus simple comme le plus riche commerçant du lieu viennent fumer, boire et parler politique ensemble, sur le pied de l'égalité extérieure la plus parfaite. Le maître du lieu, ou le landlord, était, je ne dirai pas un gros paysan, il n'y a pas de paysans en Amérique, mais du moins un très-gros monsieur qui portait sur sa figure cette expression de candeur et de simplicité qui distingue les maquignons normands. C'était un homme qui, de peur de vous intimider, ne vous regardait jamais en face en vous parlant, mais attendait, pour vous considérer à son aise, que vous fussiez occupé à converser ailleurs ; du reste, profond politique, et, suivant les habitudes américaines, impitoyable questionneur. Cet estimable citoyen, ainsi que le reste de l'assemblée, nous considéra d'abord avec étonnement. Notre costume de voyage et nos fusils n'annonçaient guère des entrepreneurs d'industrie, et voyager pour voir était une chose absolument insolite. Afin de couper court aux explications, nous déclarâmes tout d'abord que nous venions acheter des terres. A peine le mot fut-il prononcé, que nous nous aperçûmes qu'en cherchant à éviter un mal nous nous étions jetés dans un autre bien plus redoutable.

On cessa, il est vrai, de nous traiter comme des êtres extraordinaires, mais chacun voulut entrer en marché avec nous. Pour nous débarrasser d'eux et de leurs fermes, nous dîmes à notre hôte qu'avant de rien conclure nous désirions obtenir de lui d'utiles renseignements sur le prix des terrains et sur la manière de les cultiver. Il nous introduisit aussitôt dans une autre salle, étendit avec la lenteur convenable une carte du Michigan sur la table de chêne qui se trouvait au milieu de la chambre et plaçant la chandelle entre nous trois, attendit dans un impassible silence ce que nous avions à lui communiquer. Le lecteur, sans avoir l'intention de s'établir dans l'une des solitudes de l'Amérique, peut cependant être curieux de savoir comment

s'y prennent tant de milliers d'Européens et d'Américains qui viennent chaque année y chercher un asile.
Je vais donc transcrire ici les renseignements fournis
par notre hôte de Pontiac. Souvent depuis nous avons
été à même de vérifier leur parfaite exactitude.

« Il n'en est pas ici comme en France, nous dit
notre hôte, après avoir écouté tranquillement toutes nos
questions et mouché la chandelle. Chez vous la main-
d'œuvre est à bon marché et la terre est chère. Ici
l'achat de la terre n'est rien, et le travail de l'homme
hors de prix : ce que je dis afin de vous faire sentir
que pour s'établir en Amérique comme en Europe il
faut un capital, bien qu'on l'emploie différemment.
Pour ma part, je ne conseillerais à qui que ce soit de
venir chercher fortune dans nos déserts, à moins d'avoir
à sa disposition de 150 à 200 dollars (800 à 1,000
francs). L'acre, dans le Michigan[1], ne se paie jamais
plus de 4 à 5 shellings (de 5 à 6 francs) lorsque la
terre est encore inculte. C'est à peu près le prix d'une
journée de travail. Un ouvrier peut donc gagner en
un jour de quoi acheter un acre. Mais l'achat fait, la
difficulté commence. Voici comme on s'y prend généralement pour la surmonter.

« Le pionnier se rend sur le lieu qu'il vient d'acquérir avec quelques bestiaux, un cochon salé, deux ba-
rils de farine et du thé. Si, près de là, se trouve une
cabane, il s'y rend et y reçoit une hospitalité tempo-

---

[1] L'acre a 330 pieds anglais de long sur 132 de large.

raire. Dans le cas contraire, il dresse une tente au milieu même du bois qui doit devenir son champ. Son premier soin est d'abattre les arbres les plus proches, avec lesquels il bâtit à la hâte la maison grossière dont vous avez pu déjà examiner la structure. Chez nous, l'entretien des bestiaux ne coûte guère. L'émigrant les lâche dans la forêt après leur avoir attaché au cou une clochette de fer. Il est très-rare que ces animaux, ainsi abandonnés à eux-mêmes, quittent les environs de leur demeure.

« La plus grande dépense est celle du défrichement. Si le pionnier arrive dans le désert avec une famille en état de l'aider dans ses premiers travaux, sa tâche est assez facile. Mais il en est rarement ainsi. En général l'émigrant est jeune, et s'il a déjà des enfants, ils sont en bas âge. Alors il lui faut pourvoir seul à tous les premiers besoins de sa famille ou louer les services de ses voisins. Il en coûte de 4 à 5 dollars (de 20 à 25 francs) pour faire défricher un acre. Le terrain étant préparé, le nouveau propriétaire met un acre en pommes de terre, et le reste en froment et en maïs. Le maïs est la providence de ces déserts; il croît dans l'eau de nos marécages, et pousse sous le feuillage de la forêt mieux qu'aux rayons du soleil. C'est le maïs qui sauve la famille de l'émigrant d'une destruction inévitable, lorsque la pauvreté, la maladie ou l'incurie l'a empêché la première année de faire un défrichement suffisant. Il n'y a rien de plus pénible à passer que les premières années qui s'écoulent après

le défrichement. Plus tard vient l'aisance et ensuite
la richesse. »

Ainsi parlait notre hôte. Pour nous, nous écoutions
ces simples détails avec presque autant d'intérêt que
si nous eussions voulu les mettre nous-mêmes à profit.
Et quand il se fut tu, nous lui dîmes : — Le sol de
tous les bois abandonnés à eux-mêmes est en général
marécageux et malsain; l'émigrant qui s'expose aux
misères de la solitude n'a-t-il du moins rien à craindre
pour sa vie? — Tout défrichement est une entreprise
périlleuse, repartit l'Américain, et il est presque sans
exemple que le pionnier et sa famille échappent, pendant la première année, à la fièvre des bois. Souvent,
quand on voyage dans l'automne, on trouve tous les
habitants d'une cabane atteints de la fièvre, depuis
l'émigrant jusqu'à son plus jeune fils. — Et que deviennent ces malheureux lorsque la Providence les frappe
ainsi? — Ils se résignent et attendent un meilleur avenir. — Mais ont-ils quelque assistance à espérer de
leurs semblables? — Presque aucune. — Peuvent-ils du
moins se procurer le secours de la médecine? — Le
médecin le plus proche habite souvent à soixante milles
de leur demeure. Ils font comme les Indiens : ils meurent ou guérissent, suivant qu'il plaît à Dieu.

Nous reprîmes : — La voix de la religion parvient-
elle quelquefois jusqu'à eux? — Très-rarement. On n'a
encore rien pu faire pour assurer dans nos bois l'observation publique d'un culte. Presque tous les étés, il est
vrai, quelques prêtres méthodistes viennent parcourir

les nouveaux établissements. Le bruit de leur arrivée se répand avec une incroyable rapidité de cabane en cabane : c'est la grande nouvelle du jour. A l'époque fixée, l'émigrant, sa femme et ses enfants, se dirigent à travers les sentiers à peine frayés de la forêt vers le rendez-vous indiqué. On vient de cinquante milles à la ronde. Ce n'est point dans une église que se réunissent les fidèles, mais en plein air, sous le feuillage de la forêt. Une chaire, composée de troncs mal équarris, de grands arbres renversés pour servir de siéges, tels sont les ornements de ce temple rustique. Les pionniers et leurs familles campent dans les bois qui l'entourent. C'est là que, pendant trois jours et trois nuits, la foule pratique des exercices religieux rarement interrompus. Il faut voir avec quelle ardeur ces hommes se livrent à la prière, avec quel recueillement on écoute la voix solennelle du prêtre. C'est dans le désert qu'on se montre comme affamé de religion. — Une dernière question : on croit généralement parmi nous que les déserts de l'Amérique se peuplent à l'aide de l'émigration européenne ; d'où vient donc que depuis que nous parcourons vos bois, il ne nous est pas arrivé de rencontrer un seul Européen ?

A ces paroles, un sourire de supériorité et d'orgueil satisfait se peignit sur les traits de notre hôte.

— Il n'y a que des Américains, répondit-il avec emphase, qui puissent avoir le courage de se soumettre à de semblables misères, et qui sachent acheter l'aisance à un pareil prix. L'émigrant d'Europe s'arrête dans les

grandes villes qui bordent la mer ou dans les districts
qui les avoisinent. Là il devient artisan, garçon de
ferme, valet. Il mène une vie plus douce qu'en Europe,
et se montre satisfait de laisser à ses enfants le même
héritage. L'Américain, au contraire, s'empare de la
terre, et cherche à se créer avec elle un grand avenir.

. Après avoir prononcé ces derniers mots, notre hôte
s'arrêta. Il laissa s'échapper de sa bouche une immense
colonne de fumée, et parut prêt à écouter ce que nous
avions à lui apprendre sur nos projets.

Nous le remercions d'abord de ses précieux avis et de
ses sages conseils, dont nous l'assurons que nous profi-
terons quelque jour, et nous ajoutons : — Avant de
nous fixer dans votre canton, mon cher hôte, nous avons
l'intention de nous rendre à Saginaw, et nous désirons
vous consulter sur ce point.

A ce mot de Saginaw, il se fit une singulière révolution dans la physionomie de l'Américain. Il semblait
qu'on l'entraînât tout à coup hors de la vie réelle pour
le pousser dans le pays des chimères. Ses yeux se dila-
tèrent, sa bouche s'entr'ouvrit et l'étonnement le plus
profond se peignit sur tous ses traits.

— Vous voulez aller à Saginaw ! s'écria-t-il, à Saginaw-Bay ! Deux hommes raisonnables, deux étrangers
bien élevés veulent aller à Saginaw-Bay ! La chose est à
peine croyable. — Et pourquoi donc pas ? répliquâmes-
nous. — Mais savez-vous bien, reprit notre hôte, à quoi
vous vous engagez ? Savez-vous que Saginaw est le dernier point habité jusqu'à l'océan Pacifique; que d'ici à

Saginaw on ne trouve guère qu'un désert et des solitudes non frayées ? Avez-vous réfléchi que les bois sont
pleins d'Indiens et de moustiques ; qu'il vous faudra
pourtant coucher au moins une nuit sous l'humidité de
leur ombrage ? Avez-vous pensé à la fièvre ? Saurez-vous
vous tirer d'affaire dans le désert, et vous retrouver
dans le labyrinthe de nos forêts ?

Après cette tirade, il fait une pause pour mieux juger
l'impression qu'il avait produite. Nous répliquons : —
Tout cela peut être vrai, mais nous partirons demain
pour Saginaw-Bay.

Notre hôte réfléchit un instant, hocha la tête, et dit
d'un ton lent et positif : — Il n'y a qu'un grand intérêt qui puisse porter deux étrangers à une semblable
entreprise. Vous vous êtes sans doute figuré, fort à tort,
qu'il était avantageux de se fixer dans les lieux les plus
éloignés de toute concurrence ?

Nous ne répondons point.

Il reprend : — Peut-être aussi êtes-vous chargés par
la Compagnie des pelleteries du Canada d'établir des
rapports avec les tribus indiennes des frontières.

Même silence.

Notre hôte était à bout de conjectures, et il se tut ;
mais il continua à réfléchir profondément sur la bizarrerie de notre dessein.

— Est-ce que vous n'avez jamais été à Saginaw, re-
prîmes-nous ? — Moi, répondit-il, j'y ai été pour mon
malheur cinq ou six fois ; mais j'avais un intérêt à le
faire, et on ne peut vous en découvrir aucun. — Mais ne

perdez pas de vue, mon digne hôte, que nous ne vous demandons pas s'il faut aller à Saginaw, mais seulement quels sont les moyens d'y parvenir avec facilité.

Ramené ainsi à la question, notre Américain retrouva tout son sang-froid et toute la netteté de ses idées. Il nous expliqua en peu de mots et avec un admirable bon sens pratique la manière dont nous devions nous y prendre pour traverser le désert, entra dans les moindres détails et prévit les circonstances les plus fortuites. A la fin de ses prescriptions, il fit une nouvelle pause pour voir si nous n'arrivions pas enfin au mystère de notre voyage, et, s'apercevant que de part et d'autre nous n'avions plus rien à dire, il prit la chandelle, nous conduisit à une chambre et, nous ayant très-démocratiquement secoué la main, s'en fut achever la soirée dans la salle commune.

Le lendemain nous étions levés avec le jour, et nous préparions à partir. Notre hôte fut bientôt lui-même sur pied.: la nuit ne lui avait pas fait découvrir ce qui nous faisait tenir une conduite à ses yeux si extraordinaire. Cependant, comme nous paraissions absolument décidés à agir contrairement à ses conseils, il n'osait revenir à la charge; mais il tournait sans cesse autour de nous. Il répétait encore de temps en temps à demi-voix : — Je ne comprends pas bien ce qui peut porter deux étrangers à aller à Saginaw..... jusqu'à ce qu'enfin je lui dis en mettant le pied à l'étrier : — Il y a bien des raisons qui nous y portent, mon cher hôte !

Il s'arrêta tout court en entendant ces mots, et me

regardant en face pour la première fois, il sembla se préparer à entendre la révélation du grand mystère. Mais moi, enfourchant tranquillement mon cheval, e lui fis pour toute conclusion un signe d'amitié et je m'éloignai au grand trot.

On nous avait recommandé de nous adresser à un M. Williams qui, ayant fait longtemps le commerce avec les Indiens Chippeways et ayant un fils établi à Saginaw, pourrait nous fournir des renseignements utiles.

Après avoir fait quelques milles dans les bois, et comme nous craignions déjà d'avoir manqué la maison de notre homme, nous rencontrons un vieillard occupé à travailler à un petit jardin, nous l'abordons : c'était M. Williams lui-même.

Il nous accueillit avec une grande bienveillance, et nous donna une lettre pour son fils. Nous lui demandâmes si nous n'avions rien à craindre des peuplades indiennes dont nous allions traverser le territoire. M. Williams rejeta cette idée avec une sorte d'indignation : — Non, non, dit-il ; vous pouvez marcher sans crainte. Pour ma part, je dormirais plus tranquille au milieu des Indiens que des blancs.

Je note ceci comme la première impression favorable que j'ai reçue sur les Indiens depuis mon arrivée en Amérique. Dans les pays très-habités, on ne parle d'eux qu'avec un mélange de crainte et de mépris, et je crois que là, en effet, ils méritent ces deux sentiments. On a pu voir plus haut ce que j'en pensais moi-même lorsque je rencontrai les premiers d'entre eux à Buffalo. A mesure qu'on avancera dans ce journal et qu'on me suivra au milieu des populations européennes des frontières et des tribus indiennes elles-mêmes, on concevra des premiers habitants de l'Amérique une idée tout à la fois plus honorable et plus juste.

Après avoir quitté M. Williams, nous poursuivons notre route au milieu des bois. De temps en temps un petit lac (ce district en est plein) apparaît comme une nappe d'argent sous le feuillage de la forêt. Il est difficile de se figurer le charme qui environne ces jolis lieux où l'homme n'a point fixé sa demeure, et où règne encore une paix profonde et un silence non interrompu.

J'ai parcouru dans les Alpes des solitudes affreuses, où la nature se refuse au travail de l'homme, mais où elle déploie jusque dans ses horreurs mêmes une grandeur qui transporte l'âme et la passionne. Ici la solitude n'est pas moins profonde, mais elle ne fait pas naître les mêmes impressions. Les seuls sentiments qu'on éprouve en parcourant ces déserts fleuris, où, comme dans le *Paradis* de Milton, tout est préparé pour recevoir l'homme, c'est une admiration tranquille, une émotion douce et mélancolique, un dégoût vague de la vie civilisée, une sorte d'instinct sauvage qui fait penser avec douleur que bientôt cette délicieuse solitude aura cessé d'exister. Déjà, en effet, la race blanche s'avance à travers les bois qui l'entourent, et dans peu d'années l'Européen aura coupé les arbres qui se réfléchissent dans les eaux limpides du lac et forcé les animaux qui peuplent ses rives de se retirer vers de nouveaux déserts.

Toujours cheminant, nous parvenons dans une contrée d'un aspect nouveau. Le sol n'y est plus égal, mais coupé de collines et de vallées. Plusieurs de ces collines présentent l'aspect le plus sauvage.

C'est dans un de ces passages pittoresques que, nous étant retournés tout à coup pour contempler le spectacle imposant que nous laissions derrière nous, nous aperçûmes à notre grande surprise, près de la croupe de nos chevaux, un Indien qui semblait nous suivre pas à pas.

C'était un homme de trente ans environ, grand et admirablement proportionné dans tous ses membres. Ses cheveux noirs et luisants tombaient le long de ses épaules, à l'exception de deux tresses qui étaient attachées sur le haut de sa tête. Sa figure était barbouillée de noir et de rouge. Il était couvert d'une espèce de blouse bleue très-courte. Il portait des *mittas* rouges : ce sont des espèces de pantalons qui ne vont que jusqu'au haut des cuisses ; et ses pieds étaient garnis de mocassins. A son côté, pendait un couteau. De la main droite il tenait une longue carabine, et de la gauche, deux oiseaux qu'il venait de tuer.

La première vue de cet Indien fit sur nous une impression peu agréable. Le lieu eût été mal choisi pour résister à une attaque. A notre droite, une forêt de pins s'élevait à une hauteur immense ; à notre gauche, s'étendait un ravin profond, au fond duquel roulait parmi les rochers un ruisseau que l'obscurité du feuillage dé-

robait à notre vue et vers lequel nous descendions en
aveugles ! Mettre la main sur nos fusils, nous retourner
et nous placer dans le chemin, en face de l'Indien, est
l'affaire d'un moment. Il s'arrête de même ; nous nous
tenons pendant une demi-minute en silence.

Sa figure présentait tous les traits caractéristiques
qui distinguent la race indienne de toutes les autres.
Dans ses yeux parfaitement noirs brillait ce feu sauvage
qui anime encore le regard du métis et ne se perd qu'à
la deuxième ou troisième génération de sang blanc. Son
nez était arqué par le milieu, légèrement écrasé par le
bout ; les pommettes de ses joues, très-élevées ; et sa
bouche, fortement fendue, laissait voir deux rangées de
dents étincelantes de blancheur, qui témoignaient assez
que le sauvage, plus propre que son voisin l'Américain,
ne passait pas sa journée à mâcher des feuilles de tabac.

J'ai dit qu'au moment où nous nous étions retournés
en mettant la main sur nos armes, l'Indien s'était arrêté. Il subit l'examen rapide que nous fîmes de sa personne avec une impassibilité absolue, un regard ferme
et immobile. Comme il vit que de notre côté nous n'avions
aucun sentiment hostile, il se mit à sourire : probablement il s'apercevait qu'il nous avait alarmés.

C'est la première fois que je pus observer à quel point
l'expression de la gaieté change complétement la physionomie de ces hommes sauvages. J'ai eu cent fois depuis l'occasion de faire la même remarque. Un Indien
sérieux et un Indien qui sourit, ce sont deux hommes

entièrement différents. Il règne dans l'immobilité du premier une majesté sauvage qui imprime un sentiment involontaire de terreur. Ce même homme vient-il à sourire, sa figure prend une expression de naïveté et de bienveillance qui lui donne un charme réel.

Quand nous vîmes notre homme se dérider, nous lui adressâmes la parole en anglais; il nous laissa parler tout à notre aise, puis il fit signe qu'il ne comprenait point. Nous lui offrîmes un peu d'eau-de-vie, qu'il accepta sans hésitation comme sans remercîment. Parlant toujours par signes, nous lui demandâmes les oiseaux qu'il portait, et il nous les donna moyennant une petite pièce de monnaie. Ayant ainsi fait connaissance, nous le saluâmes de la main et partîmes au grand trot.

Au bout d'un quart d'heure d'une marche rapide, m'étant retourné de nouveau, je suis confondu d'apercevoir encore l'Indien derrière la croupe de mon cheval. Il courait avec l'agilité d'un animal sauvage, sans prononcer un seul mot ni paraître allonger son allure. Nous nous arrêtons : il s'arrête ; nous repartons : il repart. Nous nous lançons à toute course ; nos chevaux, élevés dans le désert, franchissaient avec facilité tous les obstacles : l'Indien double sa marche ; je l'aperçois tantôt à droite, tantôt à gauche de mon cheval, sautant par-dessus les buissons et retombant sur la terre sans bruit. On eût dit l'un de ces loups du nord de l'Europe, qui suivent les cavaliers dans l'espérance qu'ils tomberont de leurs chevaux et pourront être plus facilement dévorés.

La vue de cette figure étrange, qui, tantôt se perdant dans l'obscurité de la forêt, tantôt reparaissant au grand jour, semblait voltiger à nos côtés, finissait par nous devenir importune. Ne pouvant concevoir ce qui portait cet homme à nous suivre d'un pas si précipité, et peut-être le faisait-il depuis longtemps lorsque nous le découvrîmes la première fois, il nous vint dans la pensée qu'il nous menait dans une embuscade.

Nous étions occupés de ces pensées lorsque nous apercevons devant nous, dans le bois, le bout d'une autre carabine; bientôt nous sommes à côté de celui qui la portait. Nous le prenons d'abord pour un Indien. Il était couvert d'une espèce de redingote courte qui, serrée autour de ses reins, dessinait une taille droite et bien prise. Son cou était nu, et ses pieds couverts de mocassins. Lorsque nous arrivons près de lui et qu'il lève la tête, nous reconnaissons sur-le-champ un Européen et nous nous arrêtons. Il vient à nous, nous secoue la main avec cordialité, et nous entrons en conversation.

— Est-ce que vous vivez dans le désert? — Oui, voilà ma maison.

Et il nous montrait, au milieu des feuilles, une hutte beaucoup plus misérable que le *log-house* ordinaire.

— Seul? — Seul. — Et que faites-vous donc ici? — Je parcours ces bois, et je tue à droite et à gauche le gibier qui se rencontre sur mon chemin; mais il n'y a pas de bons coups à faire maintenant. — Et ce genre de vie vous plaît? — Plus que tout autre. — Mais ne craignez-vous pas les Indiens? — Craindre les Indiens! j'aime mieux vivre au milieu d'eux que dans la société des blancs. Non, non, je ne crains pas les Indiens; ils valent mieux que nous, à moins que nous ne les ayons abrutis par les liqueurs fortes, les pauvres créatures!

Nous montrons alors à notre nouvelle connaissance l'homme qui nous suivait si obstinément, et qui, à ce moment, arrêté à quelque pas de nous, se tenait immobile comme un terme.

— C'est un Chippeway, dit-il, ou comme les Français l'appellent, un *sauteur*. Je gage qu'il revient du Canada, où il a reçu les présents annuels des Anglais. Sa famille ne doit pas être loin d'ici.

Ayant ainsi parlé, l'Américain fit signe à l'Indien de s'approcher, et commença à lui parler dans sa langue avec une extrême facilité. C'était chose remarquable à voir que le plaisir que ces deux hommes de race et de mœurs si différentes trouvaient à échanger entre eux leurs idées. La conversation roulait évidemment sur le mérite respectif de leurs armes. Le blanc, après avoir examiné très-attentivement le fusil du sauvage :

— Voilà une belle carabine, dit-il; les Anglais la lui ont donnée sans doute pour s'en servir contre nous, et il ne manquera pas de le faire à la première guerre. C'est ainsi que les Indiens attirent sur leurs têtes tous les malheurs qui les accablent, mais ils n'en savent pas plus long, les pauvres gens! — Les Indiens se servent-ils avec habileté de ces longs et lourds fusils ? — Il n'y a pas de tireurs comme les Indiens, reprit vivement notre nouvel ami avec l'accent de la plus grande admiration. Examinez ces petits oiseaux qu'il vous a vendus, monsieur : ils sont percés d'une balle ; et je suis bien sûr qu'il n'a tiré que deux coups pour les avoir. Oh ! ajouta-t-il, il n'y a rien de plus heureux qu'un Indien dans le pays dont nous n'avons pas encore fait fuir le gibier ; mais les gros animaux nous flairent à plus de trois cents milles, et en se retirant ils font devant nous comme un désert où les pauvres Indiens ne peuvent plus vivre, s'ils ne cultivent pas la terre.

Comme nous reprenions notre chemin : —Quand vous repasserez, nous cria notre nouvel ami, frappez à ma porte. On a du plaisir à rencontrer des visages blancs dans ces lieux-ci.

J'ai rapporté cette conversation qui en elle-même ne contient rien de remarquable, pour faire connaître une espèce d'hommes que nous avons souvent rencontrés sur les limites des terres habitées : ce sont les Européens qui, en dépit des habitudes de leur jeunesse, ont fini par trouver dans la liberté du désert un charme inexprimable. Tenant aux solitudes de l'Amérique par leur goût et leurs passions, à l'Europe par leur religion, leurs principes et leurs idées, ils mêlent l'amour de la vie sauvage à l'orgueil de la civilisation et préfèrent à leurs compatriotes les Indiens dans lesquels cependant ils ne reconnaissent pas des égaux.

Nous continuons donc notre marche. Avançant tou-

jours avec la même rapidité, nous atteignons, au bou
d'une demi-heure, la maison d'un pionnier.

Devant la porte de cette cabane, une famille indienne avait établi sa demeure passagère. Une vieille
femme, deux jeunes filles, plusieurs enfants se tenaient
accroupis autour d'un feu à l'ardeur duquel étaient
exposés les membres encore palpitants d'un chevreuil
entier. A quelques pas de là sur l'herbe, un Indien tout
nu se chauffait aux rayons du soleil, tandis qu'un petit
enfant se roulait près de lui dans la poussière. Ce fut là
que s'arrêta notre silencieux compagnon ; il nous quitta
sans prendre congé de nous et fut s'asseoir gravement
au milieu de ses compatriotes.

Qui avait pu porter cet homme à suivre ainsi pendant
deux lieues la course de nos chevaux ? C'est ce que
nous ne pûmes jamais deviner.

Après avoir déjeuné en cet endroit, nous remontons
à cheval et poursuivons notre marche au milieu d'une
haute futaie peu épaisse. Le taillis a été brûlé autrefois,
comme on peut l'apercevoir aux restes calcinés de
quelques arbres qui sont couchés sur l'herbe. Le sol
est aujourd'hui couvert de fougère qu'on voit s'étendre
à perte de vue sous le feuillage de la forêt.

Quelques lieues plus loin, mon cheval se déferre, ce
qui nous cause une vive inquiétude. Près de là, heureusement, nous rencontrons un planteur qui parvient
à le referrer. Sans cette rencontre, je doute que nous
eussions pu aller plus loin, car nous approchions de
l'extrême limite des défrichements. Ce même homme,

qui nous mit ainsi en état de poursuivre notre route,
nous invita à presser le pas, le jour commençant à baisser, et deux grandes lieues nous séparant encore de
Flint-River où nous voulions aller coucher.

Bientôt, en effet, une obscurité profonde commença
à nous environner. Il fallait *marcher*. La nuit était
sereine, mais glaciale. Il régnait au fond de ces forêts
un silence si profond et un calme si complet qu'on eût
dit que toutes les forces de la nature y étaient comme
paralysées. On n'y entendait que le bourdonnement
incommode des moustiques et le bruit des pas de nos
chevaux. De temps en temps on apercevait au loin un
feu d'Indiens devant lequel un profil austère et immobile se dessinait dans la fumée.

Au bout d'une heure nous arrivons à un lieu où le
chemin se divise ; deux sentiers s'ouvraient en cet endroit : lequel des deux prendre ? Le choix était délicat.
L'un d'eux aboutissait à un ruisseau dont nous ne con-
naissions pas la profondeur ; l'autre, à une éclaircie.
La lune, qui se levait alors, nous montrait devant nous
une vallée remplie de débris ; plus loin nous apercevions
deux maisons.

Il était si important de ne point s'égarer dans un pareil lieu et à cette heure, que nous résolûmes de prendre
des renseignements avant d'aller plus loin. Mon compagnon resta pour tenir les chevaux, et moi, jetant mon
fusil sur mon épaule, je descendis dans le vallon.

Bientôt je m'aperçus que j'entrais dans un défrichement tout récent. Des arbres immenses, non encore

débarrassés de leurs branches, couvraient la terre. En sautant de l'un à l'autre, je parvins assez rapidement jusqu'auprès des maisons. Mais le même ruisseau que nous avions déjà rencontré m'en séparait. Heureusement son cours se trouvait obstrué dans cet endroit par de grands chênes que la hache du pionnier y avait sans doute précipités. Je réussis à me glisser le long de ces arbres et j'arrivai enfin sur l'autre bord.

J'approchai avec précaution des deux maisons, que je ne voyais que confusément. Je craignais que ce ne fussent des wig-wams indiens. Elles n'étaient point encore finies. J'en trouvai les portes ouvertes, et aucune voix ne répondit à la mienne. Je revins sur les bords du ruisseau, où je ne pus m'empêcher d'admirer pendant quelques minutes la sublime horreur du lieu.

Cette vallée semblait former une arène immense qu'environnait de toutes parts, comme une noire draperie, le feuillage des bois, et au centre de laquelle les rayons de la lune, en se brisant, venaient créer mille images fantastiques qui se jouaient en silence au milieu des débris de la forêt. Du reste, aucun son quelconque, aucun bruit de vie ne s'élevait de cette solitude.

Je songeai enfin à mon compagnon, et je l'appelai à grands cris pour lui apprendre le résultat de mes recherches, l'engager à passer le ruisseau et à venir me retrouver. Ma voix retentit pendant longtemps dans les solitudes qui m'environnaient, mais je n'obtins aucune réponse. Je criai de nouveau et j'écoutai encore. Le même silence de mort régnait dans la forêt. L'inquié-

tude me saisit, et je courus le long du ruisseau pour
trouver le chemin qui en traversait plus bas le cours.

Arrivé là, j'entendis dans le lointain le pas des chevaux, et je vis bientôt après paraître Beaumont lui-
même. Étonné de ma longue absence, il avait pris le
parti de s'avancer vers le ruisseau. Il s'était déjà engagé
dans les bas-fonds lorsque je l'avais appelé. Ma voix n'a-
vait pu alors parvenir jusqu'à lui. Il me raconta que de
son côté il avait fait tous ses efforts pour se faire entendre, et avait été, comme moi, effrayé de ne point
recevoir de réponse. Sans le gué, qui nous servit de
point de réunion, nous nous serions peut-être cherchés
une grande partie de la nuit.

Nous nous remettons en route en nous promettant
bien de ne plus nous séparer, et à trois quarts d'heure
de là nous apercevons enfin un défrichement, deux ou
trois cabanes et, ce qui nous fait encore plus de plaisir,
une lumière. La rivière, qui s'étendait comme un fil
violet au bout du vallon, achève de nous prouver que
nous sommes arrivés à Flint-River.

Bientôt, en effet, les aboiements des chiens font retentir le bois et nous nous trouvons devant un *log-house*,
dont une barrière seule nous sépare. Comme nous nous
préparions à la franchir, la lune nous fit apercevoir de
l'autre côté un grand ours noir qui, debout sur ses
pattes et tirant à lui sa chaîne, indiquait aussi clairement qu'il le pouvait son intention de nous donner une
accolade fraternelle.

— Quel diable de pays est ceci, dis-je, où l'on a des

ours pour chiens de garde ! — Il faut appeler, me répliqua mon compagnon ; si nous tentions de passer la barrière, nous aurions de la peine à faire entendre raison au portier.

Nous appelons en effet à tue-tête, et si bien qu'un homme enfin se montre à la fenêtre. Après nous avoir examinés au clair de la lune : — Entrez, messieurs, nous dit-il. Trink, allez vous coucher ! Au chenil, vous dis-je ! ce ne sont pas des voleurs.

L'ours recula en se dandinant, et nous entrâmes. Nous étions à moitié morts de fatigue. Nous demandons à notre hôte si on peut avoir de l'avoine pour nos chevaux. — Sans doute, répondit-il ; et il se mit à faucher le champ le plus voisin avec toute la tranquillité américaine et comme il aurait pu le faire en plein midi. Pendant ce temps, nous dessellions nos montures, et nous les attachions, faute d'écurie, aux barrières à travers lesquelles nous venions de passer.

Ayant ainsi pris soin de nos compagnons de voyage, nous commençons à penser à notre propre gîte. Il n'y avait qu'un lit dans la maison ; le sort l'ayant adjugé à Beaumont, je m'entourai dans mon manteau et, me couchant sur le plancher, m'endormis aussi profondément qu'il convient à un homme qui vient de faire quinze lieues à cheval.

Le lendemain, 25 juillet, notre premier soin fut de nous enquérir d'un guide.

Un désert de quinze lieues sépare Flint-River de Saginaw, et le chemin qui y conduit est un sentier étroit, à

peine reconnaissable à l'œil. Notre hôte approuva notre
dessein, et bientôt après il nous amena deux Indiens
dans lesquels il nous assura que nous pouvions avoir
toute confiance. L'un était un enfant de treize à quatorze ans; l'autre un jeune homme de dix-huit ans. Le
corps de ce dernier, sans avoir encore acquis les formes
vigoureuses de l'âge mûr, donnait cependant déjà l'i-
dée de l'agilité unie à la force. Il était de moyenne
grandeur; sa taille était droite et élancée, ses membres
flexibles et bien proportionnés. De longues tresses tombaient de sa tête nue. De plus, il avait eu soin de peindre
sur sa figure des lignes noires et rouges de la manière
la plus symétrique, un anneau passé dans la cloison du
nez, un collier et des boucles d'oreilles complétaient sa
parure. Son attirail de guerre n'était pas moins remarquable. D'un côté, la hache de bataille, le célèbre tomahawk; de l'autre, un couteau long et acéré, à l'aide
duquel les sauvages enlèvent la chevelure du vaincu. A
son cou était suspendue une corne de taureau qui lui
servait de poire à poudre, et il tenait dans sa main droite
une carabine rayée. Comme chez la plupart des Indiens,
son regard était farouche et son sourire bienveillant. A
côté de lui, comme pour compléter le tableau, marchait
un chien à oreilles droites, à museau allongé, beaucoup
plus semblable à un renard qu'à aucune autre espèce
d'animal, et dont l'air farouche était en parfaite harmonie avec la contenance de son maître.

Après avoir examiné notre nouveau compagnon avec
une attention dont il ne parut pas un seul moment s'a-

percevoir, nous lui demandâmes ce qu'il désirait de nous pour prix du service qu'il allait nous rendre. L'Indien répondit quelques mots dans sa langue, et l'Américain, se hâtant de prendre la parole, nous apprit que ce que demandait le sauvage pouvait être évalué à deux dollars.

— Comme ces pauvres Indiens, ajouta charitablement notre hôte, ne savent pas le prix de l'argent, vous me donnerez les dollars et je me chargerai volontiers de lui fournir l'équivalent.

Je fus curieux de voir ce que le digne homme appelait l'équivalent de deux dollars, et je le suivis tout doucement dans le lieu où se faisait le marché. Je le vis délivrer à notre guide une paire de mocassins et un mouchoir de poche, objets dont la valeur totale ne montait certainement pas à la moitié de la somme. L'Indien se retira fort satisfait, et moi je m'en fus sans bruit, disant comme la Fontaine : Ah ! si les lions savaient peindre !

Au reste ce ne sont pas seulement les Indiens que les pionniers américains prennent pour dupes. Nous étions tous les jours nous-mêmes victimes de leur extrême avidité pour le gain. Il est très-vrai qu'ils ne volent point. Ils ont trop de lumières pour commettre une dangereuse infraction aux lois, mais je n'ai jamais vu un aubergiste de grande ville surfaire avec plus d'impudeur que ces habitants du désert chez lesquels je me figurais trouver l'honnêteté primitive et la simplicité des mœurs patriarcales.

Tout était prêt : nous montons à cheval, et, passant à gué le ruisseau (Flint-River) qui forme l'extrême limite entre la civilisation et le désert, nous entrons pour tout de bon dans la solitude.

Nos deux guides marchaient ou plutôt sautaient comme des chats sauvages, à travers les obstacles du chemin. Qu'un arbre renversé, un ruisseau, un marais vînt à se rencontrer, ils indiquaient du doigt le meilleur chemin, et ne se retournaient même pas pour nous voir sortir du mauvais pas. Habitué à ne compter que sur lui-même, l'Indien conçoit difficilement qu'un autre ait besoin d'aide. Il sait vous rendre un service au besoin, mais personne ne lui a encore appris l'art de le faire valoir par des prévenances et des soins. Cette manière d'agir aurait peut-être amené quelques observations de notre part, mais il nous était impossible de faire comprendre un seul mot à nos compagnons. Et puis nous nous sentions complétement en leur pouvoir. Là, en effet, l'échelle était renversée. Plongé dans une obscurité profonde, réduit à ses propres forces, l'homme civilisé marchait en aveugle, incapable non-seulement de se guider dans le labyrinthe qu'il parcourait, mais même d'y trouver les moyens de soutenir sa vie. C'est au milieu des mêmes difficultés que triomphait le sauvage. Pour lui la forêt n'avait point de voile ; il s'y trouvait comme dans sa patrie ; il y marchait la tête haute, guidé par un instinct plus sûr que la boussole du navigateur. Au sommet du plus grand arbre, sous les feuillages les plus épais, son œil découvrait le gibier près duquel l'Européen eût passé et repassé cent fois en vain.

De temps en temps, nos Indiens s'arrêtaient. Ils mettaient le doigt sur leurs lèvres pour nous inviter au silence, et nous faisaient signe de descendre de cheval. Guidés par eux, nous parvenions jusqu'au lieu d'où ils nous montraient l'oiseau que nous cherchions et que nous n'avions encore pu découvrir. C'était chose curieuse à voir que le sourire méprisant avec lequel ils nous guidaient par la main comme des enfants, et nous conduisaient enfin près de l'objet qu'eux-mêmes apercevaient depuis longtemps.

A mesure cependant que nous avancions, les dernières traces de l'homme s'effaçaient. Bientôt tout cessa d'annoncer même la présence du sauvage, et nous eûmes devant nous le spectacle après lequel nous courions depuis si longtemps : l'intérieur d'une forêt vierge.

Au milieu d'un taillis peu épais, et à travers lequel on peut apercevoir les objets à une assez grande distance, s'élevait d'un seul jet une haute futaie composée presque en totalité de pins et de chênes. Obligé de croître sur un terrain très-circonscrit et privé des rayons du soleil, chacun de ces arbres monte rapidement pour chercher l'air et la lumière. Aussi droit que le mât d'un vaisseau, il s'élance au-dessus de tout ce qui l'environne. C'est seulement quand il est parvenu à une région supérieure, qu'il étend tranquillement ses branches et s'enveloppe de leur ombre. D'autres le suivent bientôt dans cette sphère élevée, et tous, entrelaçant leurs rameaux, forment comme un dais immense. Au-dessous de cette voûte humide et immobile l'aspect change et prend un caractère nouveau.

Un ordre majestueux règne au-dessus de votre tête. Près du sol, au contraire, tout offre l'image de la confusion et du chaos : des troncs incapables de supporter plus longtemps leurs branches se sont fendus dans la moitié de leur hauteur et ne présentent plus à l'œil qu'un sommet aigu et déchiré. D'autres, longtemps ébranlés par le vent, ont été précipités d'une seule pièce sur la terre. Arrachées du sol, leurs racines forment comme autant de remparts naturels derrière lesquels plusieurs hommes pourraient facilement se mettre à couvert. Des arbres immenses, retenus par les branches qui les environnent, restent suspendus dans les airs et tombent en poussière sans toucher le sol.

Il n'y a pas parmi nous de pays si peu peuplé, où une forêt soit assez abandonnée à elle-même pour que les arbres, après y avoir suivi tranquillement leur carrière, y tombent enfin de décrépitude. C'est l'homme qui les frappe dans la force de leur âge et qui débarrasse la forêt de leurs débris. Dans la solitude de l'Amérique, la nature toute-puissante est le seul agent de ruine comme le seul pouvoir de reproduction. Ainsi que dans les forêts soumises au domaine de l'homme, la mort frappe ici sans cesse, mais personne n'enlève les débris qu'elle a faits : chaque jour ajoute à leur nombre. Ils tombent, ils s'accumulent les uns sur les autres ; le temps ne peut suffire à les réduire assez vite en poussière et à préparer de nouvelles places. Là se trouvent couchées côte à côte plusieurs générations de morts. Les uns, arrivés au dernier terme de dissolution ne présentent plus à l'œil qu'un long trait de poussière rouge tracé dans l'herbe; d'autres, déjà à moitié consumés par le temps, conservent encore cependant leur forme. Il en est enfin qui, tombés d'hier, étendent encore leurs longs rameaux sur la terre et arrêtent à chaque instant les pas du voyageur.

Il nous est souvent arrivé d'admirer sur l'Océan une de ces soirées calmes et sereines, alors que les voiles flottant paisiblement le long des mâts laissent ignorer au matelot de quel côté s'élèvera la brise. Ce repos de la nature entière n'est pas moins imposant dans les solitudes du Nouveau-Monde que sur l'immensité des mers.

Lorsqu'au milieu du jour le soleil darde ses rayons sur la forêt, on entend souvent retentir dans ses profondeurs comme un long gémissement, un cri plaintif qui se prolonge au loin. C'est le dernier effort du vent qui expire; tout rentre alors autour de vous dans un silence si profond, une immobilité si complète, que l'âme se sent pénétrée d'une sorte de terreur religieuse; le voyageur s'arrête, il regarde :

Pressés les uns contre les autres, entrelacés dans leurs rameaux, les arbres de la forêt semblent ne former qu'un seul tout, un édifice immense et indestructible, sous les voûtes duquel règne une obscurité éternelle. De quelque côté qu'il porte ses regards, il n'aperçoit qu'une scène de violence et de destruction, des arbres rompus, des troncs déchirés ; tout annonce

que les éléments se font ici perpétuellement la guerre,
mais la lutte est interrompue. On dirait que sur l'ordre
d'un pouvoir surnaturel, le mouvement s'est subitement arrêté. Ces branches à moitié brisées semblent
tenir encore par quelques liens secrets au tronc qui ne
leur offre plus d'appui; des arbres déjà déracinés n'ont
pas eu le temps d'arriver jusqu'à terre et sont restés
suspendus dans les airs.

Il écoute, il retient sa respiration avec crainte pour
mieux saisir le moindre retentissement de l'existence;
aucun son, aucun murmure ne parviennent jusqu'à
lui. Il nous est arrivé quelquefois en Europe de nous
trouver égarés au fond d'un bois; mais toujours quelques bruits de vie venaient y frapper notre oreille. C'é-
tait le tintement éloigné de la cloche du village le plus
voisin, les pas d'un voyageur, la hache du bûcheron,
l'explosion d'une arme à feu, les aboiements d'un chien,
ou seulement cette rumeur confuse qui s'élève d'un pays
civilisé.

Ici, non-seulement l'homme manque, mais la voix
même des animaux ne se fait pas entendre. Les plus
petits d'entre eux ont quitté ces lieux pour se rapprocher des habitations humaines, les plus grands pour
s'en éloigner encore davantage; ceux qui restent se
tiennent cachés à l'abri des rayons du soleil. Ainsi, tout
est immobile, tout dans les bois est silencieux sous leur
feuillage; on dirait que le Créateur a, pour un moment,
détourné sa face, et que les forces de la nature sont paralysées.

Ce n'est pas, au reste, dans ce seul cas que nous avons remarqué la singulière analogie qui existe entre la vue de l'Océan et l'aspect d'une forêt sauvage. Dans l'un comme dans l'autre spectacle, l'idée de l'immensité vous assiége. La continuité des mêmes scènes, leur monotonie étonne et accable l'imagination. Nous avons retrouvé, plus fort et plus poignant peut-être dans les solitudes du Nouveau Monde, le sentiment d'isolement et d'abandon qui nous avait semblé si pesant au milieu de l'Atlantique.

Sur la mer, du moins, le voyageur contemple un vaste horizon vers lequel il dirige toujours sa vue avec espérance ; il voit devant lui jusqu'où son œil peut atteindre, et il aperçoit le ciel. Mais dans cet océan de feuillage, qui peut indiquer le chemin ? vers quels objets tourner ses regards ? En vain s'élève-t-on sur le sommet des plus grands arbres, d'autres plus élevés encore vous environnent. Inutilement gravit-on les collines, partout la forêt semble marcher avec vous, et cette même forêt s'étend devant vos pas jusqu'au pôle arctique et jusqu'à l'océan Pacifique. Vous pouvez parcourir des milliers de lieues sous l'ombrage, et vous avancez toujours sans paraître changer de place. . . .

. . . . . Mais il est temps de revenir à la route de Saginaw. Nous marchions déjà depuis cinq heures dans une complète ignorance des lieux où nous nous trouvions, lorsque nos Indiens s'arrêtèrent, et l'aîné, qui s'appelait Sagan-Cuisco, fit une ligne sur le sable. Il en montra l'un des bouts en s'écriant : — *Michi-*

Couté-ouinque (c'est le nom indien de *Flint-River*), et l'extrémité opposée en prononçant le nom de *Saginaw*, et, marquant un point au milieu de la ligne, il nous indiqua que nous étions parvenus à la moitié du chemin et qu'il fallait se reposer quelques instants.

Le soleil était déjà haut sur l'horizon, et nous eussions accepté avec plaisir l'invitation qui nous était faite, si nous eussions aperçu de l'eau à notre portée; mais n'en voyant pas aux environs, nous fîmes signe à l'Indien que nous voulions manger et boire en même temps. Il nous comprit aussitôt, et se mit en marche avec la même rapidité qu'auparavant. A une heure de là, il s'arrêta de nouveau et nous montra à trente pas dans le bois un endroit où il fit signe qu'il y avait de l'eau.

Sans attendre notre réponse et sans nous aider à desseller nos chevaux, il s'y rendit lui-même; nous nous hâtâmes de le suivre. Le vent avait renversé depuis peu un grand arbre en cet endroit; dans le trou qu'avaient occupé ses racines se trouvait un peu d'eau de pluie. C'était la fontaine à laquelle nous conduisit notre guide, sans avoir l'air de penser qu'on pût hésiter à user d'un pareil breuvage.

Nous ouvrîmes notre sac. Autre infortune! la chaleur avait absolument gâté nos provisions, et nous nous vîmes réduits pour tout dîner à un très-petit morceau de pain, le seul que nous eussions pu trouver à Flint-River.

Qu'on ajoute à cela une nuée de moustiques qu'attirait le voisinage de l'eau, et qu'il fallait combattre d'une main en portant de l'autre le morceau à la bouche, et on aura l'idée d'un dîner champêtre dans une forêt vierge.

Tant que nous mangeâmes, nos Indiens se tinrent assis, les bras croisés, sur le tronc abattu dont j'ai parlé. Quand ils virent que nous avions fini, ils nous firent signe qu'eux aussi avaient faim. Nous leur montrâmes notre sac vide : ils secouèrent la tête sans mot dire. L'Indien ne sait pas ce que c'est que des heures réglées pour ses repas ; il se gorge de nourriture quand il le peut, et jeûne ensuite jusqu'à ce qu'il trouve de quoi satisfaire son appétit : les loups agissent de même en pareille circonstance.

Bientôt nous pensons à remonter à cheval, mais nous nous apercevons avec une grande frayeur que nos montures ont disparu. Sans doute aiguillonnées par la faim, elles se sont éloignées du sentier où nous les avions laissées, et ce n'est qu'avec peine que nous parvenons à nous remettre sur leurs traces ; alors nous bénissons les moustiques qui nous ont fait songer au départ et nous continuons notre route.

Le sentier que nous suivons ne tarde pas à devenir de plus en plus difficile à reconnaître. A chaque instant, nos chevaux ont à forcer le passage à travers d'épais buissons, ou à sauter par-dessus des troncs d'arbres immenses qui nous barrent le chemin.

Au bout de deux heures d'une route extrêmement

pénible, nous arrivons enfin sur le bord d'une rivière peu profonde, mais très-encaissée. Nous la traversons à gué, et, parvenus sur le haut de la berge opposée, nous voyons un champ de maïs et deux cabanes assez semblables à des log-houses. Nous reconnaissons en approchant que nous sommes dans un petit établissement indien : les log-houses sont des wig-wams. Du reste, la plus profonde solitude règne là comme dans la forêt environnante,

Parvenu devant la première de ces demeures abandonnées, Sagan-Cuisco s'arrête. Il examine attentivement tous les objets alentour, puis, déposant sa carabine et s'approchant de nous, il trace d'abord une ligne sur le sable, nous indiquant de la même manière qu'auparavant que nous n'avons encore fait que les deux tiers du chemin ; puis se relevant, il nous montre le soleil, faisant signe qu'il descendait rapidement vers le couchant ; il regarde ensuite le wig-wam et ferme les yeux.

Ce langage était fort intelligible : il voulait nous faire coucher en cet endroit. J'avoue que la proposition nous surprit fort et ne nous plut guère. Nous n'avions pas mangé depuis longtemps et n'étions que médiocrement tentés de nous coucher sans souper. La majesté sombre et sauvage des scènes dont nous étions témoins depuis le matin, l'isolement complet où nous nous trouvions, la contenance farouche de nos conducteurs, avec lesquels il était impossible d'entrer en rapport, rien de tout cela d'ailleurs n'était de nature à faire naître en nous la confiance.

Il y avait, de plus, dans la conduite des Indiens quelque chose de singulier qui ne nous rassurait point. La route que nous venions de suivre depuis deux heures semblait encore moins fréquentée que celle que nous avions parcourue auparavant. Personne ne nous avait jamais dit que nous dussions traverser un village indien, et chacun nous avait assuré, au contraire, qu'on pouvait aller en un seul jour de Flint-River à Saginaw. Nous ne pouvions donc concevoir pourquoi nos guides voulaient nous retenir la nuit dans ce désert.

Nous insistâmes pour marcher. L'Indien fit signe que nous serions surpris par l'obscurité dans les bois. Forcer nos guides à continuer leur route eût été une tentative dangereuse. Je me décidai à tenter leur cupidité. Mais l'Indien est le plus philosophe de tous les hommes. Il a peu de besoins, et partant peu de désirs. La civilisation n'a point de prise sur lui, il ignore et il méprise ses douceurs.

Je m'étais cependant aperçu que Sagan-Cuisco avait fait une attention particulière à une petite bouteille d'osier qui pendait à mon côté. Une bouteille qui ne se casse pas ! voilà une chose dont l'utilité lui était tombée sous le sens, et qui avait excité chez lui une admiration réelle. Mon fusil et ma bouteille étaient les seules parties de mon attirail européen qui eussent paru exciter son envie. Je lui fis signe que je lui donnerais ma bouteille s'il nous conduisait sur-le-champ à Saginaw. L'Indien parut alors violemment combattu. Il regarda le soleil, puis la terre. Enfin, prenant son parti, il saisit sa carabine, poussa deux fois en mettant la main sur sa bouche le cri : *ouh ! ouh !* et il s'élança devant nous dans les broussailles.

Nous le suivîmes au grand trot et nous eûmes bientôt perdu de vue les demeures indiennes. Nos guides coururent ainsi plus de deux heures avec plus de rapidité qu'ils n'avaient encore fait.

Cependant la nuit nous gagnait, et les derniers rayons du soleil venaient de disparaître dans les cimes de la forêt lorsque Sagan-Cuisco fut surpris par un violent saignement de nez qui le força de s'arrêter. Quelque habitué que ce jeune homme parût être, ainsi que son frère, aux exercices du corps, il était évident que la fatigue et le manque de nourriture avaient épuisé ses forces. Nous commencions à craindre que nos guides ne renonçassent à l'entreprise et ne voulussent coucher au pied d'un arbre. Nous prîmes donc le parti de les faire monter alternativement sur nos chevaux.

Les Indiens acceptèrent notre offre sans étonnement ni humilité.

C'était une chose bizarre à voir que ces hommes à moitié nus établis gravement sur une selle anglaise et portant nos carnassières et nos fusils en bandoulière, tandis que nous cheminions péniblement à pied devant eux.

La nuit vint enfin. Une humidité glaciale commença à se répandre sous le feuillage. L'obscurité donnait

alors à la forêt un aspect nouveau et terrible. L'œil
n'apercevait plus autour de lui que des masses confusément amoncelées, sans ordre ni symétrie, des formes
étranges et disproportionnées, des scènes incohérentes,
des images fantastiques, qui semblaient empruntées à
l'imagination malade d'un fiévreux. Jamais nos pas
n'avaient réveillé plus d'échos, jamais le silence de la
forêt ne nous avait paru si formidable. On eût dit que
le bourdonnement des moustiques était la seule respiration de ce monde endormi.

A mesure que nous avancions, les ténèbres devenaient plus profondes ; seulement de temps en temps
une mouche à feu traversant le bois traçait comme un
fil lumineux dans ses profondeurs. Nous reconnaissions
trop tard la justesse des conseils de l'Indien, mais il ne
s'agissait plus de reculer.

Nous continuons donc à marcher aussi rapidement
que nos forces et la nuit peuvent nous le permettre.
Au bout d'une heure, nous arrivons à la fin du bois, et
nous nous trouvons dans une vaste prairie. Nos guides
poussent trois fois un cri sauvage qui retentit comme
les notes discordantes d'un tam-tam. On y répond dans
le lointain. Cinq minutes après, nous sommes sur le
bord d'une rivière dont l'obscurité nous empêche
d'apercevoir la rive opposée.

Les Indiens font halte en cet endroit. Ils s'entourent
de leurs couvertures pour éviter la piqûre des moustiques et, se cachant dans l'herbe, ils ne forment bientôt plus qu'une boule de laine à peine perceptible et

dans laquelle il était impossible de reconnaître la forme d'un homme.

Nous mettons nous-mêmes pied à terre et attendons patiemment ce qui va suivre. Au bout de quelques minutes, un léger bruit se fait entendre, et quelque chose s'approche du rivage.

C'était un canot indien long de dix pieds environ, et formé d'un seul arbre. L'homme, qui était accroupi au fond de cette fragile embarcation, portait le costume et avait toute l'apparence d'un Indien. Il adressa la parole à nos guides qui, à son commandement, se hâtèrent d'enlever les selles de nos chevaux et de les disposer dans la pirogue.

Comme je me préparais moi-même à y monter, le prétendu Indien s'avança vers moi, me plaça deux doigts sur l'épaule et me dit avec un accent normand qui me fit tressaillir : « Ah ! vous venez de la vieille France !... Attendez ; n'allez pas trop vitement ; y en a des fois ici qui s'y noient. » Mon cheval m'aurait adressé la parole que je n'aurais pas, je crois, été plus surpris.

J'envisageai celui qui m'avait parlé et dont la figure, frappée des premiers rayons de la lune, reluisait alors comme une boule de cuivre : Qui êtes-vous donc, lui dis-je ? vous parlez français et vous avez l'air d'un Indien ! » Il me répondit qu'il était un *Bois-brûlé*, c'est-à-dire le fils d'un Canadien et d'une Indienne.

J'aurai souvent occasion de parler de cette singulière race de métis qui couvre toutes les frontières du Canada et une partie de celles des États-Unis. Pour le moment, je ne songeai qu'au plaisir de parler ma langue maternelle.

Suivant les conseils de notre compatriote le sauvage, je m'assis au fond du canot et me tins aussi en équilibre qu'il m'était possible ; mon cheval que je tenais seulement par la bride entra dans la rivière, nageant à côté de moi, tandis que le Canadien poussait la nacelle de l'aviron, tout en chantant à demi-voix, sur un vieil air français, le couplet suivant, dont je ne saisis que les deux premiers vers :

> Entre Paris et Saint-Denis
> Il était une fille, etc.

Nous arrivâmes ainsi sans accident sur l'autre bord ; le canot retourna aussitôt chercher mon compagnon. Je me rappellerai toute ma vie le moment où pour la seconde fois il s'approcha du rivage. La lune, qui était dans son plein, se levait précisément alors au-dessus de la prairie que nous venions de traverser, la moitié de son disque apparaissait seule sur l'horizon ; on eût dit une porte mystérieuse à travers laquelle s'échappait vers nous la lumière d'une autre sphère. Les rayons qui en sortaient venaient se refléter dans les eaux du fleuve et arrivaient en scintillant jusqu'à moi. Sur la ligne même où vacillait cette pâle clarté, s'avançait la pirogue indienne. On n'apercevait pas de rames, on n'entendait point le bruit des avirons. Elle glissait rapidement et sans effort, longue, étroite et noire, semblable à un alligator du Mississipi qui s'allonge sur la rive pour y saisir sa proie. Accroupi sur la pointe du canot, Sagan-Cuisco, la tête appuyée contre ses genoux, ne laissait voir que les tresses luisantes de sa chevelure ; à l'autre extrémité, le Canadien ramait en silence, tandis que derrière lui le cheval de Beaumont faisait rejaillir l'eau de la Saginaw sous l'effort de sa puissante poitrine.

Il y avait dans l'ensemble de ce spectacle une grandeur sauvage qui fit alors et qui a laissé depuis une impression profonde dans mon âme.

Débarqués sur le rivage, nous nous hâtâmes de nous rendre à une maison que la lune venait de nous faire apercevoir à cent pas du fleuve, et où le Canadien nous assura que nous pouvions trouver un gîte. Nous parvînmes en effet à nous y établir convenablement, et nous y aurions probablement réparé nos forces par un profond sommeil, si nous avions pu nous débarrasser des myriades de moustiques dont la maison était remplie ; mais c'est ce à quoi nous ne pûmes jamais parvenir.

L'animal qu'en anglais on appelle *mosquito*, et *maringouin* en français canadien, est un petit insecte semblable en tout au *cousin* de France, dont il diffère seulement par la grosseur. Il est généralement plus grand, et sa trompe est si forte et si acérée, que les étoffes de laine peuvent seules garantir de ses piqûres. Ces petits moucherons sont le fléau des solitudes de l'Amérique.

Leur présence suffirait pour y rendre le séjour insupportable. Quant à moi, je déclare n'avoir jamais éprouvé un tourment semblable à celui qu'ils m'ont fait souffrir pendant tout le cours de ce voyage, et particulièrement durant notre séjour à Saginaw. Le jour, ils nous empêchaient de dessiner, d'écrire, de rester un seul moment en place ; la nuit ils circulaient par milliers autour de nous ; chaque endroit du corps que nous laissions découvert leur servait à l'instant de rendez-vous. Réveillés par la douleur que causait la piqûre, nous nous couvrions la tête de nos draps ; leur aiguillon passait à travers. Chassés, poursuivis par eux, nous nous levions et nous allions respirer l'air du dehors jusqu'à ce que l'excès de la fatigue nous procurât enfin un sommeil pénible et interrompu.

Nous sortîmes de très-bonne heure, et le premier spectacle qui nous frappa en quittant la maison, ce fut la vue de nos Indiens qui, roulés dans leurs couvertures près de la porte, dormaient à côté de leurs chiens.

Nous apercevions alors pour la première fois au grand jour le village de Saginaw que nous étions venus chercher de si loin. Une petite plaine cultivée, bordée au sud par une belle et tranquille rivière ; à l'est, à l'ouest et au nord, par la forêt, compose, quant à présent, tout le territoire de la cité naissante.

Près de nous s'élevait une maison dont la structure annonçait l'aisance du propriétaire. C'était celle où nous venions de passer la nuit. Une demeure de même espèce s'apercevait à l'autre extrémité du défrichement. Dans l'intervalle et le long de la lisière du bois, deux ou trois log-houses se perdaient à moitié dans le feuillage.

Sur la rive opposée du fleuve s'étendait la prairie comme un océan sans bornes dans un jour de calme. Une colonne de fumée s'en échappait alors et montait paisiblement vers le ciel. En ramenant l'œil au point d'où elle venait, on découvrait enfin deux ou trois wigwams, dont la forme conique et le sommet aigu se confondaient avec les herbes de la prairie. Une charrue renversée, des bœufs regagnant d'eux-mêmes le labour, quelques chevaux à moitié sauvages complétaient le tableau.

De quelque côté que s'étendît la vue, l'œil cherchait en vain la flèche d'un clocher gothique, la croix de bois qui marque le chemin ou le seuil couvert de mousse du presbytère. Ces vénérables restes de l'antique civilisation chrétienne n'ont point été transportés dans le désert. Rien n'y réveille encore l'idée du passé ni de l'avenir. On ne rencontre même pas d'asiles consacrés à ceux qui ne sont plus. La mort n'a pas eu le temps de réclamer son domaine ni de faire borner son champ.

Ici l'homme semble encore s'introduire furtivement dans la vie. Plusieurs générations ne se réunissent point autour d'un berceau pour exprimer des espérances souvent trompeuses et se livrer à des joies prématurées que dément l'avenir. Son nom n'est point inscrit sur les registres de la cité ; la religion ne vient point mêler ses touchantes solennités aux sollicitudes de la famille. Les prières d'une femme, quelques gouttes d'eau versées sur la tête d'un enfant par la main de son père, lui ouvrent sans bruit les portes du ciel.

Le village de Saginaw est le dernier point habité par les Européens, au nord-ouest de la vaste presqu'île de Michigan. On peut le considérer comme un poste avancé, une sorte de guérite que les blancs sont venus planter au milieu des nations indiennes.

Les révolutions de l'Europe, les clameurs tumultueuses qui s'élèvent sans cesse de l'univers policé, n'arrivent ici que de loin en loin et comme le retentissement d'un son dont l'oreille ne peut plus percevoir la nature ni l'origine.

Tantôt ce sera un Indien qui, en passant, racontera avec la poésie du désert quelques-unes des tristes réalités de la vie sociale ; un journal oublié dans le havresac d'un chasseur, ou seulement cette rumeur vague qui se propage par des voies inconnues et ne manque presque jamais d'avertir les hommes qu'il se passe quelque chose d'extraordinaire sous le soleil.

Une fois par an, un vaisseau, remontant le cours de la Saginaw, vient renouer cet anneau détaché à la grande chaîne européenne qui déjà enveloppe le monde de ses replis. Il apporte au nouvel établissement les produits divers de l'industrie, et enlève en retour les fruits du sol.

Trente personnes, hommes, femmes, vieillards et enfants, composaient seuls, lors de notre passage, cette petite société, embryon à peine formé, germe naissant confié au désert, et que le désert doit féconder.

Le hasard, l'intérêt ou les passions avaient réuni dans cet espace étroit ces trente personnes. Du reste, il n'exis-

tait point entre elles de liens communs, et elles différaient profondément les unes des autres. On y remar-
quait des Canadiens, des Américains, des Indiens et des
métis.

Des philosophes ont cru que la nature humaine, partout la même, ne variait que suivant les institutions et
les lois des différentes sociétés. C'est là une de ces opinions que semble démentir à chaque page l'histoire du
monde. Les nations comme les individus s'y montrent
tous avec une physionomie qui leur est propre. Les traits
caractéristiques de leur visage se reproduisent à travers
toutes les transformations qu'elles subissent. Les lois,
les mœurs, les religions changent, la puissance et la richesse se déplacent, le costume varie, l'aspect extérieur
change, les préjugés s'effacent ou se substituent les uns
aux autres. Parmi ces changements divers, vous recon-
naissez toujours le même peuple. Quelque chose d'inflexible apparaît au milieu de la flexibilité humaine.

Les hommes qui habitent cette petite plaine cultivée
appartiennent à deux races qui depuis plus d'un siècle
existent sur le sol américain et y obéissent aux mêmes
lois. Ils n'ont pourtant rien de commun entre eux. Ce
sont encore des Anglais et des Français tels qu'ils se
montrent aux bords de la Seine et de la Tamise.

Pénétrez sous cette cabane de feuillage, vous y ren-
contrerez un homme dont l'accueil cordial et la figure
ouverte vous annonceront dès l'abord le goût des plaisirs sociaux et l'insouciance de la vie. Dans le premier
moment, vous le prendrez peut-être pour un Indien.

Soumis à la vie sauvage, il en a adopté volontairement les habits, les usages et presque les mœurs : il porte des mocassins, le bonnet de loutre et le manteau de laine. Il est infatigable chasseur, couche à l'affût, vit de miel sauvage et de chair de bison.

Cet homme n'en est pas moins resté un Français gai, entreprenant, fier de son origine, amant passionné de la gloire militaire, plus vaniteux qu'intéressé, homme d'instinct, obéissant à son premier mouvement moins qu'à sa raison, préférant le bruit à l'argent.

Pour venir au désert, il semble avoir brisé tous les liens qui l'attachaient à la vie. On ne lui voit ni femme ni enfants. Cet état est contraire à ses mœurs, mais il s'y soumet facilement comme à toute chose. Livré à lui-même il se sentirait naturellement l'humeur casanière. Nul plus que lui n'a le goût du foyer domestique ; nul n'aime mieux à réjouir sa vue par l'aspect du clocher paternel. Mais on l'a arraché à ses habitudes tranquilles ; on a frappé son imagination par des tableaux nouveaux ; on l'a transporté sous un autre ciel : ce même homme s'est senti tout à coup possédé d'un besoin insatiable d'émotions violentes, de vicissitudes et de dangers. L'Européen le plus civilisé est devenu l'adorateur de la vie sauvage. Il préférera les savanes aux rues des villes, la chasse à l'agriculture. Il se jouera de l'existence, et vivra sans nul souci de l'avenir.

Les blancs de France, disaient les Indiens du Canada, sont aussi bons chasseurs que nous. Comme nous, ils méprisent les commodités de la vie et bravent les terreurs de la mort ; Dieu les avait créés pour habiter la cabane du sauvage et vivre dans le désert.

A quelques pas de cet homme habite un autre Européen qui, soumis aux mêmes difficultés, s'est roidi contre elles.

Celui-ci est froid, tenace, impitoyable argumentateur. Il s'attache à la terre, et arrache à la vie sauvage tout ce qu'il peut lui ôter. Il lutte sans cesse contre elle, il la dépouille chaque jour de quelques-uns de ses attributs. Il transporte, pièce à pièce, dans le désert, ses lois, ses habitudes, ses usages, et, s'il se peut, jusqu'aux moindres recherches de sa civilisation avancée. L'émigrant des États-Unis n'estime de la victoire que ses résultats ; il tient que la gloire est un vain bruit, et que l'homme ne vient au monde que pour y acquérir l'aisance et les commodités de la vie. Brave pourtant, mais brave par calcul ; brave parce qu'il a découvert qu'il y avait plusieurs choses plus difficiles à supporter que la mort ; aventurier entouré de sa famille, et qui cependant prise peu les plaisirs intellectuels et les charmes de la vie sociale.

Placé de l'autre côté du fleuve, au milieu des roseaux de la Saginaw, l'Indien jette de temps en temps un regard stoïque sur les habitations de ses frères d'Europe. N'allez pas croire qu'il admire leurs travaux ou envie leur sort. Depuis bientôt trois cents ans que le sauvage de l'Amérique se débat contre la civilisation qui le pousse et l'enveloppe, il n'a point encore appris à connaître et à estimer son ennemi. Les générations se succèdent en

vain chez les deux races. Comme deux fleuves paral-
lèles, elles coulent depuis trois siècles vers un abîme
commun. Un espace étroit les sépare, mais elles ne
mêlent point leurs flots.

Ce n'est pas que l'aptitude naturelle manque à l'in-
digène du Nouveau-Monde ; mais sa nature semble re-
pousser obstinément nos idées et nos arts. Couché sur
son manteau, au milieu de la fumée de sa hutte, l'Indien regarde avec mépris la demeure commode de l'Européen. Pour lui, il se complaît avec orgueil dans sa
misère, et son cœur se gonfle et s'élève aux images de
son indépendance barbare. Il sourit amèrement en nous
voyant tourmenter notre vie pour acquérir des richesses
inutiles. Ce que nous appelons industrie, il l'appelle su-
jétion honteuse. Il compare le laboureur au bœuf qui
trace péniblement son sillon. Ce que nous nommons les
commodités de la vie, il les nomme des jouets d'enfant
ou des recherches de femme. Il ne nous envie que nos
armes. Quand l'homme peut abriter la nuit sa tête sous
une tente de feuillage, allumer du feu pour chasser les
moustiques en été et se garantir du froid en hiver
lorsque ses chiens sont bons et la contrée giboyeuse, que
saurait-il demander de plus à l'Être éternel ?

A l'autre bord de la Saginaw, près des défrichements
européens, et pour ainsi dire sur les confins de l'Ancien
et du Nouveau-Monde, s'élève une cabane rustique plus
commode que le wig-wam du sauvage, plus grossière
que la maison de l'homme policé : c'est la demeure du
métis.

Lorsque nous nous présentâmes pour la première fois à la porte de cette hutte à demi civilisée, nous fûmes tout surpris d'entendre dans l'intérieur une voix douce qui psalmodiait sur un air indien les cantiques de la pénitence. Nous nous arrêtâmes un moment pour écouter. Les modulations des sons étaient lentes et profondément mélancoliques ; on reconnaissait aisément cette harmonie plaintive qui caractérise tous les chants de l'homme au désert.

Nous entrâmes : le maître était absent. Assise au milieu de l'appartement, les jambes croisées sur une natte, une jeune femme travaillait à faire des mocassins. Du pied, elle berçait un enfant dont le teint cuivré et les traits annonçaient la double origine. Cette femme était habillée comme une de nos paysannes, sinon que ses pieds étaient nus et que ses cheveux tombaient librement sur ses épaules. En nous apercevant, elle se tait avec une sorte de crainte respectueuse. Nous lui demandons si elle est Française. — Non, répondit-elle en souriant. — Anglaise? — Non plus, dit-elle. Elle baissa les yeux et ajouta : Je ne suis qu'une sauvage.

Enfant des deux races, élevé dans l'usage de deux langues, nourri dans des croyances diverses et bercé dans des préjugés contraires, le métis forme un composé aussi inexplicable aux autres qu'à lui-même. Les images du monde, lorsqu'elles viennent se réfléchir sur son cerveau grossier, ne lui apparaissent que comme un chaos inextricable dont son esprit ne saurait sortir. Fier de son origine européenne, il méprise le désert, et pourtant il aime la liberté sauvage qui y règne ; il admire la civilisation et ne peut complétement se soumettre à son empire. Ses goûts sont en contradiction avec ses idées, ses opinions avec ses mœurs. Ne sachant comment se guider au jour incertain qui l'éclaire, son âme se débat péniblement dans les langes d'un doute universel : il adopte des usages opposés ; il prie à deux autels ; il croit au Rédempteur du monde et aux amulettes du jongleur ; et il arrive au bout de sa carrière sans avoir pu débrouiller le problème obscur de son existence.

Ainsi donc, dans ce coin de terre ignoré du monde, la main de Dieu avait déjà jeté les semences de nations diverses. Déjà plusieurs races différentes, plusieurs peuples distincts se trouvent ici en présence.

Quelques membres exilés de la grande famille humaine se sont rencontrés dans l'immensité des bois. Leurs besoins sont communs : ils ont à lutter contre les bêtes de la forêt, la faim, l'inclémence des saisons. Ils sont trente à peine au milieu d'un désert où tout se refuse à leur effort, et ils ne jettent les uns sur les autres que des regards de haine et de soupçon. La couleur de la peau, la pauvreté ou l'aisance, l'ignorance ou les lumières ont déjà établi parmi eux des classifications indestructibles : des préjugés nationaux, des préjugés d'éducation et de naissance les divisent et les isolent.

Où trouver dans un cadre plus étroit un plus complet tableau des misères de notre nature? Il y manque cependant encore un trait.

Les lignes profondes que la naissance et l'opinion ont tracées entre la destinée de ces hommes ne cessent point avec la vie, mais s'étendent au delà du tombeau. Six religions ou sectes diverses se partagent la foi de cette société naissante.

Le catholicisme, avec son immobilité formidable, ses dogmes absolus, ses terribles anathèmes et ses immenses récompenses ; la réformation, avec son mouvement incessant et ses variations continues ; l'antique paganisme, trouvent ici leurs représentants. On y adore déjà en six manières différentes l'Être unique et éternel qui a créé tous les hommes à son image. On s'y dispute avec ardeur le ciel que chacun prétend exclusivement son héritage. Bien plus, au milieu des misères de la solitude et des maux du présent, l'imagination humaine s'y épuise encore à enfanter pour l'avenir d'inexprimables douleurs. Le luthérien condamne au feu éternel le calviniste, le calviniste l'unitaire, et le catholique les enveloppe tous dans une réprobation commune.

Plus tolérant dans sa foi grossière, l'Indien se borne à exiler son frère d'Europe des campagnes heureuses qu'il se réserve pour lui. Fidèle aux traditions confuses que lui ont léguées ses pères, il se console aisément des maux de la vie, et meurt tranquille en rêvant aux forêts toujours vertes que n'ébranlera jamais la hache du pionnier, et où le daim et le castor viendront s'offrir à ses coups durant les jours sans nombre de l'éternité.

Après déjeuner, nous allâmes voir le plus riche propriétaire du village, M. Williams. Nous le trouvâmes dans sa boutique, occupé à vendre à des Indiens une multitude d'objets de peu de valeur, tels que couteaux, colliers de verre, pendants d'oreille, etc. C'était pitié de voir comme ces malheureux étaient traités par leurs frères civilisés d'Europe.

Du reste, tous ceux que nous vîmes là rendaient une justice éclatante aux sauvages. Ils étaient bons, inoffensifs, mille fois moins enclins au vol que les blancs. C'était dommage seulement qu'ils commençassent à s'éclairer sur le prix des choses. Et pourquoi cela, s'il vous plaît? Parce que les bénéfices dans le commerce qu'on faisait avec eux devenaient tous les jours moins considérables. Apercevez-vous d'ici la supériorité de l'homme civilisé? L'Indien aurait dit, dans sa simplicité grossière, qu'il trouvait tous les jours plus de difficulté à tromper son voisin; mais le blanc découvre dans le perfectionnement du langage une nuance heureuse qui exprime la chose et sauve la honte.

En revenant de chez M. Williams, nous eûmes l'idée de remonter la Saginaw à quelque distance pour aller tirer les canards sauvages qui peuplent ces rives. Comme nous étions occupés à cette chasse, une pirogue se détacha d'entre les roseaux du fleuve, et des Indiens vinrent à notre rencontre pour considérer mon fusil, qu'ils avaient aperçu de loin. J'ai toujours remarqué que cette arme, qui n'a cependant rien d'extraordinaire, m'attirait, parmi les sauvages, une considération toute spéciale. Un fusil qui peut tuer deux hommes en une seconde et part dans l'humidité, c'était, suivant eux, une merveille au-dessus de toute évaluation, un chef-d'œuvre sans prix. Ceux qui nous abordèrent témoignèrent, suivant l'habitude, une grande admiration. Ils demandèrent d'où venait mon fusil. Notre jeune guide répondit qu'il avait été fait de l'autre côté de la grande eau, chez les pères des Canadiens : ce qui ne le rendit pas, comme on peut le croire, moins précieux à leurs yeux. Ils firent observer cependant que, comme le point de mire n'était pas placé au milieu de chaque canon, on ne devait pas être aussi sûr de son coup : remarque à laquelle j'avoue que je ne sus trop que répondre.

Le soir étant venu, nous remontâmes dans le canot, et, nous fiant à l'expérience que nous avions acquise le matin, nous partîmes seuls pour remonter un bras de la Saginaw, que nous n'avions fait qu'entrevoir.

Le ciel était sans nuage, l'atmosphère pure et immobile. Le fleuve conduisait ses eaux à travers une immense forêt, mais si lentement qu'il eût été presque impossible de dire de quel côté allait le courant.

Nous avons toujours pensé que, pour se faire une idée juste des forêts du Nouveau-Monde, il fallait suivre quelques-unes des rivières qui coulent sous leur ombrage. Les fleuves sont comme de grandes voies par lesquelles la Providence a pris soin, dès le commencement du monde, de percer le désert pour le rendre accessible à l'homme. Lorsqu'on se fraye un passage à travers le bois, la vue est le plus souvent fort bornée. D'ailleurs, le sentier même où vous marchez est une

œuvre humaine. Les fleuves, au contraire, sont des chemins qui ne gardent point de traces, et leurs rives
laissent voir librement tout ce qu'une végétation vigoureuse et abandonnée à elle-même peut offrir de grands
et de curieux spectacles.

Le désert était là tel qu'il s'offrit il y a six mille ans
aux regards de nos premiers pères :

Une solitude fleurie, délicieuse, embaumée, magnifique demeure, palais vivant, bâti pour l'homme, mais
où le maître n'avait pas encore pénétré. Le canot glissait sans effort et sans bruit. Il régnait autour de nous
une sérénité, une quiétude universelles. Nous-mêmes
nous ne tardons pas à nous sentir comme amollis, à la
vue d'un pareil spectacle. Nos paroles commencent à
devenir de plus en plus rares. Bientôt nous n'exprimons
nos pensées qu'à voix basse, nous nous taisons enfin ;
et, relevant simultanément les avirons, nous tombons
l'un et l'autre dans une tranquille rêverie pleine d'inexprimables charmes.

D'où vient que les langues humaines, qui trouvent
des mots pour toutes les douleurs, rencontrent un invincible obstacle à faire comprendre les plus douces et
les plus naturelles émotions du cœur?

Qui peindra jamais avec fidélité ces moments si rares
dans la vie, où le bien-être physique vous prépare à la
tranquillité morale, et où il s'établit devant vos yeux
comme un équilibre parfait dans l'univers ; alors que
l'âme, à moitié endormie, se balance entre le présent et
l'avenir, entre le réel et le possible ; quand, entouré

d'une belle nature, respirant un air tranquille et tiède, en paix avec lui-même au milieu d'une paix universelle, l'homme prête l'oreille aux battements égaux de ses artères dont chaque pulsation marque le passage du temps qui, pour lui, semble ainsi s'écouler goutte à goutte dans l'Éternité?

Beaucoup d'hommes peut-être ont vu s'accumuler les années d'une longue existence sans éprouver une seule fois rien de semblable à ce que nous venons de décrire. Ceux-là ne sauraient nous comprendre. Mais il en est plusieurs, nous en sommes assurés, qui trouveront dans leur mémoire et au fond de leur cœur de quoi colorer nos images, et sentiront se réveiller en nous lisant, le souvenir de quelques heures fugitives que le temps ni les soins positifs de la vie n'ont pu effacer.

Un coup de fusil qui retentit tout à coup dans les bois nous tira de notre rêverie. Le bruit sembla d'abord rouler avec fracas sur les deux rives du fleuve, puis il s'éloigna en grondant jusqu'à ce qu'il fût entièrement perdu dans la profondeur des forêts environnantes. On eût dit un long et formidable cri de guerre que poussait la civilisation dans sa marche.

Un soir, en Sicile, il nous arriva de nous perdre dans un vaste marais qui occupe maintenant la place où jadis était bâtie la ville d'Hymère. L'impression que fit naître en nous la vue de cette fameuse cité devenue un désert sauvage fut grande et profonde. Jamais nous n'avions rencontré sur nos pas un plus magnifique témoignage de l'instabilité des choses humaines et des misères de notre nature.

Ici c'était bien encore une solitude; mais l'imagination, au lieu d'aller en arrière et de chercher à remonter vers le passé, s'élançait, au contraire, en avant et se perdait dans un immense avenir. Nous nous demandions par quelle singulière loi de la destinée, nous, qui avions pu contempler les ruines d'empires qui n'existent plus et marcher dans des déserts de fabrique humaine, nous, enfants d'un vieux peuple, nous étions conduits à assister à l'une des scènes du monde primitif, et à voir le berceau encore vide d'une grande nation.

Ce ne sont point là les prévisions plus ou moins hasardées de la sagesse. Ce sont des faits aussi certains que s'ils étaient accomplis. Dans peu d'années ces forêts impénétrables seront tombées, le bruit de la civilisation et de l'industrie rompra le silence de la Saginaw. Son écho se taira. Des quais emprisonneront ses rives : ses eaux, qui coulent aujourd'hui ignorées et tranquilles au milieu d'un désert sans nom, seront refoulées dans leur cours par la proue des vaisseaux. Cinquante lieues séparent encore cette solitude des grands établissements européens ; et nous sommes peut-être les derniers voyageurs auxquels il ait été donné de la contempler dans sa primitive splendeur. Tant est grande l'impulsion qui entraîne la race blanche vers la conquête entière du Nouveau-Monde.

C'est cette idée de destruction, cette arrière-pensée d'un changement prochain et inévitable qui donne, suivant nous, aux solitudes de l'Amérique un caractère si original et une si touchante beauté. On les voit avec un plaisir mélancolique. On se hâte en quelque sorte de les admirer. L'idée de cette grandeur naturelle et sauvage qui va finir se-mêle aux superbes images que la marche de la civilisation fait naître. On se sent fier d'être homme, et l'on éprouve en même temps je ne sais quel amer regret du pouvoir que Dieu vous a accordé sur la nature. L'âme est agitée par des idées, des sentiments contraires. Mais toutes les impressions qu'elle reçoit sont grandes et laissent une trace profonde.

Nous voulions quitter Saginaw le lendemain 27 juillet ; mais un de nos chevaux ayant été blessé par sa selle, nous nous décidâmes à rester un jour de plus. Faute d'autre manière de passer le temps nous fûmes chasser dans les prairies qui bordent la Saginaw au-dessous des défrichements.

Ces prairies ne sont point marécageuses, comme on pourrait le croire. Ce sont des plaines plus ou moins larges où le bois ne vient point, quoique la terre soit excellente ; l'herbe y est dure et haute de trois à quatre pieds. Nous ne trouvâmes que peu de gibier et revînmes de bonne heure. La chaleur était étouffante comme à l'approche d'un orage, et les moustiques plus gênants encore que de coutume. Nous ne marchions qu'environnés par une nuée de ces insectes auxquels il fallait faire une guerre perpétuelle. Malheur à celui qui s'arrêtait ! il se livrait alors sans défense à un ennemi impitoyable. Je me rappelle avoir été contraint de charger mon fusil en courant, tant il était difficile de tenir un instant en place.

Comme nous traversions à notre tour la prairie, nous remarquâmes que le Canadien qui nous servait de guide suivait un petit sentier tracé, et regardait avec le plus grand soin la terre avant d'y poser le pied. — Pourquoi donc prenez-vous tant de précaution, lui dis-je ; avez-vous peur de vous mouiller ? — Non, répondit-il, mais j'ai pris l'habitude, quand je traverse les prairies, de regarder toujours où je mets le pied, afin de ne pas marcher sur un serpent à sonnettes. — Comment diable ! repris-je en sautant dans le sentier, est-ce qu'il y a ici des serpents à sonnettes ? — Oh ! vraiment oui, répliqua mon Normand d'Amérique avec un imperturbable sang-froid, *y en a tout plein.*

Je lui reprochai alors de ne nous avoir pas avertis plus tôt ; il prétendit que, comme nous portions de bonnes chaussures, et que le serpent à sonnettes ne mordait jamais au-dessus de la cheville du pied, il n'avait pas cru que nous courussions grand danger.

Je lui demandai si la blessure du serpent à sonnettes était mortelle ; il répondit qu'on en mourait toujours en moins de vingt-quatre heures, si on n'avait pas recours aux Indiens. Ceux-ci connaissent un remède qui, donné à temps, sauvait, dit-il, le malade.

Quoi qu'il en soit, pendant tout le reste du chemin nous imitâmes notre guide, et comme lui nous regardâmes à nos pieds.

La nuit qui succéda à ce jour brûlant fut une des plus

pénibles que j'ai passées dans ma vie. Les moustiques étaient devenus si incommodes que, bien qu'accablé de fatigue, il me fut impossible de fermer l'œil.

Vers minuit, l'orage qui menaçait depuis longtemps, éclata enfin. Ne pouvant plus espérer de m'endormir, je me levai, et allai ouvrir la porte de notre cabane pour respirer au moins la fraîcheur de la nuit.

Il ne pleuvait point encore. L'air paraissait calme. Mais la forêt s'ébranlait déjà, et il en sortait de profonds gémissements et de longues clameurs. De temps en temps un éclair venait à illuminer le ciel. Le cours tranquille de la Saginaw, le petit défrichement qui borde ses rives, les toits de cinq ou six cabanes et la ceinture de feuillage qui nous enveloppait apparaissaient alors un instant comme une évocation de l'avenir. Tout se perdait ensuite dans l'obscurité la plus profonde, et la voix formidable du désert recommençait à se faire entendre.

J'assistais avec émotion à ce grand spectacle, lorsque j'entendis soupirer à mes côtés, et, à la lueur d'un éclair, j'aperçus un Indien appuyé comme moi sur le mur de notre demeure. L'orage venait sans doute d'interrompre son sommeil, car il promenait un œil fixe et troublé sur les objets qui l'environnaient.

Cet homme craignait-il la foudre? ou voyait-il dans le choc des éléments autre chose qu'une convulsion passagère de la nature? Ces fugitives images de civilisation qui surgissaient comme d'elles-mêmes au milieu du tumulte du désert, avaient-elles pour lui un sens prophétique? Ces gémissements de la forêt qui semblait se débattre dans une lutte inégale, arrivaient-ils à son oreille comme un secret avertissement de Dieu, une solennelle révélation du sort final réservé aux races sauvages? Je ne saurais le dire. Mais ses lèvres agitées paraissaient murmurer quelques prières, et tous ses traits semblaient empreints d'une terreur superstitieuse.

A cinq heures du matin nous songeâmes au départ. Tous les Indiens des environs de Saginaw étaient absents. Ils étaient partis pour aller recevoir les présents que leur font annuellement les Anglais, et les Européens se livraient aux travaux de la moisson. Il fallut donc nous résoudre à repasser la forêt sans guide.

L'entreprise n'était pas aussi difficile qu'on pourrait le croire. Il n'y a en général qu'un seul sentier dans ces vastes solitudes ; et il ne s'agit que de n'en pas perdre la trace pour arriver au but du voyage.

A cinq heures du matin donc, nous repassâmes la Saginaw. Nous reçûmes les adieux et les derniers conseils de nos hôtes, et, ayant tourné la tête de nos chevaux, nous nous trouvâmes seuls au milieu de la forêt.

Ce n'est pas, je l'avoue, sans une impression grave que nous commençâmes à pénétrer sous ses humides profondeurs. Cette même forêt qui nous environnait alors s'étendait derrière nous jusqu'au pôle et à la mer Pacifique. Un seul point habité nous séparait du désert sans bornes, et nous venions de le quitter. Ces pensées, au reste, ne nous portent qu'à presser le pas de nos chevaux, et, au bout de trois heures, nous arrivons près d'un wig-wam abandonné et sur les bords solitaires de la rivière Cass. Une pointe de gazon qui s'avançait sur le fleuve à l'ombre de grands arbres nous sert de table, et nous nous mettons à déjeuner ayant en perspective la rivière dont les eaux limpides comme le cristal serpentaient à travers le bois.

Au sortir du wig-wam de Cass-River, nous rencontrons plusieurs sentiers. On nous avait indiqué celui qu'il fallait prendre. Mais il est facile d'oublier quelques points, ou d'être mal compris dans de pareilles explications. C'est ce que nous ne manquâmes pas d'éprouver ce jour-là. On nous avait parlé de deux chemins : il s'en trouvait trois. Il est très-vrai que parmi ces trois chemins, il en était deux qui se réunissaient plus loin en un seul, comme nous le sûmes depuis ; mais nous l'ignorions alors, et notre embarras était grand.

Après avoir bien examiné, bien discuté, nous ne voyons rien de plus sage à faire que d'abandonner à nos chevaux, en leur laissant la bride sur le cou, la solution de la difficulté. Nous passons ainsi le mieux que nous pouvons la rivière à gué et nous nous enfonçons rapidement vers le sud-ouest. Plus d'une fois le sentier nous parut près de disparaître au milieu du taillis. Dans d'autres endroits, le chemin nous paraissait si peu fréquenté que nous avions peine à croire qu'il conduisît autre part qu'à quelque wig-wam abandonné ; notre boussole, il est vrai, nous montrait que nous marchions toujours dans notre direction ; toutefois, nous ne fûmes complétement rassurés qu'en découvrant le lieu où nous avions dîné trois jours auparavant.

Un pin gigantesque, dont nous avions admiré le tronc déchiré par le vent, nous le fit reconnaître. Nous n'en continuâmes pas cependant notre course avec moins de rapidité, car le soleil commençait à baisser. Bientôt nous parvînmes à la clairière qui précède d'ordinaire les défrichements. Comme la nuit allait nous surprendre, nous aperçûmes la rivière Flint; une demi-heure après, nous nous trouvions à la porte de notre hôte. Cette fois l'ours nous accueillit comme de vieux amis, et ne se dressa sur ses pieds que pour célébrer sa joie de notre heureux retour.

Durant cette journée tout entière, nous ne rencontrâmes aucune figure humaine; de leur côté les animaux avaient disparu. Ils étaient retournés sans doute sous le feuillage pour fuir la chaleur du jour. Seulement de loin en loin nous découvrions, à la sommité dépouillée de quelque arbre mort, un épervier qui, immobile sur une seule patte et dormant tranquillement aux rayons du soleil, semblait sculpté dans le bois même dont il avait fait son appui.

C'est au milieu de cette profonde solitude que nous songeâmes tout à coup à la révolution de 1830, dont nous venions d'atteindre le premier anniversaire (29 juillet 1831). Je ne puis dire avec quelle impétuosité les souvenirs du 29 juillet s'emparèrent de mon esprit. Les cris et la fumée du combat, le bruit du canon, les roulements de la mousqueterie, les tintements plus hor-

ribles encore du tocsin, ce jour entier avec son atmosphère enflammée semblait sortir tout à coup du passé et
se replacer comme un tableau vivant devant moi. Ce ne
fut là qu'une illumination subite, un rêve passager ;
quand, relevant la tête, je portai autour de moi mes regards, l'apparition s'était déjà évanouie. Mais jamais le
silence de la forêt ne m'avait paru plus glacé, ses ombrages plus sombres, ni sa solitude si complète.

FRAGMENTS

DE L'OUVRAGE QUI DEVAIT FAIRE SUITE A

L'ANCIEN RÉGIME ET LA RÉVOLUTION[1]

PREMIER FRAGMENT

Comment la République était prête à trouver un maître.

Si l'on veut se donner la vue d'un des plus étranges spectacles qui se soit jamais montré dans le tableau des affaires humaines, il faut considérer en dedans cette république qui faisait trembler l'Europe.

Son gouvernement, qui avait à sa disposition les plus redoutables armées et les plus grands généraux qui peut-être eussent paru dans le monde depuis les Romains, chancelait à chaque instant, se traînant avec peine, tou-

[1] Voir la Notice, p. 88 et 89.

jours prêt à succomber sous le poids de ses vices et de
ses fautes, rongé de mille maladies et consumé de plus,
malgré sa jeunesse, par ce mal sans nom qui n'attaque
d'ordinaire que les vieux gouvernements; sorte d'affaiblissement général, de consomption sénile qu'on ne saurait définir autrement que la difficulté d'être. Personne
ne faisait plus d'efforts pour le renverser, mais il semblait avoir perdu la force de se tenir debout.

Après le 18 fructidor, le Directoire était muni de plus
de puissance que n'en avaient jamais possédé les rois
que la révolution avait renversés; car il était devenu,
en fait, souverain absolu, et il succédait de plus à une
révolution qui avait abattu toutes les barrières que les
lois, les coutumes et les mœurs opposaient jadis à l'abus
et quelquefois à l'usage du pouvoir. La presse était
muette. La France avait fourni les représentants qu'on
lui avait désignés, les administrateurs locaux étaient
remplacés ou soumis; la législature enfin, humiliée et
déchue, n'aspirait plus qu'à bien obéir.

Cependant le Directoire ne put jamais conduire les
affaires. Il occupa le gouvernement, mais ne gouverna
pas. Jamais il ne put ramener la régularité dans l'administration, l'ordre dans les finances, ni la paix dans le
pays. Tout son règne ne fut qu'une anarchie tempérée
par la violence. Il ne put donner à personne un seul
jour l'illusion de sa durée. Les partis ne le prirent jamais pour un gouvernement établi; ils gardèrent leurs
espérances, surtout leurs haines.

Le gouvernement lui-même n'était qu'un parti, parti

toujours inquiet et violent, le moins nombreux, le plus méprisé de tous. C'était une coterie de régicides. Il se composait presque en totalité de révolutionnaires de second ordre, qui, n'ayant fait que suivre dans la foule les grands criminels ou n'ayant commis que des crimes obscurs, avaient tout à la fois échappé à la Terreur et à la réaction de thermidor qui la suivit. Ceux-là regardaient la République comme leur sûreté, mais, au fond, la plupart ne tenaient plus à rien qu'à la domination et aux jouissances qu'elle donne. Sceptiques et sensuels, ils n'avaient conservé d'eux-mêmes que leur ancienne énergie. Il est remarquable que presque tous les hommes qui se sont démoralisés dans le cours de cette longue révolution aient toujours conservé au milieu des vices qu'elle leur avait donnés, quelque chose de ce courage désordonné et sauvage qui les avait aidés à la faire. Plusieurs fois, au milieu de leurs embarras et de leurs périls, ils conçurent et désirèrent un retour de la Terreur. Ils la voulurent après fructidor, ils tentèrent de la rétablir après prairial, mais vainement. Cela peut donner lieu à plusieurs remarques dignes d'attention.

Au commencement d'une violente révolution, les lois qui ont été faites dans des temps réguliers sont plus douces que les mœurs, endurcies tout à coup par des passions nouvelles. Mais par la suite, les lois finissent par être plus dures que les mœurs et celles-ci par leur mollesse les paralysent. Dans le commencement, la Terreur se fait pour ainsi dire sans que le législateur s'en mêle ; par la suite, il s'épuise souvent à la faire. Les

plus cruelles lois de 1793 ont un caractère moins barbare que plusieurs de celles qui furent portées en 1797,
98 et 99. La loi qui déporta sans jugement les représentants du peuple et les journalistes à la Guyane, celle
qui autorisa le Directoire à emprisonner et à déporter à
sa volonté les prêtres qui lui sembleraient dangereux,
l'emprunt progressif qui, sous le nom d'emprunt forcé,
dépouillait les riches de la totalité de leurs revenus, et
enfin la fameuse loi des otages, présentent un caractère
d'atrocité perfectionnée et savante que les lois de la Convention elle-même n'eurent pas, et cependant ces dé-
crets ne purent pas faire renaître la Terreur. Les hommes qui les proposèrent avaient autant d'audace, aussi
peu de scrupules et peut-être plus d'intelligence que
leurs prédécesseurs dans les conceptions de la tyrannie ;
bien plus, ces mesures furent votées presque sans débats
et promulguées sans résistance. Tandis que la plupart
des lois qui préparèrent et établirent la Terreur furent
vivement contestées et soulevèrent une partie du pays
contre elles, celles-ci furent acceptées en silence. Mais
on ne put jamais les appliquer complétement, et ce qui
mérite le plus d'être remarqué, ce fut la même cause
qui facilita leur naissance et amortit leur effet. La révolution, dans sa longue durée, avait tellement énervé
et blasé la France, qu'il ne lui restait plus ni étonnement
ni réprobation vifs pour l'annonce des lois les plus violentes et les plus cruelles ; mais ce même affaissement
des âmes rendait l'application journalière de telles lois
difficile. Les mœurs publiques ne s'y prêtaient plus ; elles

opposaient à la violence du gouvernement une résistance molle, mais presque invincible, à cause de sa mollesse même. Le Directoire s'y usa.

Il est vrai que ce gouvernement, si fécond dans l'invention des procédés révolutionnaires, était d'une maladresse et d'une ineptie rares quand il s'agissait d'organiser le pouvoir. Il ne sut jamais suppléer à l'ardeur populaire qui lui faisait défaut par une machine de gouvernement habilement construite. Dans ses mains la tyrannie manqua toujours d'organes, et le plus grand nombre de ses victimes échappa faute d'agents prêts à les saisir. En un mot, il ignora toujours cette grande maxime des fameux despotes, maxime que nous allons bientôt voir appliquée : que pour mettre un peuple dans l'obéissance et l'y tenir, moins vaut une législation atroce qu'on suit mal, que des lois douces qu'une administration perfectionnée applique régulièrement comme d'elle-même tous les jours et à tous.

Cet amortissement des passions, cette mollesse des mœurs ne se manifesta pas seulement dans l'application des lois révolutionnaires, mais dans le choix des supplices. A l'échafaud on substitua la déportation, peine souvent plus dure que la mort, mais qu'on ne voit pas appliquer et qui, tout en satisfaisant la haine, épargne le spectacle incommode de la douleur.

On vit, vers la fin du Directoire, le club des Jacobins se rouvrir. Ceux-ci reprirent leurs emblèmes, leur langage, leurs manières ; car les partis ne changent guère, et c'est un phénomène remarquable, qu'ils se montrent plus inflexibles dans leurs idées et dans leurs pratiques, que ne l'est individuellement chacun des hommes dont ils se composent. Les Jacobins refirent donc précisément ce qu'ils avaient fait dans la Terreur sans pouvoir la ranimer. Ils ne réussirent qu'à faire sortir plus précipitamment encore la nation hors de sa liberté, par la peur qu'ils lui inspirèrent.

Le Directoire, après avoir gouverné sans opposition, presque sans contrôle, touché à tout, essayé de tout, dans la plénitude de puissance que les événements de fructidor lui avaient donnée, parut s'affaisser peu à peu sur lui-même vers la fin de sa carrière et sans coup férir : juin 1799 (30 prairial an VII). Ce même corps législatif qu'il avait décimé, en partie recomposé et toujours traité comme sa créature, redevint le maître et reprit l'empire. Mais bientôt le vainqueur ne sut lui-même que faire de son triomphe. Jusque-là, la machine du gouvernement avait marché sans règle ; cette fois, elle sembla s'arrêter. On vit bien que les assemblées, qui sont admirables tantôt pour fortifier, tantôt pour tempérer le gouvernement, sont plus inhabiles que les plus mauvais gouvernements à mener les affaires.

Le souverain pouvoir ne fut pas plutôt revenu au corps législatif, qu'une sorte de défaillance universelle se répandit dans toute l'administration du pays. Des particuliers, l'anarchie gagna les magistrats publics. Sans se révolter, chacun cessa d'obéir. Ce fut comme une armée qui se débande. Les impôts, qui rentraient mal, ne rentrèrent plus. Partout les conscrits préférèrent se livrer au brigandage que de rejoindre les armées. Un moment l'on put croire qu'on allait sortir, non pas seulement de l'ordre ordinaire des sociétés civilisées, mais de la civilisation elle-même. La sûreté des biens, la sécurité des personnes, la viabilité des routes furent compromises. C'est dans la correspondance des fonctionnaires publics avec le gouvernement, telle qu'elle existe encore aux archives nationales, qu'il faut voir le tableau de ces misères ; car, comme le remarque un ministre du temps, « on doit dans les relations qui sont rendues publiques offrir des résultats rassurants ; mais dans l'asile où le gouvernement délibère, loin des yeux du peuple, il faut tout dire. »

J'ai sous les yeux l'un de ces rapports secrets, celui du ministre de la police, fait le 30 fructidor an VII (16 septembre 1799) sur l'état de la République ; il en résulte qu'à cette date, sur les quatre-vingt-six départements dont se composait la France proprement dite (j'excepte les pays conquis), quarante-cinq étaient certainement livrés au désordre ou à la guerre civile. Des troupes de brigands y forçaient les prisons, assassinaient les gendarmes et mettaient les détenus en liberté ; des percepteurs étaient pillés, tués ou mutilés ; des officiers municipaux égorgés, des propriétaires rançonnés, des terres dévastées, des diligences arrêtées. Des bandes de deux cents, de trois cents, de huit cents hommes parcouraient le pays. Des rassemblements de conscrits résistaient de toutes parts à main armée aux autorités chargées de les lever. On désobéissait partout aux lois, ici

pour suivre ses passions, là sa foi ; les uns profitaient de
la circonstance pour dévaliser les voyageurs, les autres
pour sonner les cloches longtemps muettes ou pour
promener les insignes du catholicisme à travers les ci-
metières dévastés.

Les moyens dont on se servait pour réprimer le désordre étaient tout à la fois violents et inefficaces. On voit
dans ces rapports que quand un conscrit réfractaire ten-
tait d'échapper des mains des soldats qui le conduisaient,
il arrivait souvent que ceux-ci le tuaient pour l'exemple.
Le domicile privé des citoyens était sans cesse ouvert de
force au public pour des visites domiciliaires. Des colonnes mobiles, presque aussi désordonnées que les
bandes qu'elles poursuivaient, battaient les campagnes
et, faute d'entretien et de solde, les rançonnaient.

Paris soumis dormait, mais d'un sommeil pénible et
troublé par de mauvais rêves. Mille bruits de quelque
grand désordre circulent dans la ville. Les uns disent
qu'un grand mouvement sera dirigé contre le Directoire en faveur de la démocratie ; d'autres pensent qu'il
aura lieu en faveur des royalistes ; un vaste incendie
doit donner le signal. On a entendu dire : C'est une folie de payer ses termes, car il va venir un coup où toutes
les dettes seront payées ; il y aura du sang de répandu
sous peu. Tel est le langage des rapports. Il est curieux
de voir le désespoir dans lequel le spectacle de cette confusion universelle jette les agents qui en rendent compte,
les causes qu'ils lui assignent, les remèdes qu'ils indiquent. Les citoyens sont dans la plus grande apathie,

disent les uns; l'esprit public est totalement détruit, disent les autres. Ceux-ci : les brigands, trouvent partout un asile; ceux-là : les machinations des partis et l'impunité des crimes répandent dans l'âme des patriotes une insouciance déplorable. Quelques-uns prennent des arrêtés contre les *fauteurs du fanatisme*, plusieurs désirent des lois plus violentes encore contre les émigrés, les prêtres et les religieuses. La plupart sont remplis d'étonnement et trouvent ce qui se passe incompréhensible. Cette maladie secrète, qui étonnait les agents du Directoire; ce mal inconnu et invisible, qui faisait ainsi tomber tous les pouvoirs en défaillance, c'était l'état des esprits et des mœurs : la France se refusait à son gouvernement.

Il est facile de se méprendre sur les signes qui annoncent l'approche des grands événements dans les révolutions longues, car ces signes varient beaucoup suivant les temps. Ils changent même entièrement de nature à mesure que la révolution se continue. Au début, l'opinion publique est vive, alerte, intolérante, présomptueuse et mobile; au déclin, elle est patiente et morne. Il semble qu'après n'avoir rien voulu tolérer, on ne voie plus de bornes à ce que l'on peut souffrir. Mais on devient irréconciliable en étant soumis : chaque jour le sentiment du malaise s'accroît, le mépris s'invétère, la haine s'aigrit au sein de l'obéissance. La nation n'a plus, comme au commencement de la révolution, la force et l'énergie de précipiter son gouvernement dans l'abîme, mais elle est unanime à l'y laisser choir.

La France en était là en 1799. Elle méprisait et détestait son gouvernement et lui obéissait.

Cette révolte intérieure des cœurs suffisait pour paralyser la puissance publique dans un temps où celle-ci n'était pas pourvue d'une organisation vivace qui lui fût propre.

Nous avons vu plusieurs fois de nos jours l'administration survivre au gouvernement qui la dirigeait. Tandis que les grands pouvoirs de l'État étaient ou renversés ou languissants, les pouvoirs secondaires continuaient néanmoins à mener régulièrement et fermement les affaires. On était en révolution, mais non en anarchie.

La cause en est qu'aujourd'hui en France l'administration proprement dite forme dans l'État, et en quelque sorte en dehors du souverain, un corps particulier qui a ses habitudes spéciales, ses règles propres, ses agents qui n'appartiennent qu'à elle ; de telle façon qu'elle peut pendant un certain temps présenter le phénomène d'un corps qui marche après que la tête en est séparée. Ceci est l'œuvre de Napoléon. Nous verrons comment, en construisant cette puissante machine, il a rendu tout à la fois les révolutions plus faciles à faire et moins destructives.

Rien de semblable n'existait dans le temps dont nous parlons. Les anciennes autorités étaient détruites, sans qu'à vrai dire rien en eût encore pris la place. L'administration était incohérente et désordonnée comme la nation, sans règle, sans hiérarchie, sans tradition comme elle. La Terreur avait pu tenir ensemble ces ressorts mal forgés et mal joints. La Terreur était devenue impossible, et l'esprit public manquant, toute la machine du pouvoir tombait à la fois en débris.

Nous présentions alors un triste spectacle; la France offrait partout la trace de cette espèce d'usure morale que produit à la longue le frottement dès révolutions. Toutes les révolutions, même les plus nécessaires, ont, à la vérité, pour un temps cet effet; mais je crois que la nôtre l'a eu plus qu'aucune autre, et je ne sais si l'on pourrait citer dans l'histoire un seul événement de ce genre qui ait plus contribué au bien-être matériel des générations qui la suivirent, et plus démoralisé la génération qui l'avait produit. Cela tient à bien des causes, et d'abord à la masse immense des biens confisqués par les partis vainqueurs. La Révolution française multiplia, comme cela ne s'était jamais vu jusque-là dans les discordes intérieures d'aucun peuple, le nombre de ces propriétés douteuses que la loi garantit, mais dont la conscience s'inquiète. Ceux qui vendaient les biens confisqués n'étaient pas très-sûrs d'avoir le droit de les aliéner; ceux qui les achetaient, celui de les acquérir. Chez les uns, chez les autres, il arriva le plus souvent que la paresse ou l'ignorance empêchèrent qu'on ne se formât une opinion ferme sur ce point capital, et l'intérêt, d'ailleurs, empêcha toujours la plupart de l'examiner de très-près. Cela mit les âmes de plusieurs millions d'hommes dans une mauvaise assiette.

Lors de la grande révolution qui amena la réforme religieuse du seizième siècle, la seule révolution qui se

puisse comparer à la Révolution française, on confisqua
les biens de l'Église, mais ils ne furent pas mis à l'encan. Un petit nombre de grands seigneurs s'en emparèrent. Chez nous d'ailleurs, ce ne furent pas seulement les terres du clergé, mais celles de la plupart des
grands propriétaires ; non la propriété d'une corporation, mais le patrimoine de cent mille familles qui furent
partagés. Remarquez encore qu'on ne s'enrichit pas
seulement par l'achat à vil prix d'une multitude de
terres confisquées, mais par le remboursement fictif
d'une masse énorme de dettes : bénéfice tout à la fois
très-légal et très-déshonnête.

Si je pousse plus loin la comparaison, je trouve que
la révolution du seizième siècle ne porta le doute que
dans une partie seulement des opinions humaines et ne
troubla les mœurs établies que sur quelques points.
L'honnêteté qui, chez la plupart des hommes, a bien
moins son point d'appui dans les raisonnements que
dans les préjugés et dans les habitudes, ne fut alors
qu'ébranlée, tandis que la Révolution française s'en prit
à la fois aux croyances politiques, aux croyances religieuses, voulut en même temps réformer l'individu et
l'État, essaya de changer les coutumes anciennes, les
opinions reçues, les habitudes prises, en toutes choses
et dans le même moment, ce qui produisit une perturbation universelle du monde moral et fit chanceler de
tous les côtés la conscience.

Mais ce qui démoralise le plus les hommes dans les
longues révolutions, ce sont bien moins les fautes et

même les crimes qu'ils commettent dans l'ardeur de leurs croyances ou de leurs passions, que le mépris dans lequel ils finissent quelquefois par prendre cette même croyance ou ces mêmes passions qui les ont fait agir, quand fatigués, désenchantés, déçus, ils se tournent aussi contre eux-mêmes et trouvent qu'ils ont été puérils dans leurs espérances, ridicules dans leur enthousiasme et surtout dans leur dévouement. On ne saurait imaginer combien le ressort des âmes les plus fortes se brise dans cette chute. L'homme en est écrasé à ce point que non-seulement il ne peut plus atteindre aux grandes vertus, mais qu'on dirait qu'il est devenu presque incapable de très-mal faire. Ceux qui voyaient la France réduite en cet état se figuraient qu'elle était incapable désormais de pouvoir tenter jamais aucun grand effort moral et ils se trompaient ; car si nos vertus doivent toujours donner de l'inquiétude au moraliste, nos vices doivent toujours lui laisser de l'espérance ; la vérité est que nous n'entrons jamais assez profondément soit dans les uns, soit dans les autres, pour n'en pouvoir sortir.

Les Français, qui avaient passionnément aimé la liberté en 1789, ne l'aimaient plus en 99, sans avoir attaché leur cœur à rien autre chose. Après lui avoir prêté mille charmes imaginaires, ils ne voyaient même plus ses qualités réelles ; il n'étaient sensibles qu'à ses gênes et à ses périls. A la vérité, depuis dix ans, ils n'avaient guère connu que cela d'elle. La république n'avait été, suivant l'expression énergique d'un contem-

porain, qu'une servitude agitée. A quelle autre époque
de l'histoire avait-on vu les mœurs d'un grand nombre
d'hommes ainsi violentées, et la tyrannie pénétrant plus
profondément dans la vie privée? quels sentiments,
quels actes avaient échappé à la contrainte? quelles
habitudes, quels usages avaient été respectés? On avait
forcé le simple particulier à changer ses jours de travail
et de repos, son calendrier, ses mesures, jusqu'à sa
langue. Tandis qu'on l'obligeait à prendre part à des
cérémonies qui lui paraissaient ridicules et vaines, on
le contraignait à n'exercer qu'en secret son culte. Il
lui fallait à chaque instant violer les lois pour suivre sa
conscience ou son goût. Je ne sais si rien de pareil eût
pu être supporté aussi longtemps par aucune autre nation; mais il n'y a pas de bornes à notre patience, non
plus qu'à notre indocilité, suivant les temps.

Plusieurs fois, durant le cours de la Révolution, les
Français s'étaient crus sur le point de sortir heureusement de cette grande crise; tantôt ils avaient compté
sur la constitution, tantôt sur les assemblées, tantôt sur
le pouvoir exécutif lui-même. Ils avaient imaginé à une
ou deux reprises de vouloir se sauver eux-mêmes, ce
qui est toujours la dernière ressource à laquelle ils
pensent. Toutes ces espérances avaient été déçues, toutes
ces tentatives vaines. La Révolution ne s'était point
arrêtée. Elle n'amenait plus, il est vrai, de grandes nouveautés, mais elle continuait à tenir tout en branle.
C'était une roue qui, à la vérité, ne tournait plus qu'à
vide, mais qui semblait devoir ainsi tourner toujours.

Il est difficile de se figurer, même aujourd'hui, dans quel excès de fatigue, d'apathie, d'indifférence, ou plutôt de mépris pour la chose publique, un effort si long, si terrible et si vain, avait jeté les âmes. Plusieurs peuples ont présenté le même spectacle ; mais comme chaque nation apporte dans une situation qui a été commune à d'autres la particularité de son naturel, on vit cette fois les Français mettre une sorte de vivacité passionnée et de joie à s'abandonner ainsi eux-mêmes. Désespérant de se soustraire à leurs misères, ils entreprirent de n'y point penser. Les plaisirs de Paris, écrit un contemporain, ne sont plus dérangés un moment par les crises qui se succèdent, ni par celles qu'on redoute. Jamais les spectacles ni les lieux publics n'ont été plus fréquentés. On se dit à Tivoli qu'on va être pis que jamais ; on appelle la patrie la Patraque, et l'on danse. On vient de suspendre au pied de la statue de la Liberté, dit un rapport de police, un écriteau portant : « Notre gouvernement est comme une messe des morts ; point de Gloria, point de Credo, un long Offertoire, et, à la fin, pas de Bénédicité. » Jamais la mode n'exerça un empire plus extravagant et plus mobile. Chose étrange ! le désespoir avait fait reparaître toute la frivolité des anciennes mœurs. Celles-ci avaient pris seulement quelques traits nouveaux : elles étaient devenues bizarres, désordonnées, et pour ainsi dire révolutionnaires ; les choses futiles avaient perdu leur limite et leur règle comme les choses sérieuses.

Les établissements politiques sont comme les religions, où le culte survit d'ordinaire longtemps à la croyance. Il était étrange de voir, au sein de cette nation qui ne se souciait plus de la liberté, ni ne croyait à la république et où toute l'ardeur de la révolution semblait éteinte, le gouvernement s'obstiner dans toutes les routines révolutionnaires. Au mois de mai, il assistait dévotement à la fête de la Souveraineté du peuple ; au printemps, à la fête de la Jeunesse ; en été, à celle de l'Agriculture ; en automne, à celle des Vieillards. Le 21 janvier, il assemblait les fonctionnaires autour de l'autel de la patrie, pour jurer fidélité à la Constitution et haine aux tyrans.

François de Neufchâteau, qui était ministre de l'intérieur en 1799, au moment même où les étrangers menaçaient le territoire de la France, dévorée au dedans par l'anarchie, était principalement préoccupé de bien ordonner les fêtes civiques ; la plupart de ses circulaires ont cet objet. Il compte beaucoup sur les spectacles, dit-il, pour ranimer le patriotisme et toutes les vertus privées. Comme personne ne voulait plus prendre au sérieux ces fêtes ridicules, on fit une loi (17 thermidor an VI) pour obliger, sous peine d'amende et de prison, les marchands à fermer leur boutique les jours qu'on les célébrait, ainsi que le jour des décades, et pour défendre, sous les mêmes peines, qu'aucun travail n'eût lieu ces jours-là sur la voie publique ou en vue des lieux publics. Comme l'appellation de *citoyen* était devenue une sorte de locution grossière, dont personne ne voulait plus faire usage, le gouvernement avait fait afficher en gros caractères, dans tous les lieux publics, ces mots : *Ici l'on s'honore du titre de citoyen*. Le parti révolutionnaire, qui occupait le pouvoir, avait également conservé dans le style officiel toute la rhétorique de la révolution. La dernière chose qu'un parti abandonne est sa langue, parce que chez les partis comme ailleurs le vulgaire fait la règle en matière de langage, et que le vulgaire quitte plus volontiers les idées qu'on lui a données que les mots qu'il a une fois appris. Quand on relit les harangues du temps, il semble que rien ne pût encore y être dit simplement. Tous les soldats y sont des guerriers ; les maris, des époux ; les femmes, de fidèles compagnes ; les enfants, des gages d'amour. On n'y parle jamais de l'honnêteté, mais toujour de la vertu ; et l'on n'y promet jamais rien de moins que de mourir pour la patrie et la liberté ! Ce qu'il y a de plus misérable, c'est que la plupart des orateurs qui tenaient ces discours étaient eux-mêmes presque aussi fatigués, désabusés et froids que le reste ; mais c'est la triste condition des grandes passions qui finissent, de laisser leur trace dans le langage bien après qu'elles ont perdu leur prise sur le cœur. Qui n'eût écouté que les journalistes eût pu se croire de même au sein de la nation la plus passionnée pour ses libertés et la plus occupée des affaires publiques. Jamais leur langage n'avait été plus enflammé, jamais leurs clameurs plus vives, qu'au moment où ils allaient se taire pour quinze ans. Si l'on veut connaître la puissance vraie de la presse, il ne faut jamais faire attention à ce qu'elle dit, mais à la manière dont on l'écoute. Ce sont ses ardeurs mêmes qui quelquefois annoncent ses faiblesses et présagent sa fin. Ses clameurs et ses périls ont souvent la même voix. Elle ne crie si haut que parce que son auditoire devient sourd, et c'est cette surdité du public qui un jour permet enfin de la réduire impunément au silence.

Quoique les citoyens restassent désormais comme étrangers aux affaires du pays, il ne faut pas croire qu'ils fussent insensibles aux dangers particuliers qu'elles pouvaient leur faire courir. Il arrivait précisément le contraire. Jamais peut-être les Français n'avaient plus craint pour eux-mêmes les conséquences des évenements politiques, qu'au moment où ils ne voulaient plus s'occuper de les diriger. En politique, la peur est une passion qui s'accroît souvent aux dépens de toutes les autres. On a peur volontiers de tout quand on ne désire plus rien avec ardeur. Les Français, d'ailleurs, ont une sorte de désespoir enjoué qui trompe souvent leur maître. Ils rient de leur mal, mais cela ne les empêche pas de le sentir. Ceux-ci, au milieu même de la préoccupation de leurs petites affaires particulières et de l'étourdissement de leurs plaisirs, étaient dévorés de soucis politiques. Une angoisse presque insupportable, une terreur qui passe tout ce qu'on pourrait croire, s'était emparée de toutes les âmes.

Quoique les dangers que l'on courait alors fussent, à tout prendre, infiniment moins grands que ceux des premiers temps de la révolution, ils inspiraient néan-

moins une crainte infiniment plus forte et plus générale, parce que la nation avait moins d'énergie, moins
de passion et plus d'expérience. Tous les maux divers
qui l'avaient accablée pendant dix ans se rassemblaient
alors dans son imagination pour former le tableau de
l'avenir; et, après avoir laissé arriver, sans les redou-
ter et même sans les prévoir, les plus terribles cata-
strophes, elle tremblait au mouvement de son ombre. On
peut remarquer, en lisant les écrits du temps, qu'on
redoutait à la fois les choses les plus contraires : ceux-ci
l'abolition de la propriété, ceux-là le retour des droits
féodaux. Souvent le même homme, après avoir craint
l'un de ces périls, se mettait presque aussitôt à craindre
l'autre; le matin une restauration, le soir un retour
vers la terreur. Beaucoup avaient peur de montrer leur
peur, et ce ne fut qu'après la crise du 18 brumaire
qu'on put juger, à l'étendue de leur bien-être et à l'excès
de leur joie, quel abîme de pusillanimité la révolution
avait creusé dans ces âmes amollies.

Quelque habitué que l'on doive être à la mobilité in-
conséquente des hommes, il semble permis de s'étonner
en voyant un si grand changement dans les dispositions
morales d'un peuple: tant d'égoïsme succédant à tant de
dévouement, tant d'indifférence à tant de passion, tant
de peur à tant d'héroïsme, un si grand mépris pour ce
qui avait été l'objet de si violents désirs et qui avait
coûté si cher. Il faut renoncer à expliquer un changement aussi complet et aussi prompt par les lois habi-
tuelles du monde moral. Le naturel de notre nation est

si particulier, que l'étude générale de l'humanité ne suffit pas pour la comprendre ; elle surprend sans cesse ceux même qui se sont appliqués à l'étudier à part : nation mieux douée qu'aucune autre pour comprendre sans peine les choses extraordinaires et s'y porter, capable de toutes celles qui n'exigent qu'un seul effort, quelque grand qu'il puisse être, mais hors d'état de se tenir longtemps très-haut, parce qu'elle n'a jamais que des sensations et point de principes, et que ses instincts valent toujours mieux que sa morale ; peuple civilisé entre tous les peuples civilisés de la terre et cependant, sous certains rapports, resté plus près de l'état sauvage qu'aucun d'entre eux ; car le propre des sauvages est de se décider par l'impression soudaine du moment, sans mémoire du passé et sans idée de l'avenir.

SECOND FRAGMENT

Comment la nation, en cessant d'être républicaine,
était restée révolutionnaire.

Les royalistes, qui voyaient que la nation avait pris ainsi en dégoût la liberté, se figuraient qu'elle était prête à retourner à l'ancien régime. C'est l'erreur que commettent presque tous les vieux partis de croire que parce qu'on hait leurs successeurs on les aime, sans s'apercevoir qu'il est bien plus facile aux hommes de rester constants dans leurs haines que dans leurs affections. La France, qui avait cessé d'aimer la république, était restée profondément attachée à la révolution. Ce fait a tant de conséquences qu'il convient de s'arrêter un moment pour le considérer à loisir.

A mesure que le temps s'écoulait et qu'on s'éloignait de l'ancien régime, on s'opiniâtrait davantage à n'y point vouloir rentrer. C'était un singulier phénomène. La révolution semblait devenir plus chère à la nation, à mesure qu'elle la faisait plus souffrir.

On voit, par les écrits du temps, que rien ne surprenait plus les ennemis de la révolution que ce spectacle. Quand ils comparaient les maux que celle-ci faisait endurer à l'attachement qu'on lui conservait, la France leur paraissait en proie à une folie furieuse.

La même cause amenait cependant ces effets si contraires.

La révolution faisait plus souffrir parce que le mauvais gouvernement qui en était sorti durait davantage, et cette durée même enracinait les habitudes nouvelles qu'elle avait fait naître, multipliait et diversifiait les intérêts qui avaient besoin d'elle. C'était comme autant de barrières qui s'élevaient derrière la nation à mesure qu'elle marchait, et l'empêchaient de plus en plus de revenir en arrière. Le plus grand nombre de Français avaient pris une part active aux affaires dès les commencements de la révolution et avaient adhéré à celle-ci par des actes publics; ils se sentaient en quelque manière responsables des malheurs qui avaient suivi. A mesure que ces maux se prolongeaient et devenaient plus grands, cette responsabilité semblait croître. C'est ainsi que la terreur donna à beaucoup de ses victimes mêmes un dégoût invincible pour le rétablissement d'anciens pouvoirs qui auraient eu tant d'injures à venger.

Quelque chose d'analogue s'est vu dans toutes les révolutions. Celles même qui tourmentent le plus un peuple lui rendent presque insupportable le retour de l'état ancien, pourvu qu'elles durent. La révolution d'ailleurs n'avait pas accablé le pays d'une manière égale ; quelques-uns en avaient peu souffert, et, parmi ceux même qui en avaient porté le faix, un grand nombre y avaient trouvé des biens très-précieux, mêlés aux maux qu'elle causait. Je crois que le peuple proprement dit avait été beaucoup moins atteint dans son bien-être qu'on ne se l'imagine communément. Il avait trouvé du moins de grands soulagements parmi ses misères. Un nombre prodigieux d'ouvriers ayant été conduits aux armées ou s'y étant portés d'eux-mêmes, ceux qui restaient en France se firent payer beaucoup plus cher. On vit les salaires s'élever au milieu de toutes les calamités publiques et privées, parce que la classe industrielle diminuait plus vite encore que l'industrie [1].

L'un des plus grands ennemis de la Révolution, Mallet-Dupan, écrit en 1796 : « Les ouvriers gagnent aujourd'hui plus qu'en 1790. » Sir Francis d'Ivernois, qui pendant dix ans se chargea chaque année de prouver aux Anglais que la France, exténuée de misères, n'avait plus que six mois à vivre, avoue lui-même dans son dernier pamphlet, en 1799 [2], que les salaires s'étaient partout augmentés, depuis la révolution, et que le prix du blé avait baissé.

Quant aux paysans, je n'ai pas besoin de rappeler que beaucoup de terres purent être acquises par eux à vil prix. On ne peut guère évaluer en chiffres précis le bé-

---

[1] Les mêmes causes reproduisirent le même phénomène à la fin de l'Empire. Le sort de l'ouvrier s'améliora au milieu de nos désastres.

[2] Intitulé : *Des Causes qui ont amené l'usurpation du général Bonaparte et produiront sa chute.* Londres, 1800.

néfice qui en résulta pour eux, mais on sait également que ce bénéfice fut considérable. Tout le monde sait que la révolution abolit une multitude d'impôts onéreux ou humiliants, tels que la dîme, les droits féodaux, la corvée, la gabelle, la taille, etc., etc., impôts dont les uns ne furent jamais rétablis, et dont les autres ne le furent qu'incomplétement ou après l'époque dont je parle. On ne peut guère se figurer aujourd'hui combien plusieurs de ces impôts paraissaient insupportables au peuple, soit à cause de leurs vices, soit par suite des idées qui s'y rattachaient.

Me trouvant au Canada en l'année 1831 et causant avec des paysans d'origine française, je m'aperçus que dans leur bouche le mot de taille était devenu le synonyme de misère et de mal. Ils disaient d'un événement très-fâcheux : C'est une véritable taille. L'impôt lui-même n'avait, je crois, jamais existé au Canada ; en tous cas, il y avait été aboli depuis plus d'un demi-siècle. Personne ne savait plus en quoi il avait consisté ; son nom seul était resté dans la langue comme un témoignage impérissable de l'horreur qu'il avait inspiré.

Ce qui n'a pas été assez remarqué, c'est le gain plus indirect et plus irrégulier, mais non moins grand, que la révolution fit faire à une multitude de débiteurs pauvres. Les dettes proprement dites ne furent jamais abolies en droit, mais en fait elles se trouvèrent liquidées, peu après l'établissement du papier-monnaie.

On sait maintenant que, dans beaucoup de provinces de France, le nombre des petits propriétaires fonciers était déjà fort considérable avant 89[1]. Il y a lieu de croire (quoique la chose ne puisse être complétement prouvée) que la plupart de ces petits propriétaires étaient fort obérés, car c'étaient eux qui portaient alors le principal poids de l'impôt. Aujourd'hui même, où le fardeau des charges publiques pèse sur tout le monde d'une manière égale, ils sont encore les plus endettés. Les villes elles-mêmes étaient remplies de petites fortunes dérangées, car la France a toujours été un pays de gens malaisés, où chacun a de tout temps eu plus de vanité et de désirs que de biens. Il faut remarquer enfin qu'avant la révolution, comme de nos jours, la classe des fermiers était très-nombreuse, parce qu'en général chez nous les fermes sont très-petites. La dépréciation rapide du papier-monnaie fut comme un incendie général de tous les titres de créances et une réduction presque à rien de tous les baux. La dette même qu'on devait à l'État ne fut jamais ni complétement ni régulièrement acquittée. Le désordre des temps, et, plus encore, les infirmités de l'administration publique s'y opposèrent. Les comptes des finances de la République font voir qu'on ne put jamais lever qu'incomplétement les impôts qu'on avait maintenus ou les nouvelles contributions qu'on avait établies. L'État se soutenait au moyen des assignats, des réquisitions en nature, des dépouilles de l'Europe. Les assignats, dit avec raison M. Thibaudeau dans ses *Mémoires*, dont le discrédit ruine le

---

[1] Voir la note, page... (*Cette note manque dans le manuscrit.*)

grand propriétaire et le rentier, enrichissent les cultivateurs et les fermiers [1].

« Les campagnes, écrit en 1795 ce même Mallet-Dupan
que j'ai déjà cité, s'enrichissent de la misère des villes ;
elles font des gains fabuleux. Un sac de blé paye au fer-
mier le prix du bail d'une terre. Les paysans sont devenus calculateurs, agioteurs ; ils se disputent les biens
d'émigrés et n'acquittent aucun impôt: »

Un étranger, homme d'esprit, qui parcourait la
France à la même époque, écrit dans le récit de son
voyage : « La véritable aristocratie de la France aujour-
d'hui, c'est l'aristocratie des fermiers et des cultivateurs. »

Il est vrai que ce cultivateur ainsi allégé était souvent
désolé par les troubles civils, le logement des gens de
guerre ou les réquisitions du gouvernement ; mais ces
accidents circonscrits et momentanés ne le dégoûtaient
pas du bien que la révolution avait amené. Au contraire,
il s'attachait davantage à ses jouissances, ou souffrait de
ces fléaux comme on souffre de la grêle et des inonda-
tions qui ne font pas déserter les bonnes terres, mais
qui font attendre seulement avec plus d'impatience
qu'une saison régulière permette d'en tirer parti.

Quand on voit de quelle manière les auteurs de notre
première révolution s'y prirent pour gagner le cœur des
habitants des campagnes et par quels dons substantiels
ils passionnèrent les petits propriétaires et les pauvres,

[1] T. I, page 54.

ç'est-à-dire la grande masse de la nation, pour leur œuvre, en dépit des malheurs et des misères du temps, on admire la simplicité de quelques révolutionnaires de nos jours qui ont cru qu'il était facile de faire supporter patiemment à un peuple très-civilisé le malaise inséparable d'un grand changement politique, en lui donnant des libertés, au lieu de profits et de dépouilles.

La bourgeoisie, surtout celle des villes, qui avait commencé la révolution, fut, parmi les vainqueurs, la classe qui en porta principalement le poids. Elle souffrit plus dans ses membres, et presque autant comparativement dans ses biens, que la noblesse elle-même. Son commerce fut en partie anéanti, son industrie détruite. Toutes ses petites charges, un grand nombre de ses priviléges furent abolis, mais les mêmes événements qui la ruinaient lui donnaient l'empire. Ils lui livraient déjà le pouvoir et permettaient de mettre bientôt à son seul usage une grande partie de la fortune publique. La plupart d'ailleurs des nouveautés que la révolution avait produites tout à coup par l'effort violent et désordonné de sa tyrannie avaient été annoncées, préconisées et désirées pendant tout le cours du dix-huitième siècle. Elles satisfaisaient la raison et charmaient l'esprit, même de ceux dont elles froissaient le plus l'intérêt. On ne reprochait à ces choses nouvelles que d'avoir coûté trop cher. Le prix même dont on les avait payées rendait plusieurs d'entre elles plus précieuses encore. On avait donc beau souffrir et craindre, il y avait toujours quelque chose qui paraissait pire que les souffrances et les

incertitudes présentes : c'était le retour vers l'état ancien.

Certains beaux-esprits de nos jours ont entrepris de ré-
habiliter l'ancien régime. Je remarquerai d'abord que
c'est un faible signe de la bonté d'un gouvernement,
lorsqu'on ne commence à le louer que quand on cesse
de croire à la possibilité de son rétablissement. Mais je
le juge non par ce que j'en imagine, mais par les sentiments qu'il a inspirés à ceux qui l'ont subi et détruit.
Je vois, dans tout le cours de cette révolution si oppres-
sive et si cruelle, la haine de l'ancien régime surpasser
toujours dans le cœur des Français toutes les autres
haines, et s'y enraciner tellement qu'elle survit à son
objet même, et de passion momentanée devient une sorte
d'instinct permanent. Je remarque que, durant les plus
périlleuses vicissitudes des soixante dernières années,
la crainte du retour de l'ancien régime a toujours étouffé
dans ces esprits mobiles et inquiets toutes les autres
craintes. Cela me suffit. Pour moi, l'épreuve est faite.

Cette impossibilité de faire rentrer les Français dans
l'ancien ordre de choses fut, du reste, aperçue presque
aussitôt qu'ils en furent sortis. Mirabeau la signala sur-
le-champ, et parmi les plus grands adversaires des institutions nouvelles plusieurs la découvrirent bientôt. Je
trouve ce qui suit dans une petite brochure que M. de
Montlosier publia durant l'émigration (en 1796), et qui
est peut-être l'œuvre la plus remarquable qu'ait produite cet esprit vigoureux et bizarre :

« La monarchie, dit-il, s'est enfoncée avec le poids

de nos droits et de nos prérogatives qui s'y étaient réfugiés. Il faut que nous sacrifiions nos droits et nos prérogatives pour qu'elle revienne à flot. On nous assure que tout le monde maudit la révolution, ah ! je le crois. Je cherche seulement s'il n'y a pas quelque différence entre maudire la révolution et vouloir rétablir l'ancien ordre de choses. La France ne désire que son état actuel et la paix. Personne ne veut perdre le fruit de ses talents ou des événements. Les généraux ne veulent pas redevenir soldats, les juges ne veulent pas redevenir huissiers, les maires, les présidents de départements ne veulent pas redevenir laboureurs ou artisans, les acquéreurs de nos biens ne veulent pas les rendre. C'en est fait, la révolution que toute la France maudit a envahi toute la France. Il faut entrer dans cet amalgame tel qu'il est, y chercher notre place et se persuader qu'on n'y sera pas reçu avec la valeur de son ancienne existence. »

La plupart des émigrés entretenaient bien d'autres pensées. L'erreur de ces royalistes du dehors paraîtrait inconcevable, si on ne savait qu'ils avaient été nourris dans les *préjugés* et les illusions d'une aristocratie sans pouvoir [1], et qu'ils vivaient depuis longtemps en exil.

---

[1] On voit, par un rapport fait sur l'état des dettes des émigrés en 1798 par le chef du bureau de liquidation, Bergerat, que la dette des émigrés dans le département de la Seine égalait, à elle seule, celle de la masse de *toutes* les dettes laissées par les émigrés dans les autres départements, parce que tous les grands propriétaires de France étaient domiciliés à Paris. Rien ne montre mieux que ce fait comment cette noblesse avait cessé d'être une aristocratie politique, pour devenir une société choisie, et avait abandonné le pouvoir réel pour les distinctions de cour.

Cette peine de l'exil a cela de cruel, qu'elle fait beaucoup souffrir et n'apprend rien. Elle *immobilise* en quelque sorte l'esprit de ceux qui l'endurent, le détient à jamais dans les idées qu'il avait conçues ou dans celles qui avaient cours au moment où il a commencé. Pour lui, les faits nouveaux qui se produisent dans le pays, et les nouvelles mœurs qui s'y établissent, ne sont pas. C'est comme l'aiguille qui reste fixée sur l'heure à laquelle on l'a arrêtée, quel que soit désormais le cours du temps. On dit que c'est l'effet d'un travers particulier à l'esprit de certains exilés. Je crois que c'est le mal commun de l'exil; peu y échappent.

Ces émigrés donc vivaient ainsi dans les jouissances imaginaires de leurs priviléges, longtemps après que ceux-ci étaient pour toujours perdus. Ils ne songeaient qu'à ce qu'ils feraient quand ils seraient remis en possession de leurs terres et de leurs vassaux, sans songer que ces vassaux faisaient maintenant trembler l'Europe. Ce qui les inquiétait le plus, ce n'était pas la durée de la république, c'était que la royauté ne fût pas reconstituée précisément comme elle était avant sa ruine. Ils détestaient les constitutionnels plus que les terroristes, ne parlaient que des justes rigueurs qu'ils exerceraient quand ils seraient les maîtres, et, en attendant, se dévoraient entre eux; en un mot, ils n'omettaient rien pour entretenir les antipathies dont ils étaient l'objet, et pour faire imaginer aux Français un ancien régime plus odieux que celui qu'on avait détruit. Pressé entre la crainte de ces royalistes et celle des Jacobins, le gros de la nation cherchait une issue. On aimait la révolution, et l'on redoutait l'état républicain qui pouvait ramener les uns ou les autres. On peut même dire que ces deux sentiments s'accroissaient mutuellement ; c'est parce que les Français trouvaient très-précieux certains avantages que la révolution leur avait assurés, qu'ils étaient plus frappés de l'incommodité d'un gouvernement qui les empêchait d'en jouir. Parmi tous ceux qu'ils avaient acquis ou obtenus depuis dix ans, le seul auquel ils fussent disposés à renoncer était la liberté ! Ils étaient prêts à sacrifier cette liberté que la Révolution n'avait jamais fait que leur promettre, pour avoir enfin le tranquille usage des autres biens qu'elle leur avait livrés.

Les partis eux-mêmes, décimés, refroidis et las, aspiraient à pouvoir se reposer enfin un moment dans une oppression quelconque, pourvu qu'elle fût exercée par un neutre et pesât sur leurs rivaux autant que sur eux-mêmes. Ce trait achève le tableau. Quand les grands partis politiques commencent à s'attiédir dans leurs amours, sans s'adoucir dans leurs haines, et en arrivent enfin à ce point de désirer moins réussir qu'empêcher le succès de leurs adversaires, il faut se préparer à la servitude : le maître est proche. On pouvait aisément juger que ce maître ne pouvait sortir que de l'armée.

Il est curieux de suivre, à travers les diverses phases de cette longue révolution, la marche graduelle de l'armée vers le souverain pouvoir. Au début, l'armée se débande devant des attroupements sans armes, ou plutôt se dissout dans le mouvement rapide de l'opinion politique. Pendant longtemps, elle est comme étrangère à ce qui se passe au dedans. C'est le peuple seul de Paris qui fait et défait à son gré les maîtres de la France. Cependant la révolution suit son cours. Les ardeurs qu'elle avait fait naître s'amortissent ; les hommes habiles qui l'avaient dirigée dans les assemblées meurent ou se retirent. Son gouvernement s'amollit, les mœurs qu'elle avait endurcies s'énervent, l'anarchie se répand de toutes parts. Durant ce temps l'armée s'organise, s'aguerrit, s'illustre ; de grands guerriers s'y forment. On y garde un but commun, des passions communes, quand la nation n'en a plus. Les citoyens et les soldats forment, en un mot, dans l'espace du même temps, et dans le sein du même peuple, comme deux sociétés entièrement différentes. Le lien de l'un se détend à mesure que celui de l'autre se serre.

Au 13 vendémiaire (1795), l'armée, pour la première fois depuis 1789, prend un rôle dans les affaires intérieures. Elle fait prévaloir la Convention et triomphe des bourgeois de Paris.

En 1797 (au 18 fructidor), elle aide le Directoire à vaincre non-seulement Paris, mais le pouvoir législatif, ou plutôt le pays entier qui avait choisi celui-ci. Au 30 prairial (1799), elle refuse de soutenir ces mêmes directeurs auxquels elle attribuait ses revers, et ils tombent devant la législature.

A partir du 13 vendémiaire, on ne peut plus gouverner sans elle. Bientôt après, on ne peut plus gouverner que par elle. Parvenue là, elle voudra gouverner elle-même. Ces faits s'engendrent. Longtemps avant de devenir les maîtres, les soldats en avaient pris le ton et l'attitude. Un Suisse allemand, grand partisan de la Révolution et grand ami de la république, qui parcourt la France en 1798, remarque avec douleur que, dans les fêtes publiques, celui qui verrait l'orgueil de la parade militaire, le pouvoir que les soldats exerçaient sur les citoyens, la morgue avec laquelle ils les repoussaient, devait penser que jamais, dans les fêtes royales, on n'avait montré moins d'égard pour le peuple[1].

Les amis de la république, qui s'apercevaient de cette influence croissante de l'armée, se rassuraient en remarquant que celle-ci avait toujours fait voir des passions très-républicaines et qu'elle en paraissait encore violemment agitée, quand le reste de la nation n'en montrait plus. Ce qu'ils prenaient pour l'amour de la république était surtout l'amour de la Révolution. L'armée formait en effet parmi les Français la seule classe dont tous les membres indistinctement eussent gagné à la Révolution et eussent un intérêt personnel à la maintenir. Tous les officiers lui devaient leur grade, et tous les soldats la faculté de devenir officiers. L'armée était, à vrai dire, la Révolution debout et sous les armes. Quand elle criait encore avec une sorte de fureur : Vive la république ! c'était un défi à l'ancien régime dont les amis criaient : Vive le roi ? Au fond elle ne se souciait nullement des

---

[1] Voyage d'un Allemand à Paris et retour par la Suisse.

libertés publiques. La haine de l'étranger et l'amour du
sol forment d'ordinaire tout l'esprit public du soldat,
même chez les peuples libres; à plus forte raison de-
vait-il en être ainsi chez une nation arrivée au point où
en était alors la France. L'armée donc, comme presque
toutes les armées du monde, n'entendait absolument
rien aux rouages compliqués et lents d'un gouvernement
représentatif; elle détestait et méprisait les assemblées,
ne comprenait qu'un pouvoir simple et fort et ne voulait que l'indépendance nationale et des victoires.

Tout étant ainsi bien préparé pour une révolution nouvelle, il ne faut pas croire qu'on se fît une idée claire
de celle qui allait se produire. Il y a des moments où
le monde ressemble à l'un de nos théâtres avant que la
toile se lève. On sait qu'on va assister à un nouveau
spectacle. On entend déjà les préparatifs qui se font sur
la scène; on touche presque les acteurs, mais on ne les
voit pas, et l'on ignore quelle sera la pièce. Ainsi, vers
la fin de 1799 surtout, on sentait de toutes parts l'approche d'une révolution, sans imaginer encore quelle
elle pourrait être. Il paraissait impossible de rester dans
l'état où on se trouvait, mais il paraissait également
impossible d'en sortir[1]. Le mot de toutes les correspon-

---

[1] Dans les derniers moments, l'approche de cette crise décisive parut
si visible, que les plaisirs mêmes de Paris en furent troublés. Vers la fin
de fructidor, c'est à-dire deux mois environ avant le 18 brumaire, on
trouve, parmi beaucoup de petits vers, dans un journal de littérature et
de modes *, cet avertissement où la frivolité, les angoisses et le goût ridi-

* *Journal du Mois*. Fructidor an VII.

dances du temps est celui-ci : la situation actuelle ne peut durer. Rien de plus. L'imagination même était lasse, on était fatigué d'espérer et de prévoir.

La nation, s'abandonnant elle-même, remplie de terreur, mais en même temps de mollesse, tournait nonchalamment les yeux çà et là, pour voir s'il ne viendrait pas quelqu'un à son aide. On distinguait bien que ce sauveur devait sortir de l'armée. Quel serait-il? Quelques-uns pensaient à Pichegru, quelques-uns à Moreau, d'autres à Bernadotte.

Retiré à la campagne, au fond du *Bourbonnais*, dit M. Fiévée dans ses Mémoires, une seule observation me rappelait à la politique; tout paysan que je rencontrais dans les champs, dans les vignes et les bois, m'abordait pour me demander si on avait des nouvelles du général Bonaparte, et pourquoi il ne revenait pas en France; jamais aucun ne s'informait du Directoire[1].

dicule du temps se montrent bien : « Nous ne donnons plus d'articles de modes, dit ce journal, jusqu'à ce que la crise soit finie. Jusque-là, c'est la peur et l'inquiétude qui paraissent avoir usurpé l'empire sur l'aimable Français. »

[2] Introduction, p. 6, b. X. J.

CORRESPONDANCE

PUBLIÉE EN 1860

Il y a deux manières de publier des lettres écrites à plusieurs personnes : l'ordre individuel, c'est-à-dire celui d'après lequel on donne de suite toutes les lettres adressées à la même personne ; et l'ordre chronologique, qui entremêle les lettres adressées à diverses personnes, et dont la date seule détermine la place. Chacun de ces systèmes a été pratiqué avec ses avantages et ses inconvénients.

Il nous a semblé qu'il convenait ici de n'adopter exclusivement ni l'un ni l'autre, mais de recourir à tous les deux.

Nous avons pensé que pour deux correspondances, celles de Tocqueville avec Louis de Kergorlay et Eugène Stoffels, l'ordre individuel était préférable, parce que chacune de ces correspondances forme un ensemble d'idées et de sentiments qu'il y aurait quelque inconvénient à scinder. Ces deux correspondances terminent le premier volume.

La même objection ne nous a pas paru applicable aux autres lettres de Tocqueville, que nous donnons par ordre chronologique, et qui remplissent le second volume.

AU COMTE LOUIS

DE KERGORLAY[1]

Amiens, 1824.

Ta lettre, mon cher ami, m'a fait rire de tout mon cœur, surtout ce sang-froid, qui est si digne de nous, avec lequel tu mets en marge : *vagabonder le reste du temps ;* cela nous peint d'un seul trait. . . . . J'avais formé un plan qui est de la dernière extravagance, mais qui n'en a que plus de charme pour cela. Quoique le voyage [2] ne durât que huit jours, il coûterait autant que celui de dix-huit. Mais les résultats seraient magni-

---

[1] Voir la Notice, pages 98 et suivantes.

[2] Agés chacun de dix-neuf à vingt ans, Alexis de Tocqueville et Louis de Kergorlay s'étaient mis en tête de faire ensemble un voyage en Angleterre. Il y avait contre ce projet un certain nombre d'obstacles, entre autres : 1° ils ne savaient comment se procurer des passe-ports ; 2° ils n'avaient point d'argent ; 3° ils ne savaient comment obtenir l'assentiment de leurs parents, ni comment s'en passer. Ces premières lettres, dont on n'a retrouvé que des lambeaux, et où on laisse les lacunes que l'usure du temps y a faites, sont curieuses en ce qu'elles indiquent déjà le caractère inquiet et la singulière curiosité d'esprit d'Alexis de Tocqueville.

fiques, ce serait d'aller tout droit à Londres. Nous irions à Calais par la voiture publique. Là nous prendrions le paquebot, qui en vingt-quatre heures nous mènerait à Londres en remontant la Tamise, à travers les deux files de vaisseaux qui la couvrent et toutes les richesses de l'Angleterre qui sont là. Nous restons à Londres deux jours. Williams m'assure qu'avec la notice détaillée qu'il nous donnerait ce serait assez pour le voir ; et le troisième jour nous remettons le pied en France. Voilà un projet superbe ; c'est dommage qu'il soit peu praticable. D'abord il faudrait le faire comme nos parties de Pantin et ailleurs, c'est-à-dire incognito, quitte à le dire après et à en parler comme d'une fantaisie subite qui nous aurait pris sur le bord de la mer. J'ai déjà dit à mon père que j'irais avec toi à Calais et à Lille. Ce n'est rien que cela ; la grande, la difficulté capitale, c'est qu'il faut un passe-port à l'étranger. Je ne peux en avoir un ici. Si tu pouvais toi en avoir un à Paris, ce serait excellent. S'il était pour toi et un domestique, ce serait encore mieux. A la rigueur, je pourrais très-bien me munir du passeport anglais de Williams qui a la même taille que moi et le même signalement. Une fois en Angleterre, on n'a plus besoin de passe-port. Ce n'est que pour sortir et rentrer en France. Nous pourrons bien nous faire un peu arrêter ; et c'est là que gît l'extravagance. Mais il faut bien risquer quelque chose. J'avoue que je serais on ne peut plus heureux de faire avec toi une quinzaine de lieues en mer, et de voir une bonne fois ces coquins d'Anglais, qu'on nous peint si forts et si florissants. Je t'envoie l'état approximatif de ce que peut coûter ce voyage de dix-huit jours et j'y joins le tableau arrêté par Williams. Tu verras que j'arrive à un chiffre de 298 francs pour chacun de nous.

Rome, le 20 janvier 1827.

. . . . Rien n'a jamais produit sur moi un effet plus profond que la vue des campagnes maudites qui entourent la ville. Imagine-toi des collines rougeâtres, absolument stériles sous un ciel superbe, et entourées d'un cercle de montagnes les plus riantes. Point d'arbres, point de végétation, point d'habitations ; quelques gardiens de troupeaux, dont la figure a une expression sinistre qu'on ne voit qu'ici. Ces pierres qui couvrent les champs, ces tombes bouleversées, surtout cette stérilité que rien n'explique, vous pénètrent véritablement d'une terreur religieuse. Quand ensuite, à l'horizon, on aperçoit un peu de fumée, quand une voix italienne vous dit *Roma*, on reste absorbé dans un chaos d'idées, de sensations dont on ne peut se tirer quoi qu'on fasse. Certainement, si au lieu de ce désert on apercevait en approchant les ruines de Rome antique, le Colisée et le Panthéon debout et les. . . . . sous un monceau de ruines, il faudrait devenir fou sur place. Mais Rome moderne vous désenchante ; et les Romains en habits français vous gâtent tout. L'âme s'affaisse en entrant dans

cette ville, et elle ne se relève plus de cette impression.
On ne peut surtout pardonner aux Romains d'avoir modernisé leurs ruines, on croit voir un vieillard qui se met
du rouge. . . .

Versailles, 23 juillet 1827.

. . . . . Tu me demandes comment je me trouve de
ma nouvelle position. Ce n'est pas une chose à laquelle
je puisse répondre d'un seul mot : on ne peut dire
qu'elle soit bonne ni qu'elle soit mauvaise, il y a de l'un
et de l'autre, et le seul moyen de s'en tirer, c'est de séparer. Voyons d'abord le mauvais : premièrement je me
croyais assez fort en droit, et je me trompais lourdement. J'étais en droit comme celui qui sort du collége
est à la science. J'ai des matériaux informes dans la tête,
et voilà tout. En face de l'application je suis tout étourdi,
et mon insuffisance me désespère. Je suis décidément le
plus faible, et quoique le fonds d'orgueil qu'il y a en
moi comme en tout autre me dise qu'après avoir travaillé autant que mes collègues, je les vaudrai bien, je
me sens cependant tout froissé. En général, il y a chez
moi un besoin de primer qui tourmentera cruellement
ma vie. J'ai un autre défaut pour le moment présent :
je m'habitue difficilement à parler en public ; je cherche
mes mots et j'écoute mes idées ; je vois à côté de moi des
gens qui raisonnent mal et qui parlent bien ; cela me met

dans un désespoir continuel. Il me semble que je suis
au-dessus d'eux, et quand je me montre, je me sens au-
dessous.

Voilà une partie du mauvais. Voyons le bon : je ne
m'ennuie plus. On ne peut concevoir sans l'avoir éprouvé
ce que c'est que de tourner sérieusement son attention
sur un point, et on finit forcément par s'intéresser à ce
travail. Ainsi le droit, qui me dégoûtait en théorie, ne
produit plus le même effet sur moi en pratique. Toutes
mes facultés se réunissent pour trouver une solution ou
un moyen ; je sens mon esprit agir dans tous ses développements. En second lieu, mes compagnons m'offrent
plus de ressources que je n'avais cru d'abord. Ils me
témoignent une amitié et une bonne camaraderie qui me
sont très-agréables. Je crois que je suis déjà parvenu à
fonder mon caractère parmi eux. . . . . .

En somme, mon cher ami, je commence à croire que
je prendrai l'esprit de mon état. C'est le point important. J'ai bien encore des moments de retour sur moi-
même qui sont cruels, et où je regrette amèrement de
n'avoir pas pris une autre route ; mais en général je me
concentre de plus en plus dans ma matière, et je m'y
concentre tellement, je vis tellement hors de toute société et de toutes affections de cœur, que j'en suis à
craindre de devenir avec le temps une machine à droit,
comme la plupart de mes semblables, gens spéciaux s'il
en fut jamais, aussi incapables de juger un grand mouvement et de conduire une grande opération qu'ils sont
propres à déduire une suite d'axiomes et à trouver des

analogies et des antonymies. J'aimerais mieux brûler mes livres que d'en arriver là! Qui peut cependant prévoir le résultat d'une influence journalière, et qui peut répondre qu'on ne subira pas la loi commune?...

Versailles, 27 mars 1828.

Je te remercie de tout mon cœur de ta lettre, mon cher ami. Je n'ai jamais mieux senti qu'en la lisant le prix de l'amitié qui nous unit. Attachons-nous de toutes nos forces à ce sentiment, mon cher Louis : lui seul est ferme et stable dans ce monde. Tant que nous pourrons nous appuyer ainsi avec confiance l'un sur l'autre, nous ne seront jamais faibles ; et si l'un de nous tombe, il sera du moins bientôt relevé. Tu as pu remarquer en moi, durant notre enfance, un singulier effet de la fausse expérience qu'on trouve de trop bonne heure dans les livres. Je me défiais de tous les sentiments généreux. Je ne m'y livrais qu'avec une sorte de regret, comme à quelque chose de brillant, mais qui de sa nature, n'est pas durable. Il en était ainsi de cette belle passion de l'amitié, dont l'idéal ne me semblait pouvoir être conçu que par l'imagination exaltée de la première jeunesse. Plus j'avance, au contraire, dans la vie, plus je crois que l'amitié, telle que je la concevais, peut en effet exister et conserver toujours son caractère, non chez tous les hommes sans doute, mais chez quelques-uns. Elle ne peut pas naître à tous les âges ; mais une fois qu'elle est née, je ne vois pas pourquoi l'âge l'affaiblirait ou même la ferait changer de nature, surtout pour ceux qui, en connaissant tout le prix, veillent sans cesse sur elle et ne laissent point altérer ce qui seul la soutient, la confiance dans les grandes comme dans les petites choses. C'est sur ce point qu'il faut toujours être sur nos gardes, mon cher ami. En cela, je l'avoue, je suis plus sûr de moi que de toi. Il y a des parties de ton âme que je n'ai jamais pu pénétrer, et cette discrétion qui ne peut qu'augmenter m'a souvent blessé, d'autant plus que, comme elle repose sur un fonds estimable et sur des principes théoriquement vrais, je ne pouvais te la reprocher. Il y a, entre autres, une conversation qu'il faut absolument que j'aie avec toi un jour ou l'autre. . .

Paris, 10 mai 1828.

Je me trouve libre en ce moment, mon cher ami, et j'en profite pour t'écrire, ce que j'aurais dû faire depuis longtemps. Je t'ai fort négligé tous ces temps-ci. Ce n'est point par indifférence, tu le sais bien, ni par paresse, mais par un instinct que j'ai souvent éprouvé sans jamais le définir, qui me porte à me renfermer en moi, alors même que je dois y rencontrer une pensée triste. Il pourrait bien y avoir de l'orgueil au fond de cela. Je suis humilié de me plaindre d'un mal irrémédiable, et d'une chose, d'ailleurs, que j'ai voulue. . . . Entre le résultat obtenu et le but que je voulais atteindre, je vois un espace immense. Cette vue ne me décourage pas, mais empêche qu'une ardeur continuelle ne me soutienne, et puis qu'est-ce qui se connaît soi-même? C'est une pensée qui me revient vingt fois le jour. Le monde fourmille d'heureux sots qui s'admirent de bonne foi (je suis sûr de n'être pas de cette catégorie), et de sots qui, se découvrant quelquefois tels, n'ont que les désavantages de l'état sans en avoir les agréments. Il m'arrive quelquefois de me ranger dans cette classe-là, et il n'y a là rien de bien agréable. . . . .

On me dit que tu viendras au mois de janvier prochain. Que comptes-tu faire alors, mon cher Louis? Voyageras-tu? resteras-tu chez toi? Une des choses que j'envie dans ton état, ce sont ces longs intervalles de liberté complète qui suivent un grand assujettissement. Combien alors on doit jouir de soi! Nous, nous n'avons point de travaux aussi pénibles; nous n'avons jamais non plus de repos absolu... Cependant mon ancien goût pour la vie errante et agitée est loin d'être éteint. Il me semble, au contraire, que j'entreprendrais un long et aventureux voyage avec plus de plaisir que jamais, et puis, lorsque j'aurais couru quelque temps, je désirerais me fixer de nouveau. Je connais ces flux et reflux pour les avoir épuisés bien souvent. Besoin de mouvement, besoin de repos; c'est l'alternative où je roule depuis six ou sept ans.

Versailles, 6 septembre 1828.

. . . . . Je sais déjà que Stoffels est arrivé à bon port. Il t'a dit sûrement que nous avions assez bien passé notre temps, sans grands plaisirs, il est vrai, mais dans une intimité qui était, pour moi, et je pense pour lui, préférable à tous les plaisirs du monde. Décidément, mon cher ami, il n'y a que l'amitié qui signifie quelque chose ici-bas. C'est ce dont je me suis convaincu à mesure que je tâtais de tous les autres sentiments. Je suis encore à concevoir qu'il y ait des hommes qui puissent vivre sans un seul ami. Cela me paraît un phénomène incroyable, et je me dis que ces gens-là ne doivent pas valoir grand'chose... Nous avons beaucoup parlé de toi, Stoffels et moi. Il éprouve pour toi cette chaleur d'amitié que tu lui connais, et la conversation tournait sans cesse de ton côté. . . . .

Versailles, ... 1828

Ma lettre n'a pu partir hier parce que M. de Lamoricière[1] n'a pu venir déjeuner, et quand je l'ai vu, il était

[1] Aujourd'hui le général de Lamoricière. Il était à l'École polytechnique de la même promotion que Louis de Kergorlay, qui lui fit connaître Tocqueville et, pour la première fois dans le rendez-vous dont on parle ici, mit en rapport deux hommes destinés à se retrouver plus tard dans la vie publique.

trop tard pour la poste. Je te dirai que j'ai été enchanté
de lui personnellement : j'ai cru voir en lui tous les
traits d'un homme véritablement remarquable. Moi qui
suis habitué à vivre avec des gens qui se payent assez
volontiers de mo s, j'ai été tout surpris du besoin de
netteté qui a l'air de le tourmenter sans cesse. Le sang-
froid avec lequel il m'arrêtait pour me demander compte
d'une idée avant de me laisser passer à une autre, ce
qui plusieurs fois m'a un peu déconcerté, sa manière de
parler de ce qu'il entend parfaitement, m'ont donné de
lui une opinion supérieure à celle que j'ai presque jamais conçue d'un homme au premier abord. Je lui ai
dit que j'espérais que nous trouverions l'occasion de
nous revoir, et ce n'était pas un compliment.

Nous avons beaucoup parlé de toi. Je te l'avouerai,
mon cher ami, j'ai beau faire et ne puis rien apercevoir
de net dans ta position; une foule de bases me manquent pour asseoir mon opinion :

1° J'ignore complétement s'il existe une supériorité
quelconque de l'artillerie à pied sur l'artillerie à cheval... Il n'y a qu'une chose que je vois clairement : c'est
qu'en prenant l'artillerie à pied et le régiment de Montpellier, tu auras deux chances de plus de faire la guerre;
alors même que l'expédition de Morée languirait,
comme cela est fort possible sans être probable, tu pourrais espérer d'y être envoyé pour remplacer les morts
ou ceux qui reviendraient, car on dit qu'il y a un rou-
lement perpétuel dans les régiments d'artillerie.

2° Les Turcs paraissent victorieux en ce moment. Si

ces succès continuent, je crois que la paix en Europe en sera la suite. Cependant il se pourrait que les Turcs, enflés de leurs victoires sur les Russes, précipitassent un de leurs corps d'armée sur l'Attique et le Péloponèse : alors la guerre de Morée deviendrait très-sérieuse... Je ne vois pas que l'intérêt d'aucune des nations européennes fût de faire, dans ce cas, la guerre ; on nous laisserait sans doute nous tirer de l'entreprise hasardeuse dans laquelle nous nous sommes engagés ; non-seulement dans cette supposition le régiment de Montpellier marcherait, mais probablement plusieurs autres.

3° Troisième chance à laquelle je ne pensais pas au commencement, et qui est faible. Il est très-possible que, si l'on évacuait bientôt la Morée, on portât la guerre à Alger, car il faut que cette ridicule affaire se termine...

Après cela je te dirai, mon cher ami, que je ne partage pas tes craintes pour l'avenir ; non, tu verras la guerre, pourvu que Dieu te prête vie, sois-en assuré. L'Europe n'est pas dans un état qui lui permette de rester longtemps en paix. Ne vois-tu pas comme, en France surtout, l'affaissement, fruit des guerres et des révolutions, disparaît rapidement ; comme avec les nouvelles générations, de nouvelles passions et de nouvelles espérances viennent nous agiter ; comme avec nos forces, nos prétentions croissent. Dieu veuille que cette activité ne se porte pas au dedans ! Mais certainement elle se tournera d'un côté quelconque...

Yonkers [1] ce 29 juin 1831, à 20 milles de New-York.

Je commence ma lettre ici, mon cher ami, mais je ne sais quand je la finirai. Je ne t'ai point écrit plus tôt parce que je n'avais rien de particulier à te dire : je suis dégoûté de parler de France de si loin. Les événements auxquels ma lettre se rapporterait seraient presque oubliés de toi au moment où elle te parviendrait ; l'état de choses sur lequel je raisonnerais aurait changé dix fois dans l'intervalle. D'un autre côté, pour te parler de ce pays ci, je voulais en savoir un peu plus long qu'au moment de mon arrivée. Je m'aperçois que je n'ai pas beaucoup gagné à attendre. Il y a chez un peuple étranger une certaine physionomie extérieure qu'on aperçoit du premier coup d'œil et qu'on retient très-aisément. Lorsque ensuite on veut pénétrer plus avant, on trouve alors des difficultés réelles auxquelles on ne s'attendait pas ; on marche avec une lenteur désespérante, et les doutes semblent augmenter à mesure qu'on avance. Je sens que dans ce moment-ci ma tête est un chaos où se placent pêle-mêle une foule de notions contradictoires. Je me fatigue à chercher quelques points parfaitement clairs et concluants, je n'en trouve pas. Dans cet état d'esprit, c'est une chose agréable et utile pour moi que de t'écrire. Peut-être mes idées se dé-

---

[1] Petit village situé sur les bords de l'Hudson, à quelques milles de New-York, où nous nous étions rendus sur un de ces petits sloops qui montent et descendent sans cesse la rivière du Nord.

brouilleront-elles un peu par l'obligation où je vais être de les exprimer. D'ailleurs, ne trouverais-je que des rêveries creuses et des doutes, je te les enverrais encore sans scrupule. Un des avantages de notre amitié, c'est que nous nous connaissons si parfaitement et nous sommes si sûrs de notre véracité l'un envers l'autre, que nous pouvons nous exprimer des *commencements* d'opinions sans craindre les interprétations ; nous sommes bien certains que l'esprit de celui de nous deux qui écrit est parfaitement dans la position où il se montre, ni plus ni moins.

Tu me demandes dans ta dernière lettre s'il y a ici des *croyances*. Je ne sais quel sens précis tu attaches à ce mot. Ce qui me frappe, c'est que l'immense majorité des esprits se réunit dans quelques *opinions communes*. C'est jusqu'à présent ce que j'envie le plus à l'Amérique. Ainsi 1° je n'ai encore pu surprendre dans la conversation de personne, à quelque rang qu'il appartienne, l'idée que la république n'était pas le meilleur gouvernement possible, et qu'un peuple n'ait pas le droit de se donner le gouvernement qui lui plaît. La grande majorité entend les principes républicains dans le sens le plus démocratique. Chez quelques-uns on voit percer une certaine tendance aristocratique que je tâcherai de te faire comprendre plus bas. Mais que la république soit un bon gouvernement, qu'elle soit dans la nature des sociétés humaines, c'est ce dont personne ne semble douter, prêtres, magistrats, commerçants, artisans. C'est une opinion tellement générale et si peu discutée, même dans un pays où la liberté de parler est illimitée, qu'on pourrait, presque l'appeler une croyance. Il y a une seconde idée qui me paraît avoir le même caractère: L'immense majorité a *foi* à la sagesse et au bon sens humain ; foi à la doctrine de la perfectibilité humaine ; c'est encore là un point qui ne trouve que peu ou point de contradicteurs. Que la majorité puisse se tromper quelquefois, c'est ce que personne ne nie ; mais on pense que nécessairement à la longue elle a raison, qu'elle est non-seulement le seul juge de ses intérêts, mais encore le juge le plus sûr et le plus infaillible. La conséquence de cette idée est que les lumières doivent être répandues à profusion parmi le peuple, qu'on ne saurait trop l'éclairer. Tu sais, combien de fois en France nous nous sommes (nous et mille autres) tourmenté l'esprit pour savoir s'il était à désirer ou à craindre que l'instruction pénétrât dans tous les rangs de la société. Cette question, si difficile à résoudre pour la France, ne semble même pas s'être présentée ici aux esprits. Il m'est déjà arrivé cent fois de la poser aux hommes les plus réfléchis. Je voyais par la manière dont ils la tranchaient qu'ils ne s'y étaient jamais arrêtés, et son énoncé seul avait pour eux quelque chose de choquant et d'absurde. Les lumières, disaient-ils, sont les seules garanties que nous ayons contre les écarts de la multitude.

Voilà, mon cher ami, ce que j'appellerais les *croyances* de ce pays. Ils croient de bonne foi à l'excellence du gouvernement qui les régit ; ils croient à la sagesse des masses, pourvu qu'elles soient éclairées, et ne paraissent pas se douter qu'il y a une certaine instruction qui ne peut jamais être le partage des masses et qui cependant peut être nécessaire pour gouverner un État.

Quant à ce que nous entendons généralement par *croyances*, comme mœurs, anciennes traditions, puissance des souvenirs, je n'en vois pas jusqu'à présent de traces. Je doute même que les opinions religieuses aient une aussi grande puissance qu'on le pense au premier abord. L'état religieux de ce peuple-ci est peut-être ce qu'il y a de plus curieux à examiner ici. Je tâcherai de te dire ce que j'en sais, quand je reprendrai ma lettre qu'il faut que j'interrompe, peut-être pour plusieurs jours.

Calwell, 45 milles de New-York.

Mon esprit a été tellement mis en mouvement depuis ce matin par le commencement de ma lettre, que je sens le besoin de la reprendre sans savoir cependant au juste ce que je vais te dire. Je te parlais plus haut de la religion. Le dimanche est observé rigoureusement ; j'ai vu des rues barrées en face des églises pendant le service divin ; la loi commande ces choses impérieusement et l'opinion, bien plus forte qu'elle, oblige tout le monde à se montrer à l'Église et à s'abstenir de tout divertissement. . . . .

Toutes mes observations jusqu'à ce jour me portent

à penser que les catholiques augmentent en nombre. Beaucoup d'Européens qui arrivent viennent les recruter; mais les conversions sont nombreuses. La Nouvelle-Angleterre, le bassin du Mississipi commencent à s'en remplir. Il est évident que tous les esprits naturellement religieux parmi les protestants, les esprits graves et entiers, que le vague du protestantisme fatigue, et qui en même temps sentent vivement le besoin d'une religion, abandonnent de désespoir la recherche de la vérité et se rejettent de nouveau sous l'empire de l'*autorité*. Leur raison est un fardeau qui leur pèse et dont ils font le sacrifice avec joie; ils deviennent catholiques. Le catholicisme, d'ailleurs, saisit vivement les sens et l'âme, et convient plus au peuple que la religion réformée; aussi le plus grand nombre des convertis appartient-il aux classes ouvrières de la société. Voilà l'un des bouts de la chaîne; nous allons maintenant passer à l'autre bout. Sur les confins du protestantisme, se trouve une secte qui n'a de chrétien que le nom, ce sont les *unitairiens*. Parmi les unitairiens, c'est-à-dire parmi ceux qui nient la Trinité et ne reconnaissent qu'un Dieu, il y en a qui ne voient en Jésus-Christ qu'un ange, d'autres un prophète, d'autres enfin un philosophe comme Socrate. Ce sont de purs déistes; ils parlent de la Bible parce qu'ils ne veulent pas choquer trop fortement l'opinion qui est encore toute *chrétienne*. Ils ont un office le dimanche, j'y ai été. On y lit des vers de Dryden, ou autres poëtes anglais sur l'existence de Dieu et l'immortalité de l'âme. On y fait un discours sur

quelque point de morale, et tout est dit. Cette secte
gagne des prosélytes à peu près dans la même proportion que le catholicisme, mais elle se recrute dans les
hauts rangs de la société. Elle s'enrichit comme lui des
pertes du protestantisme. Il est évident que les protestants dont l'esprit est froid et logique, les classes *discu-
tantes*, les hommes dont les habitudes sont intellectuelles et savantes, saisissent l'occasion d'embrasser une
secte toute philosophique, qui leur permet de faire profession presque publique de pur déisme. Cette secte, du
reste, ne ressemble en aucune façon aux saints-simo-
niens de France. Indépendamment du point de départ,
qui est tout différent, les unitaires ne mêlent rien de
boursoufflé ni de bouffon à leur doctrine et à leur culte.
Au contraire, ils visent autant que possible à se rapprocher entièrement des sectes chrétiennes ; aussi aucune espèce de ridicule ne s'attache à eux ; nul esprit
de parti ne les pousse ni ne les arrête. Leurs allures sont
naturellement graves, et leurs formes simples. Ainsi
tu vois : le protestantisme, mélange d'autorité et de
raison, est battu tout à la fois par les deux principes
absolus de la *raison* et de l'*autorité*. Ce spectacle se
présente un peu partout pour qui veut bien regarder ;
mais ici il frappe les yeux. Il est apparent, parce qu'en
Amérique, nulle puissance de fait ni d'opinion ne vient
gêner la marche des intelligences ou des passions humaines sur ce point ; elles suivent leur pente naturelle.
Dans un temps qui ne me paraît pas très-éloigné, il me
paraît certain que les deux extrêmes se trouveront en

présence. Quel sera alors le résultat définitif? Ici je me
perds absolument dans le vague, et je ne vois plus de
route indiquée.   .   .   .   .

Mais pour revenir à l'état présent des esprits en Amérique, il ne faut pas prendre ce que je viens de dire dans
un sens trop absolu. Je t'ai parlé d'une disposition et
non de faits accomplis. Il est évident qu'il reste encore
ici un plus grand fonds de religion chrétienne que dans
aucun pays du monde, à ma connaissance, et je ne
doute pas que cette disposition des esprits n'ait encore
de l'influence sur le régime politique. Elle donne une
tournure morale et réglée aux idées; elle arrête les
écarts de l'esprit d'innovation; surtout elle rend très-
rare cette disposition de l'âme, si commune chez nous,
qui fait qu'on s'élance à travers tous les obstacles *per
fas et nefas* vers le but qu'on a choisi. Il est certain
qu'un parti, quelque désir qu'il eût d'obtenir un résultat, se croirait encore obligé de n'y marcher que par
des moyens qui auraient une apparence de moralité et
ne choqueraient point ouvertement les croyances religieuses, toujours plus ou moins morales, même lorsqu'elles sont fausses.

.   .   .   .

J'aborde un autre sujet. J'ai entendu dire en Europe
qu'il y avait en Amérique une tendance aristocratique.
Ceux qui disent cela se trompent, c'est une des choses
que j'affirmerais le plus volontiers. La démocratie est
au contraire ou en pleine marche dans certains États,
et dans toute son extension imaginable en d'autres.

Elle est dans les mœurs, dans les lois, dans l'opinion de la majorité. Ceux qui lui sont opposés se cachent et sont réduits à prendre ses propres couleurs pour avancer. A New-York, il n'y a que les vagabonds privés des droits électoraux. Les effets d'un gouvernement démocratique sont d'ailleurs visibles ; c'est une instabilité perpétuelle dans les hommes et dans les lois, une égalité extérieure poussée au plus haut point, un ton de manières et un tour d'idées uniformément commun.

Nous allons nous-mêmes, mon cher ami, vers une démocratie sans bornes. Je ne dis pas que ce soit une bonne chose ; ce que je vois dans ce pays-ci me convainc au contraire que la France s'en arrangera mal ; mais nous y allons poussés par une force irrésistible. Tous les efforts qu'on fera pour arrêter ce mouvement ne procureront que des haltes. Refuser d'embrasser ces conséquences me paraît une faiblesse, et je suis amené forcément à penser que les Bourbons, au lieu de chercher à renforcer ostensiblement le principe aristocratique qui meurt chez nous, auraient dû travailler de tout leur pouvoir à donner des intérêts d'ordre et de stabilité à la démocratie. Dans mon opinion, le système communal et départemental aurait dû, dès le principe, attirer toute leur attention. Au lieu de vivre au jour le jour, avec les institutions communales de Napoléon, ils auraient dû se hâter de les modifier, initier peu à peu les habitants dans leurs affaires, les y intéresser avec le temps ; créer des intérêts locaux et surtout fonder, s'il est possible, *ces habitudes et ces idées légales* qui sont, à mon avis, le seul contre-poids possible à la démocratie. Peut-être alors auraient-ils rendu le mouvement qui s'opère moins dangereux pour eux et pour l'État. En un mot, la démocratie me paraît désormais un fait qu'un gouvernement peut avoir la prétention de *régler*, mais d'arrêter, non. Ce n'est pas sans peine, je t'assure, que je me suis rendu à cette idée ; ce que je vois dans ce pays-ci ne me prouve point que, même dans les circons-tances les plus favorables, et elles existaient ici, le gou-vernement de la multitude soit une excellente chose. On est à peu près d'accord que dans les premiers temps de la république, les hommes d'État, les membres des chambres, étaient beaucoup plus distingués qu'ils ne le sont aujourd'hui. Ils faisaient presque tous partie de cette classe de propriétaires dont la race s'éteint tous les jours. Maintenant le pays n'a plus *la main si heu-reuse*. Ses choix tombent en général sur ceux qui flat-tent ses passions et se mettent à sa portée. Cet effet de la démocratie, joint à l'extrême instabilité de toutes choses, au défaut absolu d'esprit de suite et de durée qu'on remarque ici, me démontre tous les jours davan-tage que le gouvernement le plus rationnel n'est pas celui auquel tous les intéressés prennent part, mais celui que dirigent les classes les plus éclairées et les plus morales de la société. On ne peut se dissimuler, cepen-dant, qu'en somme ce pays-ci ne présente un admirable spectacle. Il me pénètre, je te le dis franchement, de la supériorité des gouvernements libres sur tous les autres. Je me sens plus que jamais convaincu que tous les peuples ne sont pas faits pour en jouir dans la même étendue, mais aussi je suis plus que jamais disposé à penser qu'il est à regretter qu'il en soit ainsi. Il règne ici une satisfaction universelle du gouvernement existant dont on ne peut se faire d'idée. Le peuple est incontestablement placé plus haut dans l'échelle morale que chez nous ; chaque homme a un sentiment de sa position indépendante et de sa dignité individuelle qui ne rend pas toujours son abord fort agréable, mais qui en définitive le porte à se respecter lui-même et à respecter les autres. J'admire surtout ici deux choses : la première, c'est l'extrême respect qu'on a pour la loi ; seule et sans force publique, elle commande d'une manière irrésistible. Je crois, en vérité, que la principale cause en est qu'ils la font eux-mêmes et peuvent la changer. On voit sans cesse des voleurs, qui ont violé toutes les lois de leurs pays, obéir scrupuleusement à celles qu'ils se sont faites eux-mêmes. Je crois qu'il se passe quelque chose de semblable dans l'esprit des peuples. La seconde chose que j'envie à ce peuple-ci, c'est la facilité avec laquelle il se passe de gouvernement. Chaque homme se regarde ici comme intéressé à la sûreté publique et à l'exercice des lois. Au lieu de compter sur la police, il ne compte que sur lui-même. Il en résulte qu'en somme, et sans qu'elle paraisse jamais, la force publique est partout. C'est une chose vraiment incroyable à voir, je t'assure, que la manière dont ce peuple se maintient en ordre, par le seul sentiment qu'il n'a de sauvegarde contre lui que dans lui-même.

Tu vois que je te rends, le plus que je puis, compte de toutes les impressions que je reçois. En somme, elles sont plus favorables à l'Amérique qu'elles ne l'étaient pendant les premiers jours de mon arrivée. Il y a dans le tableau une foule de détails défectueux, mais l'ensemble saisit l'imagination. Je conçois surtout qu'il agisse d'une manière irrésistible sur les esprits logiques et superficiels, combinaison qui n'est pas rare. Les principes du gouvernement sont si simples, les conséquences s'en déduisent avec une régularité si parfaite, que l'esprit est subjugé et entraîné s'il n'y prend garde. Il faut faire un retour sur soi-même, lutter contre le courant pour apercevoir que ces institutions si simples et si logiques ne sauraient convenir à une grande nation qui a besoin d'un gouvernement intérieur fort et d'une politique extérieure fixe ; qu'il n'est pas durable de sa nature ; qu'il demande, chez le peuple qui se le donne, une longue habitude de la liberté et d'une masse de *vraies* lumières qui ne peuvent s'acquérir que rarement et à la longue. Et après qu'on s'est dit tout cela, on en revient encore à penser que c'est cependant une belle chose et qu'il est à regretter que la constitution morale et physique de l'homme lui défende de l'obtenir partout et pour toujours.

Paris, 13 novembre 1833.

. . . . Je n'ai absolument rien de nouveau à te dire sur ma position. Ma vie est réglée comme celle d'un moine. J'ai depuis le matin jusqu'au dîner une existence *toute de tête*, et le soir je vais chez madame Belam[1], où je trouve avec Marie le charme de longues causeries dont je ne m'ennuie jamais. Le lendemain je recommence, et ainsi de suite, avec une régularité surprenante ; car mes livres et Marie font exactement, depuis mon retour d'Angleterre, toute mon existence. . . .

Je sens de plus en plus comme toi ce que tu me dis sur les plaisirs de la conscience. Je crois aussi que ce sont les plus réels et les plus profonds. Il n'y a qu'un grand but dans ce monde et qui mérite les efforts de l'homme : c'est le bien de l'humanité. Il y a des gens qui travaillent à faire le bien des hommes en les méprisant et d'autres en les aimant. Il se rencontre toujours dans les services que leur rendent les premiers quelque chose d'incomplet, de rude et d'orgueilleux qui ne crée ni la conviction ni la reconnaissance. Je voudrais bien être des seconds ; mais souvent je ne le puis. J'aime l'homme en général, mais je rencontre sans cesse tant d'individus qui me repoussent par la bassesse de leur âme ! Mes efforts journaliers tendent à me garantir de l'invasion d'un mépris universel pour mes

---

[1] La tante de miss Mary Mottley, qu'il épousa deux ans après.

semblables. J'y parviens souvent à mes dépens en recherchant minutieusement et avec une analyse impitoyable les motifs de mes actions. Souvent j'y rencontre bien des calculs d'intérêt personnel, qui ne paraissent point aux yeux des autres ou qui échappent aux miens. Je découvre quelquefois que je fais le mal par un bon principe, et plus souvent encore, me plaçant dans le point de vue d'un indifférent ou d'un adversaire, je conçois qu'on porte sur moi des jugements sévères, mais injustes. Je trouve dans tout cela des motifs de me défier de mes propres lumières et, en jugeant les autres hommes, d'attaquer plus leur intelligence que leur cœur. Je crois qu'il est presque impossible de leur être réellement utile, en les jugeant tels qu'on est tenté de le faire au premier abord ; et j'aimerais mieux descendre un peu dans ma propre estime, que de les laisser tomber trop bas. . . . .

Paris, 25 juin 1834.

Je n'ai reçu ta lettre qu'il y a deux jours, mon cher ami ; pendant qu'elle allait me chercher en Bretagne, je revenais à Paris. . . . .

. . . . Tu m'impatientes avec ton chagrin de ne trouver personne qui conçoive tes projets d'occupations intellectuelles: Qu'est-ce que cela fait? Est-ce que tu ne te connais pas toi-même? Est-ce que tu ne sais pas

quelle est la pente naturelle de tes goûts et de tes habitudes? Et quant au succès, qui en a jamais rien su
avant d'avoir réussi? C'est un point touchant lequel
l'univers ne t'apprendrait rien de sûr. Ce que tu sais,
à n'en pas douter, c'est que tu es dans l'âge de la force
et de l'action; que les événements politiques t'empêchent d'exercer et d'appliquer dans les fonctions publiques cette force; que ta nature se refuse à se plier
aux petits soins de l'existence privée, et qu'il faut à tout
prix cependant diriger l'activité de ton esprit vers quelque chose, sous peine de tomber au-dessous même du
niveau de ceux qui s'occupent avec succès de leurs affaires. Je viens de passer six semaines à la campagne,
ce qui ne m'était pas arrivé depuis l'âge de neuf ans.
J'ai vu ce qu'on y fait. J'ai éprouvé là quelque chose
d'analogue à ce que je ressens en voyant un *dévot :* une
envie extrême d'arriver à penser et à sentir de même,
avec l'évidence que cela m'est impossible. Je ne sais ce
que je deviendrai ; mais je sens très-bien qu'il me serait
plus aisé de partir pour la Chine, de m'engager comme
soldat, ou de jouer mon existence dans je ne sais quelle
entreprise hasardeuse et mal conçue, que de me condamner à mener une vie de pomme de terre, comme
les braves gens que je viens de voir. . . . . .

Dublin, 6 juillet 1835.

Je trouve en arrivant ici, mon bon ami, deux lettres de toi. Je commençais à m'étonner de ton silence et à m'en inquiéter, mais non à m'en plaindre; car nous n'avons jamais connu dans notre amitié de suscepti-bilité. Ne voyant pas arriver de lettres, je pensais que peut-être tu avais déjà entrepris ton grand voyage. Tu aperçois que nos esprits sont liés malgré la distance qui nous sépare, et que l'un ne peut se sentir préoccupé d'un objet sans que l'autre éprouve une sorte de contre-coup. Je voulais t'en écrire hier de Liverpool. Je n'ai différé que par l'espoir de trouver ici des lettres de toi.

L'idée de ce grand voyage m'afflige beaucoup : il m'inquiète; mais, après tout, je ne sais si, à ta place, je ne ferais pas ainsi que toi. C'est là mon dernier mot. Il serait trop long de développer tout ce que renferment ces dernières lignes; mais tu les comprends sans peine. Jamais je ne te conseillerais d'entreprendre un si long et si dangereux voyage ; ma raison n'est pas assez fixée sur son utilité; elle penche plutôt à la négative qu'à l'affirmative. Mais si tu t'y détermines, mon cœur te sui-vra sans peine et sans regrets. Que Dieu t'accompagne, mon bon et cher ami, et permette que nous nous re-voyions dans des temps plus heureux que ceux-ci ! A mesure que j'avance dans la vie, je l'aperçois de plus en plus sous le point de vue que je croyais tenir à l'enthou-

-siasme de la première jeunesse : une chose de médiocre valeur, qui ne vaut qu'autant qu'on l'emploie à faire son devoir, à servir les hommes et prendre son rang parmi eux. Au milieu des plus grands troubles, je trouve dans ces pensées le ressort qui relève mon âme. Ces pensées sont aussi les tiennes, mon cher ami, elles ont été celles de toute notre vie. Elles ont crû sans cesse au milieu de notre amitié. Nous les avons en quelque sorte fondues au milieu des sentiments les plus doux que l'intimité ait jamais fait naître entre deux hommes. Quelque chose qui t'arrive, mon bon ami, sois sûr que mon âme tout entière est avec toi. Sois sûr que, quelle que soit notre différente manière de *penser* sur tel ou tel sujet, nous nous réunirons toujours dans la manière de *sentir ;* sois sûr qu'une émotion noble, une résolution généreuse et désintéressée de toi me fera toujours tressaillir, et que si j'ai moi-même le bonheur d'en rencontrer de telles sur mon chemin, quel qu'en doive être le résultat, je croirai toujours qu'en m'y abandonnant je fais ce que tu approuves. Oh ! que la vie deviendrait petite, froide et triste si, à côté de ce monde de tous les jours, si plein d'égoïsme et de lâcheté, l'esprit humain ne pouvait en bâtir un autre où le désintéressement, le courage, la vertu, en un mot, pût respirer à l'aise. Mais celui-là, on ne peut en trouver les éléments qu'au fond de quelques âmes comme la tienne. . . . . . .

. . . . Ah ! que je voudrais que la Providence me présentât une occasion d'employer à faire de bonnes et grandes choses, quelques périls qu'elle y attachât, ce feu intérieur que je sens au dedans de moi, et qui ne sait où trouver qui l'alimente !

Baden, ce 5 août 1836.

Je t'écris, mon cher ami, de la petite ville de Baden, où je ne comptais pas aller, mais où la circonstance suivante m'a mené. Marie éprouve des douleurs nerveuses qui la font beaucoup souffrir. Pendant que nous étions à Berne, plusieurs personnes de notre connaissance nous ont assuré que les eaux de Baden étaient extrêmement utiles en pareil cas; les meilleurs médecins de la ville nous ont tenu le même langage. En conséquence, je me suis déterminé à venir passer le mois d'août ici ; nous continuerons ensuite notre voyage en l'allongeant un peu. C'est donc ici qu'il faut encore m'écrire : *à Baden, canton d'Argovie (Suisse)*.

J'ai reçu à Berne ta lettre du 20 juillet. Elle m'a vivement intéressé, et tu n'avais pas besoin de me recommander de la garder. Cette lettre me porte de plus en plus à penser, ce que je t'ai déjà dit, qu'il faut prendre garde de nuire à ton style en voulant trop le polir. Ce que tu m'écris avec travail a l'air, il est vrai, d'être une page arrachée à un auteur du dix-septième siècle, mais non pas à un auteur du premier ordre ; ton style *lâche*, au milieu de ses défauts, a souvent, au contraire, des qualités principales ; et ces points saillants me portent à lui donner la préférence, malgré les taches. Au reste, il faudrait encore causer de cela.

Ce que tu me dis sur les jouissances matérielles m'a toujours semblé très-vrai, et me le paraît d'autant plus en ce moment que je lis Platon. Les philosophes de cette école ne font point, je crois, parmi les jouissances des sens, cette division tranchée dont tu te plains. Le désordre des mœurs et les plaisirs du luxe semblent, à leurs yeux, des choses sinon semblables, au moins analogues, et ils seraient plutôt indulgents pour l'un que pour les autres...

Les idées que tu exprimes sont très-*originales* quant à la forme ; quant au fond, elles sont seulement *récentes*. Les platoniciens et les Pères de l'Église avaient dit, je crois, des choses analogues ; seulement, je ne me souviens pas d'avoir jamais vu qu'on eût fait sentir avec la netteté et la force que tu y mets, l'analogie qu'ont entre elles toutes les jouissances matérielles quelconques. On s'était borné à les réprouver toutes. Maintenant j'en viens à ce que je pense moi-même. On aura beau faire, on n'empêchera pas que les hommes n'aient un corps aussi bien qu'une âme ; que l'ange ne soit renfermé dans la bête... Toute philosophie, ou toute religion qui voudra négliger entièrement l'une de ces deux choses, produira quelques exemples extraordinaires, mais elle n'agira jamais en grand sur l'humanité : voilà ce que je crois et ce dont je gémis, car tu sais que, sans être plus détaché qu'un autre de la bête, j'adore l'ange et que je voudrais à tout prix le voir prédominer. Je me travaille donc la tête sans cesse pour découvrir s'il n'y aurait pas entre ces deux extrêmes un chemin moyen où l'humanité pût se tenir et qui ne conduisît ni à Héliogabale ni à saint Jérôme ; car je me tiens pour assuré qu'on n'entraînera jamais le gros des hommes vers l'un ni vers l'autre, et moins encore vers le second que vers le premier. Je ne suis donc pas aussi choqué que toi de ce *matérialisme honnête* dont tu te plains si amèrement, non qu'il n'excite mon mépris aussi bien que le tien, mais je l'envisage *pratiquement* et je me demande si quelque chose sinon de semblable, du moins d'analogue, n'est pas encore le mieux qu'il soit permis de demander, non pas à tel homme en particulier, mais à notre pauvre espèce en général. Songe à ces idées et réponds-y. Maintenant je change de sujet, car je n'ai pas grand'chose à faire ici, et c'est un grand plaisir pour moi que de t'écrire.

J'ai emporté avec moi l'*Histoire de Florence* par Machiavel, et je viens de la lire très-attentivement. Cette lecture a fait naître chez moi un certain nombre d'idées dont je veux te faire part, suivant notre ancienne méthode de philosopher sans cesse entre nous. Je te parlerai d'abord de l'écrivain. Le Machiavel de l'*Histoire de Florence* est pour moi le Machiavel du *Prince*. Je ne conçois pas que la lecture de ce premier ouvrage ait jamais permis le moindre doute sur l'objet de l'auteur en écrivant le second. Machiavel dans son histoire loue quelquefois les grandes et belles actions ; mais on voit que c'est chez lui affaire d'imagination. Le fond de sa pensée, c'est que toutes les actions sont indifférentes en elles-mêmes, et qu'il faut les juger toutes par l'habileté qui s'y montre et le succès qui les suit. Pour lui le monde est une grande arène dont Dieu est absent, où la conscience n'a que faire et où chacun se tire d'affaire le mieux qu'il peut. Machiavel est le grand-père de M.*** ; c'est tout dire.

Quant au fond des choses qu'il raconte, je t'avouerai que je suis effrayé à l'idée des siècles dont il fait le portrait, et que je me sens un peu réconcilié avec le nôtre et disposé à croire que nous le jugeons sévèrement. Dans ces républiques italiennes du moyen âge, il y avait une sorte d'énergie grossière, il est vrai, mais combien on apercevait peu de véritables vertus ! Que de violences brutales à côté de raffinements de vices extraordinaires ! que d'égoïsme ! quel mépris du droit ! quel scepticisme parmi les hautes classes et quelle superstition dans les basses ! quelle société profondément corrompue sans être encore généralement éclairée !

Je sais au reste que ce qui était vrai des Italiens du seizième siècle n'était pas exact des autres peuples de l'Europe. Je me figure pourtant que les temps qui ont immédiatement précédé la réforme ont été partout des siècles de grande corruption. Ignorance et religion mal entendue chez le peuple ; doute ou incrédulité dans les classes supérieures ; en un mot, le mal de la barbarie et celui de la grande civilisation mis ensemble. Ceci me porte de plus en plus à penser que quand une fois les croyances religieuses s'ébranlent chez un peuple, il n'y a plus à hésiter, et qu'il faut à tout prix le pousser vers les lumières. Car si un peuple éclairé et sceptique présente un triste spectacle, il n'y en a pas de plus affreux que celui qu'offre une nation tout à la fois ignorante, grossière et incroyante.

Mais je commence à être fatigué d'écrire. Adieu ! réponds-moi vite. Tes lettres sont toujours un vrai plaisir pour moi; ici plus encore qu'ailleurs. Je t'embrasse de tout mon cœur; Marie te fait mille amitiés, nous parlons bien souvent ensemble de toi. Je voudrais que tu pusses nous entendre.

Nacqueville, 10 octobre 1836.

Je t'écris de Nacqueville[1], où je suis venu passer quelques jours. C'est là que j'ai reçu ta lettre des environs de Châlons. Je crois devoir te répondre à Berlin, de crainte que ma lettre ne te trouve plus à l'adresse intermédiaire que tu m'as indiquée. Le voyage que tu fais en ce moment excite vivement mon intérêt, non-seulement à cause de toi, auquel je pense qu'il sera utile, mais aussi à cause de moi-même. Tu vas voir des choses qui piquent vivement ma curiosité. Après l'An-

---

[1] Château près de Cherbourg, appartenant au comte Hippolyte de Tocqueville, frère aîné d'Alexis.

gleterre, le pays que j'ai toujours le plus désiré parcourir est la Prusse. Tout ce que j'en ai entendu dire me porte à croire qu'il n'est pas de pays qui mérite plus d'être examiné avec soin. Il y a dans ce qu'on m'en a dit plusieurs choses qui m'ont beaucoup frappé, mais entre autres celle-ci : le gouvernement prussien, soit qu'il suive un principe ou obéisse à un bon instinct, s'efforce, dit-on, de faire oublier à ses sujets qu'ils sont privés de la *grande liberté* politique, en leur accordant libéralement toutes les libertés secondaires qui peuvent être compatibles avec la monarchie absolue; de telle sorte qu'il prépare, volontairement ou à son insu, les peuples à se passer de lui et à arriver sans secousse à se diriger eux-mêmes. Il est très-curieux, ce me semble, d'étudier cette influence indirecte exercée par les États libres de l'ouest de l'Europe sur les grandes monarchies despotiques de l'est et du nord. Il arrive là quelque chose d'analogue à ce qui est arrivé au seizième siècle, où les États réformés ont modifié le catholicisme dans tous ceux qui restaient catholiques. J'indique en général ce sujet à tes observations, non comme le plus intéressant peut-être, mais du moins comme celui qui m'intéresse le plus. Entrant dans le détail, je te demanderai de prendre des renseignements aussi détaillés que tu le pourras sur le système *provincial et communal* prussien, ainsi que sur les limites de la centralisation. J'attache une grande importance à cela. Ce n'est point avec des arguments tirés de ce qui se passe chez des peuples républicains ou semi-républicains que nous pouvons espérer d'attaquer avec avantage la centralisation française. Il n'y a que les raisons prises chez les peuples à gouvernement absolu qui puissent faire une véritable impression sur la tourbe antilibérale... Je voudrais donc que tu m'eusses tous les documents écrits que tu pourras trouver, et de plus que tu parvinsses à saisir par toi-même la lettre et l'esprit de cette organisation; car sans cela tu ne pourras jamais me la bien expliquer, ni moi la bien comprendre.

Quant aux conseils généraux pour ton voyage, rappelle-toi que l'important est de se mêler avec le plus d'individus possible, et, en mettant naturellement chaque homme sur ce qu'il sait le mieux, d'en tirer en peu de temps tout ce qu'il peut donner. Pour cela il est bon de faire causer autant que possible les hommes les uns sur les autres. Ces renseignements sont précieux; et comme on ne les prend pas pour les communiquer au public, il est fort innocent de les recueillir. Ton nom et tes lettres de recommandation te lanceront suffisamment parmi l'aristocratie. Tous tes efforts doivent donc tendre à pénétrer dans les classes moyennes et littéraires. Je te recommande bien aussi, en voyageur expérimenté, d'écouter tout le monde sans prendre parti pour personne. Tu es étranger; tu n'as pas besoin d'avoir une opinion sur ce qui se passe en Prusse. Ne dis donc que ce qui est utile pour porter l'interlocuteur à développer le plus possible sa pensée. Garde-toi surtout, je te prie, d'une disposition naturelle, mais que tu outres souvent en France, qui est de ne pouvoir fréquenter que

les gens qui te plaisent moralement. Écris beaucoup ;
tu ne saurais le faire trop. En écrivant tu vois l'obscurité de tes idées ou de celles des autres, et tu remontes
à la source. Envoie-moi, sans hésiter, tous les papiers
que tu voudras. Ils sont précieux pour toi et pleins d'intérêt pour moi. Ce serait une folie que de regarder à la
dépense pour cet objet... Je n'ai pas besoin d'ajouter
que tu peux mettre dans ton paquet toutes les lettres
fermées que tu voudras. Comme tu le dis très-bien, le
côté original et vraiment moral et élevé de notre amitié,
c'est d'avoir placé une si grande indépendance de pensée et d'action au milieu d'une si grande intimité.
Voilà, je crois, tout ce que j'ai à dire. J'ajoute encore,
cependant d'une manière générale, qu'il faut secouer
vigoureusement pendant ce voyage une disposition de
nonchalance qui est commune à presque tous les voyageurs, et à toi peut-être plus qu'à un autre, parce que
tu es rêveur. Agis donc le plus que tu pourras. Ne perds
jamais une occasion de voir, ni surtout une occasion
de faire connaissance avec un homme. . . . .
Le voyage que nous venons de faire en Suisse paraît
avoir fait grand bien à Marie sous plus d'un rapport.
Cependant il l'a fatiguée, et lui a laissé un malaise que
nous avons de la peine à détruire. Du reste, si cette
course n'a pas été entièrement satisfaisante, physique-
ment parlant, elle a du moins servi à rendre notre intimité plus grande encore, s'il est possible, qu'elle n'é-
tait précédemment. Je ne puis te dire le charme
inexprimable que j'ai trouvé à vivre ainsi continuelle-

ment avec elle, ni les ressources nouvelles que je découvrais à chaque instant dans son cœur. Tu sais qu'en voyage, plus encore qu'à l'ordinaire, je suis inégal, irritable, impatient. Je la grondais donc bien souvent et presque toujours à tort, et, dans chacune de ces circonstances, je découvrais en elle des sources inépuisables de tendresse et d'indulgence. Et puis je ne saurais te dire quel bonheur on éprouve à la longue dans la compagnie habituelle d'une femme chez laquelle tout ce qu'il peut y avoir de bien en vous se réfléchit *naturellement* et paraît mieux encore. Quand je fais ou dis une chose qui me paraît complétement bien, je lis aussitôt dans les traits de Marie un sentiment de bonheur et de fierté qui m'élève moi-même; de même que, quand ma conscience me reproche quelque chose, j'aperçois immédiatement un nuage dans ses yeux. Quoique maître de son âme, à un point rare je pense, je vois avec plaisir qu'elle m'intimide, et, tant que je l'aimerai comme je fais, je suis bien sûr de ne jamais me laisser entraîner à quelque chose qui ne fût pas bien. Voilà tout à l'heure un an que nous sommes mariés, et il n'y a pas de jour où je ne remercie le ciel d'avoir placé Marie sur mon chemin, et où je ne pense que si quelque chose peut donner le bonheur sur cette terre, c'est une semblable compagne. Tu m'as demandé, mon cher ami, de te parler de moi et de Marie; je viens de te dire le fond même de toutes mes pensées. Il est une idée relativement au même sujet qui me préoccupe souvent péniblement. Tu vas bientôt te marier, et je ne puis m'empêcher de trembler qu'il ne s'établisse pas entre nos femmes ces rapports d'amitié et de bienveillance qui seraient si utiles à la continuation de nos rapports intimes ; car tu verras, par expérience, mon cher ami, combien il est difficile de s'isoler en quoi que ce soit de sa compagne. Sous ce rapport le mariage que vient de faire Beaumont ne peut que m'être très-agréable. Tout annonce qu'une amitié véritable va s'établir entre Marie et la femme de B., et dès lors l'intimité entre lui et moi est assurée pour toute notre vie. Remarque que je parle de l'intimité et non de l'amitié. Celle-ci n'est sujette à aucune circonstance extérieure. Adieu, le papier me manque.

———————

Baugy [1], ce 10 novembre 1836.

J'ai reçu, il y a quelques jours, mon cher ami, ta lettre datée de Geislingen, ce 27 octobre, dans laquelle tu te plaignais de n'avoir pas trouvé de nouvelles de moi dans ce lieu-là. En arrivant à Berlin, tu auras découvert que je n'étais pas dans mon tort. Je t'ai écrit, il y a plus d'un mois, dans cette dernière ville, craignant que ma lettre ne courût après toi et ne finît par te perdre, comme il m'est arrivé bien souvent en voyage. J'espère donc qu'à l'heure qu'il est, tu ne m'en veux

———————

[1] Château près de Compiègne, appartenant à son frère Édouard, le vicomte de Tocqueville.

plus et que tu te prépares à m'écrire longuement durant le reste de ton séjour en Prusse.

Du reste, ta lettre de Geislingen m'a vivement intéressé. Il s'y trouvait sur la somnolence intellectuelle de notre époque un morceau que je trouve excellent et plein de verve. Pourquoi n'écris-tu pas toujours avec cette tournure vive et originale? Je suis tout à fait d'avis avec toi sur le fait; la difficulté est de le rattacher uniquement à la cause que tu lui donnes. Ne penses-tu pas que, indépendamment du roi Louis-Philippe, cette espèce d'horreur contre nature pour la pensée naît de l'extrême fatigue produite par une longue révolution dont toutes les agitations matérielles ont été précédées de grands mouvements dans les esprits, de théories, d'idées, de principes plus ou moins vrais ou vraisemblables, et qui ayant, en fin de compte, abouti à des résultats qui plaisent peu ou qui déplaisent, dégoûtent de tout mouvement intellectuel et produisent cet effrayant état que tu peins si bien? Louis-Philippe ne fait rien pour amener l'essor de la pensée ; soit. Mais ce n'est pas lui qui l'empêche de naître. Parviens à faire *ressortir* la cause que tu indiques, aussi vivement et aussi en relief que l'effet que tu montres, et tu auras fait faire un grand pas aux discussions politiques de nos jours ; mais je doute que tu le puisses.

À propos de Louis-Philippe, tu sais depuis longtemps sans doute l'échauffourée de Strasbourg. On prévoyait depuis longtemps que les plus grands périls allaient venir de l'armée, et moi je crois que non-seulement les

périls actuels mais les périls à venir viendront de là, et
qu'ils ne menaceront pas seulement le gouvernement actuel, mais tous ceux qui se succéderont pendant longtemps. Je songe depuis longtemps à ce sujet, et il me
semble que les mêmes raisons qui font qu'un peuple démocratique veut la paix et la tranquillité, doivent porter
une armée démocratique à vouloir la guerre ou le trouble.
C'est le même désir d'améliorer son sort ressenti par
tous à la fois, et la même possibilité indéfinie d'y réussir, qui portent les soldats d'un côté et les citoyens de
l'autre. La cause est la même, les effets seuls diffèrent,
et cette cause de sa nature est permanente. La tentative
actuelle a été réprimée avec une extrême facilité ; mais
la tranquillité et l'immobilité du peuple dans cette circonstance sont effrayantes ; car cette immobilité ne nais-
sait pas du dégoût du gouvernement actuel, mais de la
profonde indifférence pour toute espèce de gouvernement. Je suis sûr qu'à l'heure qu'il est, les trois quarts
des Français ignorent encore ce qui s'est passé, ou n'y
ont pas pensé une seule fois depuis qu'ils l'ont appris.
Le commerce et l'industrie prospèrent, cela leur suffit,
et ils ont pour leur bien-être une passion si imbécile,
qu'ils ont l'air de craindre qu'en pensant aux causes qui
peuvent le produire ou qui peuvent le maintenir, ils le
compromettent.

Tu verras dans ma lettre de Berlin avec quel intérêt
presque personnel je te suis dans tes recherches. Ton
voyage, que je crois plein d'intérêt pour toi, me semble
pour moi-même une bonne fortune. Tu vas revenir de là

avec un grand nombre d'idées nouvelles, de considérations auxquelles je ne suis pas préparé, car je n'ai jamais mis le pied au milieu de la race allemande. Ce doit
être pour nous une mine inépuisable d'utiles et d'agréables conversations. Aussi je ne puis te dire quel plaisir
j'ai éprouvé en lisant ta dernière lettre, de voir le désir
que tu as d'examiner et de connaître tout ce qui passe à
ta portée, et le regret que tu éprouves de ne pouvoir te
multiplier et allonger ton temps. Je me reconnais là. Tu
comprends aussi ce que je regarde comme le véritable
esprit des voyages : esprit très-rare et qui seul peut
rendre les voyages utiles. Je n'ai jamais cru que nous
pussions faire, pendant ton absence, cette espèce de roman par lettres dont nous avons causé bien des fois. En
pays étranger, on n'a le temps de rien faire que de songer à ce qui se présente de nouveau à chaque minute. Il
faut fixer à la volée et pêle-mêle sur le papier les idées
qui passent, et renoncer absolument à l'espoir de réfléchir. Ce n'est qu'après qu'on peut le faire. Je te recommande toujours, si tu en as le temps, ma Prusse muni-
cipale. Tâche aussi de presser le moins possible ton
retour; sois sûr que tu fais là un métier utile pour toi
et peut-être pour les autres, et que tu te livres à l'occupation la plus profitable que tu puisses avoir en ce
moment.

Je suis venu ici à mon retour de Normandie. J'y res-
terai, je pense, jusqu'au 15 décembre. Je travaille sept
heures par jour et n'avance guère ; car je sens l'importance de ce second ouvrage, qui trouvera la critique

éveillée et ne pourra pas prendre le public au dépourvu.
Je veux donc faire de mon mieux ; il n'y a pour ainsi
dire pas de jour que je ne sente que tu me manques.
Une multitude d'idées restent obscures dans mon esprit
par l'impossibilité où je suis de les jeter dans une conversation avec toi et de voir comment tu t'y prends pour
les combattre, ou le nouveau tour que tu leur donnes en
les admettant. Il y a trois hommes avec lesquels je vis
tous les jours un peu, c'est Pascal, Montesquieu et Rousseau ; il m'en manque un quatrième qui est toi. Quoique
nos opinions diffèrent souvent et sur des points fort
graves, il existe dans notre façon générale d'envisager
les choses humaines et de les sentir de si grandes analogies, que ta conversation parvient toujours à me réveiller et à m'animer. Il n'y a que toi qui y réussisses d'une
manière habituelle, et c'est à ce signe principalement
que je juge qu'il se rencontre en toi quelque chose
d'extraordinaire ou tout au moins de particulier que
n'offrent pas les autres hommes ; car ils me laissent
tous plus ou moins froid, et toi, tu m'échauffes presque
toujours.

Adieu, je te quitte pour reprendre mon travail. D'ailleurs j'attends tes premières lettres d'Allemagne pour
t'écrire longuement. Je t'embrasse de tout mon cœur.

Paris, ce 26 décembre 1836.

J'ai reçu il y a deux jours ta lettre n° 1, mon cher ami. Elle m'a suggéré plusieurs idées que je ne veux point laisser disparaître de mon esprit sans les avoir émises. Tu reviens sur le sujet de la révolution de Juillet. Je crains, pour dire la chose en un seul mot, que la politique ne finisse par refroidir notre amitié, ce que je regarderais comme un des plus grands malheurs de ma vie. Je ne redoute pas que cela arrive de mon côté, mais du tien. Indépendamment de ta raison, quand il s'agit de politique, tu as un instinct, c'est-à-dire une force secrète qui te fait agir et sentir indépendamment de ta volonté. C'est contre cette force-là que je ne puis m'empêcher de craindre que notre intimité n'échoue ; car enfin si nous nous touchons en mille endroits, nous sommes séparés sur un point important, et surtout qui peut le devenir davantage avec le temps ; on ne peut le nier. Je regrette chaque jour sincèrement l'événement de juillet ; ici nous sommes d'accord. Je verrais sans grand regret une restauration que toi tu regardes comme absolument nécessaire. Voilà la naissance de l'angle que forment nos deux esprits. Tu crois donc qu'il faut à tout risque marcher dès à présent vers cette restauration, par tous les moyens quelconques, excepté ceux qui ne sont pas honnêtes, et moi, je ne le crois point. Je ne vois, quant à présent,

nulle chance de restauration qu'à l'aide des étrangers.
La restauration faite ainsi, ou de toute autre manière,
mais par la force et contre l'avis de la majorité de la
nation, je ne lui vois pas de chance de durée, et je
n'aperçois pas qu'elle puisse ou veuille faire triompher
parmi nous certains principes libéraux auxquels je tiens
autant qu'à elle-même. Tu ne vois pas les choses sous ce
jour, et tu penses et agis en conséquence. Mais tu dois
bien comprendre que, les envisageant ainsi dans toute
la sincérité de ma pensée, je ne puis en conscience vouloir travailler au renversement du gouvernement actuel.
Je ne lui demanderai jamais aucune faveur, je combat-
trai toute ma vie ses excès ; mais je ne puis vouloir le
détruire jusqu'à ce que j'aie été amené à croire que je
pourrais mettre à sa place quelque chose de bon et de
durable. Voilà le vide qui se trouve entre nous. Je suis
sûr que ta raison comprendra toujours la déduction
d'idées que je viens de te faire, alors même que tu croi-
rais que je me trompe. Je suis assuré aussi que tu me
croiras toujours sincère ; mais comme je te disais au
commencement de la lettre, je crains ton instinct. J'ai
besoin de te précautionner moi-même là-dessus. Si
jamais je croyais m'apercevoir que par suite de quelques
divergences d'opinions tu devinsses quelque peu différent de toi-même vis-à-vis de moi, j'en éprouverais un
chagrin profond. Car il y a dans notre amitié quelque
chose que rien ne saurait remplacer et qui ne souffre
pas la médiocrité : c'est un sentiment pur, grand, viril,
libre, qui élève sans cesse l'âme. Du moment où nous

en arriverions à un sentiment ordinaire, à une affection d'habitude, le prestige serait évanoui. Luttons donc de toutes nos forces contre l'ennemi commun, le seul ennemi qui soit à craindre, la politique, dans le côté que je viens de mettre en lumière.

J'en reviens maintenant aux autres sujets de ta lettre, Tout ce que tu me dis sur la tendance centralisante, réglementaire de la démocratie européenne, me semble parfait. Mais après avoir développé tout cela très-bien, tu ajoutes que sur ces points nous sommes *à peu près d'accord* : ce n'est pas assez dire. Les pensées que tu exprimes là sont les plus *vitales* de toutes mes pensées ; ce sont celles qui reviennent pour ainsi dire tous les jours et à chaque instant du jour dans mon esprit. Indiquer, s'il se peut, aux hommes ce qu'il faut faire pour échapper à la tyrannie et à l'abâtardissement en devenant *démocratiques*, telle est, je pense, l'idée générale dans laquelle peut se résumer mon livre, et qui apparaîtra à toutes les pages de celui que j'écris en ce moment. Travailler dans ce sens, c'est à mes yeux une occupation *sainte*, et pour laquelle il ne faut épargner ni son argent, ni son temps, ni sa vie.

Je suis aussi partisan que toi de l'instruction publique, et pour les mêmes raisons, et je t'engage beaucoup à éclaircir le sujet en Prusse, pays où l'on prétend que l'instruction publique est mieux conduite qu'ailleurs. Ma curiosité, quant à présent, porte principalement sur ce point-ci : 1° la loi qui *oblige* à envoyer ses enfants à l'école est-elle encore en vigueur ? quels sont ses effets et comment s'applique-t-elle? 2° Quelle part prennent les autorités locales dans l'instruction? a-t-on pu parvenir à intéresser les localités aux écoles? comment s'y est-on pris pour exciter l'esprit public dans ce sens? 5° Existe-t-il quelque degré intermédiaire d'instruction entre l'instruction primaire et l'instruction principale? 4° L'instruction principale se donne-t-elle dans les colléges ou dans les académies?

Adieu, mon bon ami, je t'embrasse bien tendrement. Marie me charge de la rappeler à ton souvenir. Il ne se passe guère de jours sans que nous parlions ensemble de toi.

Paris, 26 janvier 1857.

La lettre n° 2, que j'ai reçue il y a quatre ou cinq jours, m'a fait encore plus de plaisir que les précédentes. J'ai relu plusieurs fois fort attentivement ce que tu me dis sur la marche à suivre pour que la politique ne gêne jamais notre amitié. J'ai pensé mille fois toutes ces choses; mais tu les rends plus claires qu'elles ne s'étaient encore présentées à mon esprit. Je crois comme toi que le passé garantit l'avenir, et que nous mènerons jusqu'au bout la difficile tâche de montrer une entière indépendance au milieu de la plus étroite intimité. Peu d'hommes en viendraient à bout; mais ce que nous avons fait jusqu'ici prouve que nous différons beaucoup de la plupart des hommes. Nous avons d'ailleurs une grande garantie. Nous pouvons, en matière de gouvernement, être divisés sur les moyens; mais nous tendons assurément vers la même fin. Nos intelligences forment comme deux lignes qui, bien que longtemps séparées, se rejoignent toujours quelque part dans un point extrême. Pour en finir sur ce point, je te dirai une fois pour toutes qu'il n'y a rien de plus précieux pour moi que notre amitié. J'y vois une source inépuisable de sentiments élevés et énergiques, de belles émotions, de résolutions généreuses, un monde à part, un peu idéal peut-être, mais où je me repose, non point comme un paresseux, mais comme un comme fatigué qui s'arrête un moment pour reprendre des forces et se jeter plus avant ensuite dans la mêlée. Si elle venait jamais à se refroidir où à se rompre, je douterais de moi et de tout ce qu'il y a de bien autour de moi.

1ᵉʳ février. — J'ai été obligé d'interrompre ma lettre en cet endroit à cause de la grippe qui m'a forcé d'aller chercher mon lit, où je suis resté quatre jours à perdre mon temps. Me revoici sur pied, mais fort affaibli, et la tête trop vide pour ajouter grand'chose à ma lettre. Tu fais cependant, à la fin de la tienne, une observation à laquelle je veux répondre. Tu me demandes si j'ai trouvé en Amérique et en Angleterre cette pruderie et cette affectation de manières qui te choquent avec raison à Berlin? Oui, principalement en Angleterre, où il est autant et plus facile, par exemple, d'entrer dans la chambre d'une femme pour*** que pour toute autre.

chose. Cependant je dois remarquer que dans ces deux pays, où l'affectation d'honnêteté et de décence est poussée par les femmes jusqu'à un degré ridicule, l'honnêteté elle-même était décidément plus grande que parmi nous. En est-il de même à Berlin? La découverte de ce bien m'avait donné de l'indulgence pour le mal qui l'accompagne, quelque peu indulgent que je sois naturellement en cette matière; et j'avais fini par me dire que tout cet appareil extérieur et conventionnel de décence était peut-être à la vertu des femmes ce que le culte est à la religion : une forme, à travers laquelle les âmes énergiques (en bien ou en mal) passent, mais où les âmes faibles et ordinaires s'embarrassent et restent accrochées. J'avais donc été amené à penser que tous ces appareils de pudeur, toutes ces règles de prétendue délicatesse dont une femme réellement vertueuse n'a pas besoin, pouvaient bien servir à la masse des femmes. — Quant à la question que tu me fais sur le protestantisme, je suis très-tenté d'être de ton avis. Mais c'est une opinion qu'on ne peut discuter quand on est à jeun comme moi...

Tocqueville, 11 juin 1837.

J'ai fait jusqu'à présent, mon cher ami, un triste voyage. A peine arrivé ici, j'ai été saisi d'une de ces affreuses attaques nerveuses de l'estomac que tu connais.

Je n'en avais pas eu depuis dix-neuf mois ; mais celle-ci peut compter pour deux, tant elle a été terrible. Il m'en est resté un état de malaise et de faiblesse qui ne me permet ni de travailler ni de marcher longtemps, et qui me laisse à l'oisiveté et à la rêverie, deux choses qui, comme tu sais, ne me conviennent guère. Je retombe alors sur moi-même fort lourdement, je m'agite et me fatigue dans le vide de mon esprit, et quand j'en veux enfin sortir, la fatigue physique m'y ramène. C'est une chose cruelle qu'une âme si peu saine qu'elle ne puisse vivre pour ainsi dire que par des remèdes violents, tels que le travail, le mouvement, les passions. Nous t'avons bien des fois regretté depuis douze jours, Marie et moi. Tu remplirais à toi seul notre solitude, si tu étais là ; car il n'y a qu'avec toi que je sache causer, et que je puisse toujours m'intéresser à toutes les causeries. L'hiver qui vient de se passer m'a laissé sur ce point des souvenirs très-doux. Jamais notre intimité n'a eu pour moi un charme plus grand et plus continu que durant les mois que je viens de passer à Paris. Je ne puis te dire combien notre amitié est pour moi une chose précieuse ; combien j'y trouve de force, de lumière, de bonnes et saintes inspirations. Je te répète cela sans cesse ; mais c'est que je le sens continuellement. Quand, dans notre enfance, nous étions si unis, je ne pouvais m'empêcher de craindre que l'âge et ce qu'on appelle la vie réelle ne dénouassent ces nœuds qui me semblaient si doux ; mais je vois chaque jour qu'ils se resserrent.

Tocqueville, 5 juillet 1857.

Mon cher Louis, notre excellent ami *** te demande
mon avis sur mademoiselle... Voici ce que j'en sais et
ce que j'en pense. Elle est fille d'un homme d'esprit
fort égoïste et d'une dévote très-étroite et assez sotte.
Je crois, du reste, que l'un et l'autre n'auraient point
l'envie de dominer leur gendre ou de le gêner. La jeune
personne a, je crois, tout au plus seize à dix-sept ans.
C'est une charmante jeune fille, quant au physique;
mais je la crois d'une nullité complète et fort terre à
terre. Elle est timide, bonne, douce et bornée. Voilà du
moins le portrait qui m'est resté d'elle dans l'esprit. Je
ne crois pas qu'il y ait jusqu'à présent en elle de quoi
faire plus qu'une femme strictement honnête, et je n'en
connais point qui indique moins de grands côtés. Elle
est, comme je te l'ai dit, fort jolie, aime la toilette au
milieu de la simplicité assez stupide de la vie qu'elle
mène, et excellait, dès sa première enfance, à tirer un
excellent parti des moindres chiffons pour en parer
elle-même et ses sœurs. Je ne lui ai jamais entendu attribuer que cette seule capacité, ce qui, joint au peu
d'étendue de son esprit, menace d'en faire un petit être
très-joli et très-insignifiant. . . . .
. . . .

J'avoue que la famille serait aussi pour moi une
grande raison de refuser. L'esprit terre à terre est

l'atmosphère de toute cette maison. *** ne s'en est sauvé
qu'en ressemblant à son père, qui lui a donné, avec
toutes ses faiblesses et les mollesses de son âme, la vivacité et la pureté de son cœur. Dans tout le reste de la
maison, l'influence de *** prédomine. Ce sont de grandes
vertus bourgeoises enveloppées dans des idées infiniment petites et entièrement purgées de toutes extra-
vagances aristocratiques, telles que l'amour de la patrie, l'enthousiasme pour les actions énergiques et
brillantes.

Voilà tout au juste mon sentiment. Il est difficile de
juger définitivement une aussi jeune fille que celle dont
il s'agit. Elle peut se modifier jusqu'à un certain point
par l'action continuelle du mari. Cependant je ne con-
seillerai jamais à un jeune homme de la trempe de ***,
et tel que je le connais, d'entreprendre une éducation pareille; et je ne puis m'empêcher d'être péniblement af-
fecté en pensant qu'à la manière dont on se marie en
France, *** a autant de chances de tomber sur une
femme semblable que sur une autre; car c'est un grand
hasard de rencontrer, avant d'épouser, un homme
qui puisse lui en dire aussi long que je le fais en ce
moment.

Je te quitte à la hâte, mon cher Louis, parce qu'il
faut que je me remette à mon travail, dont la lenteur
me désespère. Nous t'attendons ici avec une impatience
extrême. Je ne puis te dire avec quelle joie nous te re-
verrons; nous passerons ici de bons jours, de meilleurs
que nous n'en avons vu depuis dix ans. J'aurais donné

beaucoup pour que tu vinsses, ainsi que cela était ton
dessein, passer six ou huit mois avec nous ; cette intimité si longue, si complète, eût fait époque dans notre
vie ; elle aurait achevé de clore pour nous la jeunesse
et d'ouvrir l'âge mûr. . . . .

Tocqueville, ce 4 septembre 1837.

Je ne t'ai point répondu plus tôt, parce que je cours
toujours après une demi-journée d'oisiveté complète
qui me permette de te raconter pêle-mêle une foule de
sentiments et d'idées qui me viennent sans cesse. Je ne
puis la trouver, et je prends le parti de t'écrire encore
une lettre insignifiante, de peur de te laisser trop
longtemps sans nouvelles.

J'ai rencontré l'autre jour, à Caen, madame *** ; je lui
ai dit, dans la conversation, que je venais de recevoir
de toi, une lettre de dix pages, et que j'aspirais à en
répondre une de la même taille. Cela lui a fait ouvrir
les yeux comme des portes cochères. Elle savait notre
intimité, mais une intimité qui peut produire des lettres
de dix pages lui semble surnaturelle. Je suis sûr que
son étonnement t'aurait désespéré ; car il t'aurait donné
une nouvelle preuve que nous vivons au milieu de gens
qui ne nous comprennent guère ; mais j'en ai ri de tout

mon cœur. Je serais bien fâché d'être trop bien compris de tout ce monde-là, gens très-estimables d'ailleurs, car cela prouverait que je leur ressemble plus qu'il ne me convient de leur ressembler. Je n'ai jamais bien compris le degré de chagrin que tu éprouves de rencontrer des gens que tu aimes, que tu estimes et qui cependant te jugent tout de travers. Cela me paraît quelquefois pénible, mais pas autant à beaucoup près qu'à toi, qui t'en affliges sans cesse; ou du moins j'en suis autant irrité qu'abattu. Cela me donne des désirs extraordinaires de légitimer mes singularités par le succès, qui est dans ce genre le seul argument présentable. Je vais aussi me citer, car après tout, c'est mon exemple que je connais le mieux. Lorsque j'ai commencé à écrire, je trouvais, il est vrai, dans ma famille immédiate, de grands encouragements; mais je ne m'en sentais pas fort excité, parce que je supposais que leur amitié les aveuglait. Car les parents sont toujours dans un de ces travers : un certain tour d'imagination leur fait exagérer le mérite de leur proche, et un autre leur en grossit les défauts. Je ne m'enflais donc point du vent qui pouvait me venir de l'intérieur; et à l'extérieur, j'étais exactement dans la position où tu es. Je passais pour un pauvre homme bizarre, qui, privé de carrière, écrivait pour tuer le temps; occupation estimable à tout prendre, puisque enfin il vaut encore mieux faire un méchant ouvrage que courir les mauvais lieux.

C'est au milieu de ces difficultés que j'ai commencé. Je me rappelle très-bien que cet état de choses m'attristait, me froissait, m'irritait; mais loin de m'abattre, il me mettait le feu sous le ventre. Je sentais très-bien qu'un homme qui vit autrement que les autres hommes doit tendre de toutes ses forces à être plus qu'eux, ou se plier silencieusement aux règles communes. Maintenant que mon livre a eu à peu près le succès que je voulais, je vois qu'on me laisse très-paisiblement suivre mes propres façons, sans me gêner. Pourquoi n'en arriverais-tu pas au même point? car après tout, et sans compliment inutile, je te crois mon maître. Il faut que je te répète ici une chose que je t'ai déjà dite bien des fois. Tu t'exagères infiniment les choses : la première est la difficulté de trouver par alliance une nouvelle famille qui te laisse libre dans tes goûts. Elle ne les comprendra pas, soit ; mais elle sera charmée de te les voir : toujours par là considération que je te faisais valoir plus haut. Il vaut mieux faire un mauvais livre que courir les maisons de jeu. Ce que désire avant tout un père de famille? C'est un homme rangé, qui ait des occupations. Lesquelles? Peu importe qu'il range des pierres comme ***, ou des idées, pourvu qu'il ne soit pas les bras ballants, le but est atteint. Ta seconde erreur est de croire à la difficulté d'animer ta femme à ton travail, car je conçois qu'une approbation du genre que j'expliquais plus haut ne te suffirait pas pour elle. Crois-moi, mon cher ami, tu te trompes. Il y a des femmes telles que tu les supposes, cela est vrai, mais infiniment moins que tu ne le crois. Je suis au contraire surpris du grand nombre de femmes, assez ordinaires du reste, que je vois prendre un intérêt passionné et souvent fort exagéré aux travaux littéraires de leur mari. Cela s'explique; car la gloire, de quelque manière qu'elle arrive, est de la gloire, et la femme qui porte votre nom y est au moins aussi sensible que vous-même. Il faut donc que tu supposes qu'elle aura une pauvre idée de toi et de ton esprit. Mais cela est-il supposable? est-ce qu'une femme se trompe en général sur ce point-là? est-ce qu'elle n'est pas avertie, à défaut d'autre chose, par ce qu'elle entend dire et par le jugement que les amis de son mari portent sur lui? Il te suffit de te montrer sans contrainte dans une seule conversation grave, pour qu'on ne puisse se méprendre sur ton compte. Madame de B., qui vient de partir d'ici, nous disait que dans une longue conversation que tu avais eue avec son mari devant elle, je ne sais à quel sujet, elle t'avait sur-le-champ trouvé un homme supérieur et qu'elle ne pouvait se figurer que tu fusses le *bon garçon* dont les *** lui avaient parlé. Une pareille remarque aurait encore moins échappé à ta propre femme; car quelque futiles qu'elles soient, les femmes découvrent bientôt les côtés saillants de leur mari, et ne tardent pas en général à reconnaître des supériorités dont elles ont la jouissance presque personnelle. J'avoue cependant qu'il y a par le monde de froides et sottes créatures féminines sur lesquelles on ne peut rien et qui diraient volontiers de leurs maris mêmes ce que madame *** me disait de Bonaparte, qu'elle avait beaucoup vu avant les campagnes d'Italie: *Je n'ai jamais connu un homme plus ennuyeux avec ses éternelles conversations politiques;*

aussi je m'en allais toujours quand je le voyais entrer.
Mais ce sont là des exceptions.

Adieu, mon bon ami, je t'äime et t'embrasse du
meilleur de mon cœur. Marie te dit mille amitiés.

P. S. Beaumont a rapporté d'Irlande d'excellents matériaux. Il m'a donné sur l'Angleterre des détails très-
curieux. Il paraît que dans ce pays-là le mouvement
démocratique est pour le moment arrêté. N'est-ce pas
une grande et inutile leçon pour toutes les aristocraties
du continent, qui, après s'être placées sous l'égide du
pouvoir royal et s'être laissé mettre en tutelle par lui,
sont aujourd'hui conduites par le même pouvoir vers
une destruction prochaine ; tandis que la seule aristocratie qui ait gardé le soin de ses propres affaires et
regardé l'ennemi en face, est debout et le sera quelque
temps encore ?

Tocqueville, 14 novembre 1837.

Je crois t'avoir dit précédemment que, sans que je
me fusse présenté moi-même, un grand nombre d'électeurs de l'arrondissement de Valognes voulaient me porter à la députation ; la tentative a eu lieu. Mes amis,
qui se composaient de toutes les nuances de l'opposition, ont échoué, mais en petite minorité seulement ; et
en somme cette lutte me laisse des souvenirs agréables,
à cause de l'ardeur singulière avec laquelle une partie

de la population a tout à coup embrassé ma cause. Il en est résulté un grand lien entre elle et moi, et je reviendrai désormais dans ce pays avec un vif plaisir. J'ai été amené dans le cours de cette élection à faire une petite publication que je t'envoie. J'évite en général de te parler du détail de mes actions politiques, à cause de la dissidence où nous sommes sur un point capital. Mais je ne dois pas te laisser ignorer les principaux de mes actes, et la publication en question a, à mes yeux, ce caractère.

N'ayant point été nommé, me voici en dehors des affaires pour plusieurs années au moins. Je suis, je t'assure, bien loin de m'en plaindre. Je vais reprendre paisiblement mes travaux, et il ne tiendra pas à moi d'en établir de communs avec toi. Tu sais que tel a toujours été mon meilleur rêve. Nous avons encore le temps, comme tu vois, de philosopher à la grecque...

Comme toi je m'intéresse sans cesse, et plus peut-être que je ne puis me l'expliquer, pour Lamoricière, que je suis tenté de croire un peu indifférent pour tout le monde, et très-attaché seulement à son état. Cet homme m'entraîne malgré moi; et quand j'ai lu le récit de son assaut de Constantine, il m'a semblé que je le voyais arriver le premier au haut de la brèche, et que toute mon âme était un instant avec lui. Je l'aime aussi, je crois, pour la France; car je ne puis m'empêcher de croire qu'il y a un grand général dans ce petit homme-là.

Baugy, ce 21 mars 1838.

Je viens de recevoir une lettre de toi, mais je veux d'abord répondre un mot à la lettre que j'ai emportée avec moi l'autre jour ; le voici :

Cette lettre m'a paru fort belle et je crois qu'en masse tu y as raison. Elle me satisferait pleinement, si j'étais uniquement un être raisonnable ; mais j'ai en moi des instincts puissants que tes paroles ne calment point. Il est déraisonnable, je l'avoue, de désirer autre chose que la destinée humaine. Mais telle est l'impulsion involontaire et toute-puissante de mon âme. Il y a certains côtés de l'humanité qui me paraissent si petits que je sens la froideur pour le tout qui me gagne, malgré que j'en aie. C'est là une impression très-fâcheuse, si elle se renouvelait souvent, et qui paralyserait au lieu d'activer, si elle devenait permanente. J'aurais trop long à te dire là-dessus, et comme le temps me presse, je reviens à ta dernière lettre.

Je répondrai au premier article de ta lettre en te disant que, depuis quelques jours, je lis la vie de Mahomet et le Coran. Cette dernière lecture est une des plus impatientantes choses et des plus instructives qui se puissent imaginer, parce que l'œil y découvre facilement en y regardant de fort près tous les fils à l'aide desquels le prophète tenait et tient encore ses sectateurs. C'est un cours complet d'art prophétique que cette lecture-là, et je t'engage fortement à la faire. Je ne conçois pas comment *** a pu dire que ce livre-là était un progrès sur l'Évangile. Il n'y a nulle comparaison quelconque à faire suivant moi, et je trouve que sa seule lecture indique merveilleusement les différentes destinées des musulmans et des chrétiens. Le Coran ne me paraît être qu'un compromis assez habile entre le matérialisme et le spiritualisme. Mahomet a fait la part du feu, comme on dit, aux plus grossières passions humaines pour pouvoir faire pénétrer avec elles un certain nombre de notions fort épurées; afin que, les premières maintenant les secondes, l'humanité marchât passablement, suspendue entre le ciel et la terre. Voilà la vue philosophique et désintéressée du Coran; quant à la partie égoïste, elle est bien plus visible encore. La doctrine que *la foi sauve*, que *le premier de tous les devoirs religieux est d'obéir aveuglément au prophète*, que *la guerre sainte est la première de toutes les bonnes œuvres, et.....* toutes ces doctrines, dont le résultat pratique est évident, se retrouvent à chaque page et presque à chaque mot du Coran. Les tendances *violentes et sensuelles* du Coran frappent tellement les yeux que je ne conçois pas qu'elles échappent à un homme de bon sens. Le Coran est un progrès sur le polythéisme en ce qu'il contient des notions plus nettes et plus vraies de la Divinité et qu'il analyse d'une vue plus étendue et plus claire certains devoirs généraux de l'humanité. Mais il passionne, et sous ce rapport, je ne sais s'il n'a pas fait plus de mal aux hommes que le polythéisme qui, n'étant un ni par sa doctrine ni par son sacerdoce, ne serrait jamais les âmes de fort près et leur laissait prendre assez librement leur essor, tandis que la doctrine de Mahomet a exercé sur l'espèce humaine une immense puissance que je crois, à tout prendre, avoir été plus nuisible que salutaire. Je voulais t'en dire beaucoup plus long sur le mahométisme en particulier et les religions en général. Mais depuis quelques jours ma tête se fatigue aisément et m'oblige à m'occuper le moins que je puis d'objets sérieux et saisissants. Je m'arrête donc à regret. C'est avec chagrin que je songe à la longue séparation qui nous reste encore : près de deux mois. Je me sens le désir et presque le besoin de causer avec toi. Je ne puis comprendre comment il te serait impossible de venir passer ici la semaine de Pâques. On ne fait ni visites ni affaires dans notre monde pendant ce temps-là. Indépendamment du plaisir extrême que nous aurions à te voir dans notre profonde solitude, nous nous y trouverions plus à l'aise que nous ne l'avons jamais été pour éclaircir des idées qui ont une immense importance pratique et qui ne peuvent devenir moins obscures que par la conversation seule. Viens donc, je t'en prie.

Tocqueville, ce 8 août 1838.

Je veux te donner une fois de mes nouvelles avant ton retour, et je t'écris à Rennes pour plus de sûreté.

. . . .

Je passerai immédiatement et sans transition, suivant notre extraordinaire méthode, de toi aux antipodes, c'est-à-dire à Platon. Ce que tu en penses m'a paru pensé admirablement bien, parce que c'est précisément ce que j'en pense moi-même. L'épithète d'*enfantin* donné à ce philosophe barbu m'a surtout réjoui et fait rire d'un rire très-approbateur; c'est précisément le mot attaché à la chose. Il y a en effet de l'enfantin dans les idées et surtout dans les méthodes puérilement méthodiques ou désordonnées de Platon. Mais, dans plusieurs endroits, il y a souvent du supérieur à l'homme, surtout si on se reporte à son temps. En somme, je le considère comme un pauvre politique; mais le philosophe m'a toujours paru supérieur à tous les autres, et sa visée, qui consiste à introduire le plus possible la morale dans la politique, admirable. Il y a une aspiration continuellement spiritualiste et haute dans cet homme-là qui m'émeut et m'élève. Je crois qu'à tout prendre, c'est à cela surtout qu'il doit d'avoir si glorieusement traversé les siècles. Car après tout, et dans tous les temps, les hommes aiment qu'on leur parle de leur âme, bien qu'ils ne s'occupent guère que de leur corps.

Adieu, je retourne au travail. Nous nous faisons une fête de te revoir, et, en attendant, je t'embrasse.

J'ai mené depuis quelque temps une vie si agitée et si errante, mon cher ami, que je n'ai pu encore répondre à ta dernière lettre. Elle m'a cependant fort ému. Il y règne une tendre amitié pour moi dont l'expression m'a bien touché. Je te demande pardon de t'avoir exprimé quelques craintes et quelques doutes; ma seule excuse est dans le prix extrême que j'attache à notre intimité. Quoique je diffère de toi sur quelques points importants, il n'y a pas, après tout, d'âme avec laquelle je me sente autant de liens profonds et de sympathie réelle qu'avec la tienne. Je ne trouve guère qu'en toi la satisfaction pleine et entière de certains instincts élevés de ma nature qu'il me faut cacher ou comprimer dans le commerce habituel des hommes. Tous les mouvements de mon esprit et de mon cœur sont libres devant toi. Je puis descendre sans cesse avec toi jusqu'au fond de mes sentiments et de mes pensées sans crainte de me faire mal ou de te faire mal. Cela est tout à fait unique pour moi. Le charme qui en résulte est extrême. C'est le plus grand et le plus viril plaisir que je connaisse. Rien ne me serait plus pénible que d'en être privé. . . . .

. . . .

. . . Je te dirai que je conçois et que j'approuve l'insistance que met ta famille à t'empêcher, dans les circonstances actuelles, d'aller en Afrique. Ce voyage n'eût pas été très-bien placé. Mais si tu n'es pas en Afrique, pourquoi n'écris-tu pas? Tu sais avec quelle impatience Marie et moi nous attendons de tes nouvelles. . .

. . . J'ai déjà voulu me remettre au travail, mais je trouve des difficultés très-grandes à y réussir. Il me semble que les idées paraissent et disparaissent devant moi comme des ombres chinoises, et que je ne les vois qu'à travers un objet transparent qui m'empêche toujours de les saisir. Je ne sais si cela vient de moi ou du sujet; de tous les deux, je pense. Le sujet est ce chapitre final dont nous avons tant causé, sans pouvoir rien conclure. S'il te venait quelques idées nouvelles sur ce point, fais-m'en part, je t'en prie. Tu sais qu'il s'agit de trouver une idée assez générale pour que l'esprit du lecteur s'y repose après la lecture de tout l'ouvrage, et dont cependant le développement ne soit pas assez long pour achever de fatiguer une attention déjà presque lasse. Peut-être que d'ici à quelques jours je t'écrirai à ce sujet une très-longue lettre; mais, pour le présent, je suis encore dans une trop grande obscurité pour pouvoir causer utilement. On vient me chercher pour monter à cheval; je te quitte, mais non sans t'embrasser du fond de mon cœur.

Alger, 23 mai 1841.

Je te remercie, mon cher ami, de la lettre que tu m'as écrite et que j'ai reçue ici, il y a dix jours. Je vois que tu attends beaucoup pour moi de ce voyage, j'en espère aussi quelque chose ; mais je doute qu'il dure assez pour remonter le physique et le moral ; l'un et l'autre sont depuis longtemps en assez pauvre état. Je n'ai pas grand'chose à t'apprendre sur l'un ni sur l'autre. Ainsi, comme le temps me presse, je vais te parler d'Alger. Je ne fais qu'entrevoir toutes les questions que ce pays soulève ; cependant je commence à y voir un peu plus clair qu'en France. C'est une situation bien compliquée, bien difficile, dont je crois cependant qu'on se tirerait sans les vices inhérents à notre caractère national et à la forme de nos institutions. Mais ces vices, se joignant aux difficultés de l'entreprise, nous feront peut-être échouer. Voici l'état des choses. Nous nous établissons de mieux en mieux dans la province de Constantine, et nous marchons rapidement à y remplacer les Turcs et à y établir un gouvernement assez analogue au leur. Il n'y a rien là de bien glorieux. Mais il y a lieu d'espérer qu'en maintenant de cette manière la population de l'intérieur soumise et immobile, nous pourrons faire en paix la colonisation des environs de Bone. Je doute cependant que le moment de cette dernière entreprise soit arrivé.

Dans la province d'Alger, les coureurs de l'ennemi

viennent couper des têtes jusque dans le massif; la
plaine de la Mitidja est un désert. Il n'y a plus de colons, et les tribus arabes qui l'habitaient sont toutes dé-
campées. Alger présente cependant l'image d'une grande
ville jouissant d'une grande prospérité. L'énergie que
montrent ses habitants au milieu de tant de périls et de
misère est étonnante. Il est évident que les âmes y sont
montées sur un ton plus haut et plus ferme qu'en
France. Toute la province d'Oran, sauf Oran, et celle
de Tittery sont aux mains de l'émir. D'après tous les
rapports que j'ai entendus, celui-ci est tout à la fois plus
fort et plus faible qu'il n'a été. Son gouvernement a pris
de la consistance et s'est organisé; il est mieux obéi que
celui même des Turcs. Il a créé comme eux une force
permanente et régulière avec laquelle il se porte rapidement sur la tribu qui veut résister et l'écrase. De plus
que les Turcs, il exploite la haine des chrétiens et tient
ensemble les tribus à l'aide de ce sentiment commun, le
seul qui existe chez les Arabes. Mais d'un autre côté, il
paraît certain que la population, toute fanatique qu'elle
soit, se fatigue de la guerre qui souvent lui enlève ses
richesses et surtout l'empêche de vendre ses produits.
Il y a donc lieu d'espérer qu'une guerre de razzias bien
conduite finira par obliger Abd-el-Kader à demander la
paix, ou par porter une partie des tribus à se détacher de
lui. Il arriverait alors dans les provinces d'Oran et d'Alger quelque chose d'analogue à ce qui se passe dans la
province de Constantine, c'est-à-dire que la domination
française s'établirait tant bien que mal dans l'intérieur;

résultat petit en lui-même, mais qui permettrait de co-
loniser les environs d'Alger, véritable but que doit poursuivre la France et pour lequel la domination n'est que
le moyen.

Il y a deux choses que je crois, quant à présent, voir
clairement :

La première, et la plus grande, c'est que, si nous
laissons s'établir dans l'intérieur de l'Afrique une véritable puissance arabe organisée, se perfectionnant chaque
jour par notre exemple, habituant de plus en plus les
tribus à marcher ensemble, et, en cas de guerre de la
France, avec une puissance européenne pouvant recevoir
de celle-ci des instructions, des hommes, de l'argent et
des armes; si nous laissons faire cette chose, notre établissement d'Afrique n'a aucun avenir, la colonisation
sera difficile, et son résultat toujours précaire. Ceux qui
espéreraient une paix véritable avec l'émir se trompent.
Il ne peut la faire, s'il le voulait, par deux raisons. Je
te disais que le seul sentiment commun qui liait les tribus, c'était le fanatisme. Ce n'est qu'en exploitant ce
fanatisme qu'il peut être fort, et il ne peut l'exploiter
que par la guerre. Secondement, tous ceux qui connaissent les Arabes parlent sans cesse de leur cupidité, sentiment presque aussi fort que leur fanatisme. Une
longue paix établirait entre eux et nous des rapports si
favorables pour eux, que jamais Abd-el-Kader ne la lais-
sera durer; ou, si elle dure, elle sera accompagnée de
restrictions commerciales qui en ôteront pour nous tout
le prix. Il est donc d'une importance primordiale de

tenter de détruire cette puissance naissante et d'y réussir.

Le second point que je crois voir clairement est celui-ci : c'est qu'il n'est pas impossible d'y réussir et qu'il est plus facile d'y réussir maintenant que plus tard. Il faut bien s'imaginer qu'Abd-el-Kader ne gouverne pas des individus, mais des associations d'individus appelées tribus. Il y a telle de ces associations qui peut mettre sur pied six mille chevaux. Un gouvernement semblable, si vous y ajoutez surtout la circonstance de la vie nomade de ces mêmes associations, est de sa nature difficile et précaire. Il en est particulièrement ainsi, si l'on songe que chacune de ces grandes tribus contient de grandes familles aristocratiques qui sont naturellement aussi faites pour commander que celle d'Abd-el-Kader, et qui, par conséquent, ne souffrent qu'avec impatience sa domination. Du reste, et pour le dire en passant, Abd-el-Kader, semblable en cela à nos rois civilisés d'Europe, travaille activement à diminuer ce danger en faisant le plus possible disparaître ces anciennes familles. Il a déjà fait couper la tête à presque tous les chefs sous un prétexte ou sous un autre. Je reviens à mon dire : un gouvernement de cette espèce est toujours difficile et précaire. Il y a toujours lieu d'espérer qu'en flattant l'orgueil ou en gagnant par l'argent l'appui des chefs de quelques tribus puissantes, et surtout en désolant par la guerre les principales, on arrivera à créer entre elles et l'émir des causes de désunion, et que ces causes amèneront la chute de ce dernier. Si ce résultat, dont je te développe très-mal les moyens parce que je suis pressé par le temps, est possible, il l'est assurément bien plus aujourd'hui que la puissance d'Abd-el-Kader commence, que quand elle aura pour elle le temps. C'est donc le cas de continuer nos efforts, quelque pénibles qu'ils soient, de pousser la guerre dans tous les sens, et sans donner aux Arabes le temps de respirer. Quant à la manière de faire la guerre à ces gens-là, je commence aussi à avoir quelques idées claires sur ce point; mais je te les exposerai une autre fois. Pour aujourd'hui je te dirai seulement qu'il m'est prouvé que six mille fantassins, sans canons, peuvent traverser sans crainte et en tous sens le pays ennemi; qu'ils ne doivent plus tenter de grandes expéditions, mais aller dans tous les sens, à tort et à travers, tant qu'ils ont des vivres, afin de surprendre les Arabes, de les étonner, et de leur montrer que la dévastation ne suit plus de lignes droites et prévues d'avance, mais tombe à l'improviste partout.

Jusqu'à présent la question de colonisation me paraît aussi assez facile, surtout si on veut la mettre à couvert par quelques ouvrages, et faire des villages fortifiés au lieu de maisons isolées. Il est bien prouvé maintenant que la moindre masure crénelée est imprenable pour les Arabes; nos fossés normands seraient infranchissables pour eux. J'ai vu à quelque distance d'Oran, un fossé de neuf pieds de large que Lamoricière a fait creuser par ses soldats en trois mois pour rien. Cela suffit pour donner une parfaite sécurité à tout ce qui est en deçà. Quant au sol, il est admirable, il ne demande que des bras. Je te dirai, quand j'aurai mieux étudié la chose, comment je comprends qu'on peut enfin y amener et y retenir les bras.

J'ai vu pendant deux jours Lamoricière à Mostaganem, au moment où il partait pour Tagdempt avec l'armée. . . C'est déjà l'homme principal de ce pays; il y fait admirablement, et il a l'art d'exciter au plus haut point la confiance du soldat, tout en satisfaisant la population civile. Son système de razzias est excellent. Sa capacité spéciale me paraît croître. . . . .

. . . Voilà une lettre de *jadis*, fais-moi une réponse de *jadis*, c'est-à-dire interminable, et fais-la sans tarder. Pourquoi nous écrivons-nous moins? Nous ne nous aimons pas moins cependant! Pour moi, la vue du monde et des affaires me rejette chaque jour de plus en plus vers toi, et quand je descends au fond de mon cœur, je trouve qu'à tout prendre, je te suis plus réellement attaché, et que je mets encore plus de prix à ton amitié aujourd'hui qu'il y a vingt ans. Nous nous sommes liés par hasard; et l'expérience des hommes m'apprend tous les jours que le choix aurait dû faire ce qu'a fait le hasard.

Adieu, écris-moi à Alger; je vais quitter cette ville pour aller parcourir la province de Constantine, qui nous est ouverte, et où on peut voir les Arabes chez eux. Tâche, dans ta réponse, de me faire mille questions, afin de mettre mon esprit en mouvement.

Tocqueville, 25 octobre 1841.

Voilà, mon cher ami, le temps qui s'avance, et je
n'entends pas encore dire que tu te prépares à venir.
Jusqu'ici j'ai été bien aise de ne pas t'avoir, parce que
j'ai presque toujours eu du monde, ou ai été dérangé
par des visites ; mais me voici, Dieu merci, sur le point
d'être seul. C'est le temps où j'aime à t'avoir, le seul
où nous puissions jouir réellement l'un de l'autre.
Viens donc, je t'en prie, si tu peux. Tu nous feras un
plaisir très-vrai et très-grand. Cette réunion est agréable,
et elle est utile aussi ; car, à Paris, on se voit, mais on
ne communique pas, et, pour ma part, je considérerai
toujours comme une chose essentielle de reprendre
chaque année complétement les habitudes de notre
vieille et précieuse intimité. J'en ai d'autant plus besoin au moment où je vais entrer dans l'arène politique. Tu es au fond le seul esprit dans lequel j'aie
confiance et auquel je donne une action véritable sur
le mien. Plusieurs autres peuvent influer sur le détail
de mes actions, mais nul n'a autant d'influence que toi
sur la formation des idées mères et des principes qui
sont la règle de la conduite. C'est sur ce premier fondement de mes actions que je sens souvent le besoin de
te consulter, surtout à l'époque de calme et de retour
sur moi-même qui précède la lutte. Je ressens alors la
nécessité de reprendre et de revoir avec toi les principales idées qui doivent me guider dans les cas par-

ticuliers de la pratique. L'expérience m'apprend de plus
en plus que le succès et la grandeur de ce monde rési-
dent bien plus dans le bon choix de ces idées générales
et mères que dans l'habileté qui vous fait vous tirer
chaque jour des petites difficultés du moment.

J'ai passé un été très-heureux, le plus heureux temps
que j'aie eu depuis plusieurs années. J'y ai connu
quelque chose qui ressemble beaucoup au calme de
l'âme, si même il ne l'est. Cet état sera-t-il durable ou
doit-il se perdre dans l'agitation politique de Paris?
Je l'ignore absolument et l'expérience seule peut me
le faire connaître. Tu sais avec quelle incurable bêtise
l'homme attribue à l'effort de sa raison ce qui n'est que
l'accident de sa santé, de sa résidence dans un lieu, de
son éloignement des occasions, de mille causes enfin
qui, n'étant pas en lui-même, peuvent et doivent
changer. Je n'attribue donc qu'avec beaucoup d'hési-
tations et de doutes l'état de tranquillité et de satisfaction comparative dans lequel je suis depuis quelques
mois à un véritable changement qui se serait opéré
dans ma manière d'envisager les choses de ce monde;
et pourtant il me semble, en vérité, que ce point de
vue est un peu changé. J'attends moins de la vie. Je
cave moins haut. Voilà, à ce qu'il me paraît, ce que j'ai
gagné. Le bonheur intérieur me semble un plus grand
objet qu'il ne me paraissait. Le pouvoir, le bruit extérieur m'apparaissent comme une chose moins nécessaire
que je ne l'avais cru jusque-là. Je regarde plus sérieusement l'idée de passer ma vie, s'il le fallait, comme le

commun de mes semblables, et je ne trouve plus si insupportable de n'avoir pas une destinée à part. En un mot, mes désirs, autant que je puis en juger, sont devenus plus modérés et plus patients ; d'où vient cela ? C'est ce que je ne puis encore bien démêler, et cette obscurité m'effraye. Qui a jeté des rênes à cette ambition d'une espèce particulière, mais si énergique et si immodérée dans son genre ? C'est là, comme je te le disais, ce que je ne puis encore bien démêler et ce que je n'apercevrai clairement qu'à l'usage. La violence de mes désirs dans ce sens a-t-elle cédé devant la vue des obstacles qui se trouvent soit en moi, soit hors de moi ? Je le pense. Ces obstacles en effet sont très-grands, peut-être insurmontables. L'impossibilité d'atteindre quelque chose qui satisfasse est visible. Cette vue m'a-t-elle calmé, et ce calme me suivra-t-il dans l'action ? Non au degré où il est sans doute. Mais ce serait déjà beaucoup, si je ne suis pas tranquille, d'être au moins dans une agitation moindre. C'est à cela que je borne mes espérances pour l'hiver. En attendant, j'éprouve un singulier phénomène dont je livre l'application à ta perspicacité. A mesure que la vie me paraît un objet moins haut et d'une valeur moindre, je me sens plus heureux de vivre. . .

Tocqueville, 23 août 1842.

J'ai reçu ta lettre ce matin, mon cher ami, et je me hâte d'y répondre sur-le-champ un mot. Je considère *** comme un très-brave garçon et un fort galant homme. Il est d'une bonne famille. L'obligation où il est de travailler pour vivre, le force d'occuper une position un peu inférieure. Je crois que toutes les fois qu'il trouve l'occasion d'entrer en rapport avec des gens comme toi, il la saisit avec empressement. De plus une grande vivacité de parole et même une sorte de pétulance est dans l'habitude de ses manières. Tout cela explique très-suffisamment, sans chercher d'autres causes, l'ardeur qu'il met à t'être agréable et à cultiver ta connaissance. Il ne serait pas, de plus, impossible que sans avoir un plan profond et machiavélique de te soutirer tes idées, il fût charmé de faire son profit de ce que tu penses sur l'objet actuel de tes études. Ce sentiment peut se mêler à sa conduite, mais n'en est pas la cause. C'est là, du reste, figure-toi-le bien, un sentiment commun à tous ceux qui utilisent les idées, soit pour en faire des livres, soit pour en faire des discours. Il est surtout irrésistible chez les journalistes qui, obligés les trois quarts du temps d'écrire sans avoir le loisir de penser, prennent partout où ils les trouvent des idées toutes faites. . . .

. . . .

Pour en venir au caractère d'esprit du même homme, voici ce que j'en pense : je crois son esprit superficiel et

léger ; et par conséquent son opinion sur les matières
que tu as étudiées n'aurait que très-peu d'influence sur
moi. Indépendamment de ces défauts naturels, il en a
d'acquis qui lui sont venus de l'époque où il est entré
dans le monde et de la nature de ses études. Il est, il
faut le reconnaître, de la foule de ces petits hommes
qui, venus après les révolutions, se sont persuadés que
la virilité et la profondeur de l'esprit consistaient à
prendre en pitié les questions et les passions politiques,
et à ne voir rien de bien sérieux dans tout ce qui a tant
agité leur pères, se figurant se rapprocher de Voltaire
parce qu'ils portent sa queue. *** a assurément ce travers ; de plus, il le feint, tant il le trouve agréable ; et
c'est ce qui avait commencé à me donner, dans l'origine,
de l'éloignement pour lui. Mais, à *l'user*, j'ai vu que
son cœur valait mieux que son esprit ; et que les principes qui dirigeaient ses actions étaient plus droits et
plus sûrs que ceux qui conduisent sa plume ou sa langue.

. . . .

Tocqueville, 25 octobre 1842.

Je ne t'ai pas écrit depuis six semaines que je suis
revenu ici ; et en vérité je n'aurais pas eu grand'chose
à te dire. J'ai mené une vie errante et stérile, stérile au
moins quant aux idées, car j'espère que ce ne sera pas
du temps perdu. Dans le temps où nous sommes, ce
n'est point par des actes ou des discours politiques

qu'on s'assure des électeurs, mais en établissant avec
eux des rapports personnels. C'est un système vicieux,
j'en conviens; mais il faut du moins le faire servir à
faciliter de bonnes entreprises. Ce n'est qu'en se sou-
mettant à cette espèce de servitude, qu'on peut s'assurer
l'usage de sa liberté dans les grandes choses. Du reste,
je viens de le faire non sans fatigue, mais sans ennui.
Je trouve aujourd'hui un certain charme dans mes relations avec ces hommes dont un intérêt politique m'a-
vait d'abord seul rapproché, et pour plusieurs desquels
j'éprouve aujourd'hui des sentiments de véritable attachement et d'estime. Il est bien facile de voir dans le
contact avec tout ce monde-là, qu'à tout prendre le pays
vaut mieux que ceux qui le dirigent.

Me voici enfin revenu chez moi depuis quelques jours.
Je devrais y être content et tranquille; j'y suis agité et
soucieux. Pourquoi cela? Cela est assez difficile à démêler pour moi-même, car après tout je n'ai pas à me
plaindre de mon sort. En fait de bonheur domestique,
je possède tout ce qu'il est donné à l'homme d'en avoir
dans ce monde; et quant aux biens extérieurs, je ne suis
guère plus maltraité qu'aucun de mes contemporains.
Cependant je suis habituellement sombre et troublé. J'attribue ce fatigant et stérile état de l'âme, tantôt à une
cause, tantôt à une autre. Mais je crois qu'au fond il ne
tient qu'à une seule qui est profonde et permanente, le
mécontentement de moi-même. Tu sais qu'il y a deux
espèces d'orgueils très-distincts, ou plutôt le même orgueil a deux physionomies, une triste et une gaie. Il y a

un orgueil qui se repaît avec délices des avantages dont il jouit ou croit jouir. Cela s'appelle, je pense, de la présomption. Puisque Dieu voulait m'envoyer le vice de l'orgueil à forte dose, il aurait bien dû au moins m'envoyer celui qui appartient à cette première espèce. Mais l'orgueil que je possède est d'une nature toute contraire. Il est toujours inquiet et mécontent, non pas envieux pourtant, mais mélancolique et noir. Il me montre à chaque instant toutes les facultés qui me manquent, et me désespère à l'idée de leur absence. Le fait est que si j'ai quelques qualités, elles ne sont pas du nombre de celles qui peuvent satisfaire pleinement dans la carrière que je suis; et celles qui me manquent sont précisément celles dont je jouirais le plus et tous les jours : la promptitude à concevoir, la facilité à rendre, la vue claire des détails, le sang-froid, etc. J'en ajouterais bien d'autres si je voulais peindre mon portrait comme il se présente sans cesse devant mes yeux; mais cela est inutile à l'homme du monde qui me connaît le mieux. . . . . .

. . . .

. . . . As-tu jamais lu l'histoire d'Angleterre depuis la révolution de 1688? Je fais en ce moment cette lecture, et j'y trouve un très-grand attrait, quoique l'historien Smollet soit le plus pauvre écrivain que la terre ait porté. J'avoue que cette lecture me porte à croire que nous jugeons quelquefois avec une sévérité excessive notre pays et notre temps. Nous croyons souvent particuliers à nous et à notre époque des travers, des faiblesses et des vices qui tiennent à la forme même de nos institutions et à leur action spéciale sur la portion corrompue du cœur humain. Le rôle que jouent les passions égoïstes, vénales, le défaut de principes, la versatilité des opinions, la démoralisation et la corruption presque constante des hommes politiques dans cette histoire constitutionnelle de l'Angleterre est immense. La puissance des intrigues individuelles, la petitesse et la laideur particulière des passions durant les temps de calme où les événements manquent à la production des grands efforts et à la mise en lumière des grands caractères, sont infinis. Quand on pénètre dans ces détails, on ne saurait croire que pendant que toutes ces misères et tous ces vices se rencontraient, ou plutôt étaient mis en relief par le jeu des institutions libres, la nation pût entreprendre et achever les choses prodigieuses qu'elle a faites dans le monde durant ce siècle. Ce qui est bien visible dans cette histoire, c'est à quel point la querelle, l'allure passionnée est dans la nature et la nécessité des pays libres. Il en résulte que, quand les circonstances ne se prêtent point aux grands débats, on se querellaille pour des riens et on se tourmente pour trouver des sujets de dissentiment et de discussion... Il y a plus de dix époques dans l'histoire du dernier siècle en Angleterre, qui présentent ce spectacle. Je serais très-curieux de te voir faire cette lecture et d'avoir ton avis. Tu y verrais entre autres des ressemblances bien singulières entre le temps qui a suivi immédiatement la révolution de 1688 et la nôtre, avec cette différence capitale cependant, que la révolution de 1688 ayant fait rentrer l'Angleterre dans

ses alliances naturelles et dans son véritable rôle extérieur, la figure du pays quant aux étrangers est tout de
suite devenue plus grande, tandis que le contraire est
arrivé après 1850 par les raisons opposées.

Assez de politique et d'histoire. Que deviens-tu? Tu
perds trop l'habitude de m'écrire. Je sais qu'il est bien
difficile d'écrire de loin en loin des lettres qui satisfas-
sent; mais encore cela vaut-il mieux que le silence...
As-tu passé tout le temps qui s'est écoulé depuis que je
ne t'ai vu, à Fosseuse, et y as-tu fait autre chose que tes
affaires? Je crois bien que non, et je crains que pour te
porter maintenant à faire vivement et continûment autre
chose, il ne faille rien moins que le choc de quelque grand
événement public, une révolution nouvelle ou quelque
chose d'analogue. Il y a dans les constitutions intellectuelles qu'on connaît le mieux de certains secrets qu'on
ne peut percer, quelque effort qu'on fasse. Je suis sûr
que les trois quarts du temps il se trouve dans les agitations de mon esprit des obscurités que tu ne peux pénétrer; de même le demi-sommeil de ton intelligence depuis
quelques années est pour moi un problème absolument
insoluble. Qu'avec un esprit comme le tien on ne veuille
pas se prouver au moins à soi-même par une grande étude
ce qu'on est capable de faire, et que faute de l'action
politique, on n'essaye pas ses forces sur la seule arène
qui reste ouverte, voilà ce qui est tellement obscur pour
moi que je renonce à vouloir l'éclaircir et même à en
parler; car il est évident, comme je le disais tout à
l'heure, qu'il y a chez les hommes qui s'aiment et se

connaissent le mieux certaines sensations et certains instincts d'une nature si originale, si propre et si spéciale à ceux qui les ressentent et les possèdent, que les mots ne servent de rien pour les faire comprendre ou pour les combattre. Sur ce point-là les langues qui ne sont faites que pour les cas généraux de l'humanité ne servent plus à la communication de la pensée. Il n'y a personne qui sur plusieurs points ne soit dans la position d'un sourd et muet.

. . . Arrange-toi donc pour venir passer avec nous une semaine, afin que nous puissions entrer au moins une fois l'an en communication réelle et profonde l'un avec l'autre. Ne nous laissons pas *raccornir* par les affaires publiques et privées, l'absence et l'âge.

Tocqueville, 19 octobre 1843.

. . . .

Je trouve très-juste ce que tu me dis de mon caractère. Il est très-vrai que sous l'impression du moment je puis faire les choses les plus contradictoires, et m'écarter tout à coup par un brusque écart du chemin qui me conduit à la chose que je désire le plus passionnément du monde. Bien des gens ne me comprennent pas, et je ne m'étonne pas : car je ne me comprends pas moi-même. Il y a deux tendances en apparence inconciliables qui se trouvent unies dans ma nature ; mais comment s'est fait ce nœud? Je l'ignore. Je suis tout à la fois l'homme le plus impressionnable dans mes actions de tous les jours, le plus entraînable à droite et à gauche du chemin dans lequel je marche, et à la fois le plus obstiné dans mes visées. J'oscille sans cesse et ne perds jamais entièrement mon équilibre. Tous les buts principaux que j'ai donnés à ma vie, je les ai poursuivis constamment et par les efforts les plus continus et souvent les plus pénibles. Toutes mes affections, je les ai conservées. Il y a quelque chose d'incroyablement inflexible au milieu de cette nature agitée et inflammable, que je ne saurais le moins du monde comprendre moi-même, et que par conséquent je n'ai pas le droit d'accuser un autre de ne pouvoir s'expliquer.

Quelque intéressant que soit pour moi ce sujet, je veux passer à un autre parce que le temps me manque et que cependant je me sens préoccupé d'une autre chose encore dont je veux te parler. . . . .

Clairoix [1], près Compiègne, 18 octobre 1847.

. . . . Je suis charmé de ce que tu me dis que les hommes politiques que tu vois sont en général de ton avis sur les affaires d'Allemagne [2]. J'ai vu, il y a deux jours, à Paris, un Anglais d'un grand mérite, M. Se-

---

[1] Clairoix, petite maison de campagne qu'habitait alors son père, le comte de Tocqueville.

[2] Louis de Kergorlay était alors à Bonn, où il étudiait l'Allemagne.

nior, qui revient d'Allemagne. J'ai causé avec lui et j'ai
trouvé avec satisfaction qu'il paraissait avoir été impres-
sionné comme toi des affaires de Prusse; du moins c'est
ce que j'ai cru juger. C'est pour moi une garantie sérieuse que tu es dans le vrai; et c'est ce qui me ferait
tant souhaiter que tu prisses un jour le parti d'écrire sur
le pays que tu sais si bien voir. Si tu le faisais jamais,
voici ce que je te recommanderais. Le difficile serait de
faire au lecteur français une peinture saisissable d'un état
de société et d'esprit si différent, non-seulement de celui
que nous nous figurons, mais surtout de ce que le sentiment de nous-mêmes nous porte à imaginer. La grande
difficulté du sujet n'est pas notre ignorance, mais ce
préjugé naturel qui naît de la contemplation de notre
pays et des souvenirs de notre histoire. Malheureusement
sur ce point je ne saurais te donner aucun conseil, sinon
celui de faire sans cesse un retour sur toi-même, de te
demander ce que tu étais naturellement porté à penser
sur l'Allemagne avant de l'étudier, de rechercher par
quelles voies tu es passé pour arriver de tes opinions
instinctives à tes opinions raisonnées, et de tâcher de
faire suivre à tes lecteurs les mêmes chemins. Je suis
sûr que tel doit être ton but : mais par quel procédé
l'atteindre? Il n'y a que l'auteur qui puisse être juge de
cette question. Faut-il expliquer les différences et les
ressemblances que peuvent présenter les deux pays, ou
parler seulement en vue de les faire comprendre? Je ne
sais. Dans mon ouvrage sur l'Amérique, j'ai presque
toujours suivi la seconde méthode. Quoique j'aie très-

rarement parlé de la France dans ce livre, je n'en ai pas écrit une page sans penser à elle et sans l'avoir pour ainsi dire devant les yeux. Et ce que j'ai surtout cherché à mettre en relief aux États-Unis et à faire bien comprendre, c'est moins la peinture complète de cette société étrangère, que ses contrastes ou ses ressemblances avec la nôtre. C'est toujours soit de l'opposition soit de l'analogie de l'une que je suis parti, pour donner une idée juste et intéressante de l'autre. Je te dis cela non comme un exemple à suivre, mais comme un renseignement bon à connaître. A mon avis, ce continuel retour que je faisais sans le dire vers la France a été une des premières causes du succès du livre.

Tu me poses, à propos des passions religieuses, une question que je crois insoluble, c'est-à-dire ne pouvoir être résolue par une vérité générale et absolue. Il est incontestable pour moi que la liberté politique a tantôt amorti, tantôt animé les passions religieuses. Cela a dépendu de beaucoup de circonstances : de la nature des religions, de l'âge où est parvenue, au moment où elles se sont rencontrées, soit la passion religieuse, soit la passion politique; car, pour les passions comme pour toutes choses en ce monde, il y a une croissance, une virilité et une décadence. Quand la passion religieuse était à son déclin et la passion politique à son premier essor, la seconde a fait oublier la première. Ces circonstances et bien d'autres que je n'indique pas peuvent servir à expliquer les prodigieuses différences qu'ont présentées sous ce rapport les temps et les lieux. Si cependant il fallait chercher, à travers tous les cas particuliers, ce qu'on peut considérer comme la vérité la plus habituelle et la plus générale en cette matière, je me rangerais plutôt de l'avis de tes Allemands que du tien. Je crois qu'en thèse générale la liberté politique anime plus qu'elle n'éteint les passions religieuses. Il existe plus de liens de famille qu'on ne le suppose entre les passions politiques et les passions religieuses. De part et d'autre on a en vue des biens généraux, immatériels dans une certaine mesure ; de part et d'autre on poursuit un idéal de société, un certain perfectionnement de l'espèce humaine, dont le tableau élève les âmes au-dessus de la contemplation des petits intérêts particuliers et l'entraîne. Pour mon compte, je comprends plus aisément un homme animé tout à la fois de la passion religieuse et de la passion politique, que de la passion politique et de la passion du bien-être, par exemple. Les deux premières peuvent tenir ensemble et s'embrasser dans la même âme, mais non les deux secondes. Il y a une autre raison moins générale et moins grande, mais peut-être plus concluante en fait, qui m'explique que les deux passions marchent ensemble et s'aiguillonnent mutuellement : c'est le service qu'elles sont souvent appelées à se rendre l'une à l'autre. Les institutions libres sont souvent les instruments naturels et parfois indispensables des passions religieuses. Presque tous les efforts que les modernes ont faits vers la liberté, ils les ont faits par le besoin de manifester ou de défendre leurs opinions religieuses. C'est la passion religieuse qui a poussé les puritains en Amérique, et les a portés à vouloir s'y gouverner eux-mêmes. Les deux révolutions d'Angleterre ont été faites pour conquérir la liberté de conscience. C'est ce même besoin qui faisait tendre aux opinions républicaines la noblesse huguenote du seizième siècle en France. Les passions religieuses dans tous ces cas ont suscité les passions politiques, et les passions politiques ont servi au libre développement des autres. Si les passions religieuses n'étaient jamais contrariées dans leurs mouvements, cet effet ne se produirait peut-être pas. Mais elles le sont presque toujours. Quand elles ont obtenu toute la satisfaction qu'elles désiraient, cet effet peut également cesser de se reproduire. Ta théorie peut être applicable dans une société qui est religieuse sans être agitée par des controverses ou des passions religieuses. Il est possible qu'alors les affaires publiques absorbent peu à peu et presque exclusivement l'attention des citoyens ; et encore je ne suis pas sûr de cela, à moins que les circonstances politiques ne soient très-entraînantes. Il arrivera le plus souvent que l'agitation que crée et qu'entretient au fond des âmes la liberté politique agitera tout le ferment religieux qui peut rester dans le pays et le soulèvera. C'est, à mon avis, ce qui se passe dans l'Amérique dont tu me parles. A mon sens, la marche du temps, les développements du bien-être, etc., ont ôté, en Amérique, à l'élément religieux les trois quarts de sa puissance originaire. Cependant, tout ce qui en reste s'agite vivement. Tous les hommes religieux, aux États-Unis, se réunissent, parlent, agis

sent en commun plus que partout ailleurs. Je crois que
les habitudes de la liberté politique et le mouvement
qu'elle a donné à toutes choses sont pour beaucoup
dans le mouvement particulier qu'on aperçoit au sein
de l'élément religieux qui existe encore dans le pays. Je
crois que, sans pouvoir lui redonner la toute-puissance
qu'il avait jadis, ces circonstances le maintiennent, et
lui font produire toute la force qu'il peut encore donner. Il faut prendre garde de confondre la liberté politique avec certains effets qu'elle produit quelquefois.
Quand elle est une fois bien assise et qu'elle s'exerce
dans un milieu paisible, elle pousse les hommes à la
pratique et au goût du bien-être, au soin et à la passion
de faire fortune ; et, par contre-coup, ces goûts, ces besoins, ces soins éteignent les passions religieuses. Mais
ce sont là des résultats éloignés et secondaires de la liberté politique qui ne nuisent guère moins à la passion
politique elle-même qu'à la passion religieuse.

Voilà ce que j'avais à dire sur ce point particulier,
que je suis loin du reste d'avoir examiné avec tout le
soin que son importance comporte. La seule vérité absolue que je vois en cette matière, c'est qu'il n'y a pas
de vérité absolue. C'est donc à l'examen des circonstances particulières qu'il est sage, suivant moi, de
s'attacher.

Tu me dis, en finissant ta lettre, que notre correspondance n'a plus le caractère de fréquence et d'expan-
sion qu'elle avait jadis. Je le remarque comme toi. Mais
tout en étant fâché qu'il en soit ainsi, je ne m'en afflige

pas outre mesure, parce que je crois voir clairement que
cela ne tient pas à un changement dans nos dispositions
mutuelles. Quand je considère attentivement l'espèce de
sentiment que j'ai pour toi, je ne vois point dé dimi-
nution dans tout ce qui faisait autrefois la base et le lien
de notre amitié. Il y manque quelque chose de l'élan
que la jeunesse met à tout. Il s'y rencontre une certaine
stabilité et connaissance vraie de la vie et des hommes,
qui ne pouvait s'y trouver. A mesure que j'ai mieux
pratiqué l'existence et que j'ai vu de plus près le monde
politique, j'ai mieux compris à quel point tu es pour
moi un ami sur lequel je puis absolument compter, et
dans l'âme duquel ne pouvaient jamais venir se fourrer
toutes ces petites passions qui délient à la longue les
nœuds les plus serrés des amitiés ordinaires. Notre intimité m'est donc aussi et je pourrais dire beaucoup plus
précieuse qu'elle ne l'a jamais été, et je pense que tu
éprouves quelque chose d'analogue. Maintenant pourquoi sentons-nous moins souvent le besoin de nous répandre l'un dans l'autre? Cela tient à deux causes : à
toutes les occupations positives qui remplissent notre
vie, et qui laissent moins de temps et moins d'intérêt à
ces longues conversations, qui avaient presque toujours
pour sujet de débattre quelques *questions* générales ; et
surtout à la différence de nos occupations. . . . . . .

. . . .

. . . . Je suis cependant de ton avis : il faut faire
effort pour lutter contre ces tendances. . . . .

. . . .

22 juillet 1852.

Je ne veux pas répondre à ta femme, mon cher ami, sans t'envoyer un mot de souvenir. Il ne sera pas gai, car je suis fort triste aujourd'hui. Je viens d'apprendre la mort de notre excellent ami Stoffels! Quoique cette mort fût bien prévue, et que les dernières lettres ne me laissassent de doute que sur le moment, cette nouvelle m'a profondément ému et affligé. Quel homme rare! quel grand cœur dans une vie si bornée! C'est le premier de mes amis intimes que je vois disparaître; et cette première séparation a beau avoir été annoncée, elle est bien cruelle... Et quel va être le sort de cette famille? Je n'en connais pas de plus respectable et de plus intéressante. Heureusement qu'il a laissé à ses enfants ses grandes qualités... Je ne puis te dire combien ce triste événement m'assombrit, et quel triste retour il me fait faire sur notre jeunesse si vite écoulée, sur l'âge qui arrive, et sur la triste condition de l'homme.

J'ai commencé à m'occuper très-sérieusement ici du grand travail dont je t'ai entretenu. Un ou deux chapitres sont déjà ébauchés. Il me tarde bien de savoir si cela vaut quelque chose. Je n'ai pas commencé le livre par ce qui doit être son commencement. Je l'ai pris à l'endroit auquel se rapportaient principalement les notes que j'ai recueillies à Paris, et que je me sentais le plus en goût d'écrire. Car le difficile est de se mettre en train ; et pour s'y mettre, il faut un peu suivre sa fantaisie. Ce que j'ai composé forme la peinture de l'époque qui a précédé le 18 brumaire, et l'état des esprits qui a amené le coup d'État... J'ai trouvé sur mon chemin à examiner une grande question qui s'était souvent présentée à mon esprit : Qu'est-ce que le peuple a gagné matériellement durant la révolution ? En d'autres termes, à quoi peut-on évaluer le prix des terres confisquées qui lui ont été livrées, des droits féodaux qui ont été abolis, des impôts blessants ou onéreux qui ont été détruits, et enfin des dettes ou des fermages qui ont été acquittés d'une manière fictive à l'aide des assignats ?..

... Si tu as un peu réfléchi sur ces questions, fais-moi part de tes réflexions ; cela donnera une même et puissante impulsion à nos deux esprits. Si nous ne profitons pas des années de grande vigueur intellectuelle dont nous jouissons encore, nous aurons gaspillé, je ne dirai pas un trésor, mais au moins un capital qui nous avait été donné pour un meilleur usage.

P. S. J'ai dans ce moment un grand ennui qui est de m'opposer absolument à ce qu'on me nomme au conseil général. J'ai plus de peine à l'empêcher qu'on n'en a d'ordinaire à se faire élire...

Saint-Cyr, près Tours, 9 septembre 1853.

Je t'écris deux mots, mon cher ami, pour te dire que s'il t'est indifférent de placer ton petit voyage dans le commencement d'octobre au lieu de le faire du 15 au 20 septembre, je préférerais la première combinaison. Je vais m'absenter pour aller chez Beaumont...

Ce que tu me dis de mes projets *de livre* m'a fort encouragé. Tu as toujours été et tu demeures l'homme qui a eu le plus l'art de comprendre ma pensée en germe, de s'y associer et de travailler puissamment à la développer. Le contact de ton esprit est très-fécondant pour le mien. Nos deux intelligences s'emboîtent je ne sais comment et parviennent à marcher merveilleusement du même pas quand nous poursuivons une idée commune. Malheureusement ces conversations deviennent bien rares. Tu as tant d'affaires diverses qu'il ne te reste plus naturellement la liberté d'esprit et le goût passionné de la conversation générale que je t'ai connus dans notre jeunesse. Tu t'intéresses autant à l'ami, mais moins à l'idée. C'est une chose triste que, durant tout le cours de notre vie, nous n'ayons jamais pu nous joindre dans un genre de vie et un cours de pensée communs. Quand je faisais mon premier livre, la politique pratique t'absorbait. Quand tu as été libre de ton temps et de tes pensées, j'étais enfoncé dans les affaires. Et maintenant que je suis rendu à la vie de conversation et de rêverie, toi tu te trouves absorbé dans les soins qu'exigent tes affaires privées. Telle est notre histoire commune durant les trente dernières années. C'est grand dommage ; je crois que chacun de nous aurait pu mieux faire, si nous avions fait en même temps, tous les deux, des choses analogues.

Bonn, 2 juillet 1854.

Je crois me rappeler, mon cher ami, que tu m'as dit que tu avais rencontré parmi la haute aristocratie du nord de l'Allemagne un grand seigneur du Mecklembourg, ancien ami de ta famille, dont tu avais été très-bien reçu et auquel tu pourrais me recommander. J'ai oublié de te reparler de cela en passant par Paris, bien que j'attachasse du prix à faire ce genre de connaissance. Mais le prix que j'y mettais s'est beaucoup accru depuis que je suis en Allemagne. Un de mes principaux sujets d'étude, comme tu sais, est l'ancien régime allemand. Or j'aperçois que rien n'est plus difficile que de s'en faire une idée claire, tant les traces en ont déjà disparu dans une grande partie de ce pays, où sont à moitié effacées dans le reste. Pour le bien comprendre et peut-être pour se faire une idée plus exacte de ce qu'était la France elle-même il y a cent ans, il me paraît nécessaire de visiter la partie de l'Allemagne où les institutions du moyen âge sont à peine détruites, et où elles ont laissé mille débris dans les coutumes, les mœurs, l'état social et les conditions économiques. D'après tout ce que j'entends dire, la vieille Prusse et le Mecklembourg sont principalement dans ce cas. Mais comme ce sont surtout les rapports des anciens seigneurs et des paysans que je veux étudier, ce qui m'importerait le plus, ce serait de passer quelques jours à la campagne chez un propriétaire. Crois-tu que directement ou indirectement tu pourrais me procurer le moyen de remplir une partie de ce programme? . . . .

Notre voyage s'est fait sans accident... En passant par la Belgique, j'ai vu Lamoricière, qui m'a beaucoup parlé de toi avec une véritable amitié. J'ai vu aussi Bedeau. Ces visites m'ont fait plaisir, et en même temps m'ont donné le spleen pendant quelques jours. C'est une chose bien mélancolique en effet que de voir de tels hommes, si pleins de vigueur encore, réduits à regarder de loin les autres agir. Ainsi l'a voulu la destinée.

Si je rentrais aujourd'hui en France et qu'on me demandât mon impression sur ce pays, je serais hors d'état de répondre un seul mot. Je commence à entrevoir ce qu'était la vieille Allemagne; mais quant à l'Allemagne vivante, je n'en sais absolument rien, tant j'ai vécu exclusivement avec l'autre. J'espère revenir enfin parmi les contemporains; mais pour le moment, je ne vis qu'avec leurs grands-pères.

Tocqueville, 29 juillet 1856.

J'aurais dû te remercier plus tôt de ta lettre, mon bon ami, car elle m'a causé un extrême plaisir. Je te tiens pour un des meilleurs juges que je connaisse des œuvres de l'esprit. Il y a même quelque chose de tout à fait phénoménal pour moi à voir un homme qui a autant d'idées que toi, et souvent des idées aussi neuves et aussi profondes, que je signalerais volontiers entre mille autres pour ce trait caractéristique ; que cet homme-là, dis-je, n'ait jamais tenté de faire un grand ouvrage qui le classe et fixe son nom dans la mémoire de ses contemporains et de la postérité. Assurément tu es un des esprits les plus éminents que j'aie rencontrés. L'expérience de l'âge mûr n'a fait que confirmer sur ce point les impressions de la jeunesse. Où se trouve donc le vice invisible, la faiblesse cachée qui a empêché cette supériorité incontestable de produire ses fruits naturels? Rien ne m'a plus préoccupé dans ma vie que cette question-là. Jamais je n'ai pu la résoudre à ma satisfaction. Elle a souvent été un sujet de conversation entre moi et ma femme, qui a de toi la même opinion que moi : toujours en vain. Dieu t'a donné des facultés grandes et rares. Par quelle étrange bizarrerie t'a-t-il ôté le moyen ou plutôt la volonté d'en faire usage, et de les faire connaître de la foule, tandis qu'elles se découvrent si clairement à quelques esprits? Rien n'est plus surprenant.

Tu m'avais écarté de mon livre[1] : j'y reviens. Ton jugement donc sur lui m'a charmé. J'ai reçu soit avant, soit depuis ta lettre, une foule de témoignages d'adhésion. Mais ton jugement reste dans mon esprit comme le fondement le plus solide de ma satisfaction. J'avais tellement ressassé les faits et les idées que renferme mon ouvrage, que sa nouveauté avait absolument disparu à mes yeux. Elle t'a frappé ainsi que les autres lecteurs. J'en suis ravi. J'ai été aussi très-heureux de ce que tu me dis que mon style est devenu plus naturel. J'avais fait de grands efforts pour cela ; mais l'effort ne conduit pas toujours au naturel, et j'avais grand'peur de n'avoir pas atteint mon but. Je m'étais efforcé d'être moi-même et de n'imiter personne en particulier, pas même tel ou tel grand écrivain. J'espère y avoir réussi. Je te serai très-obligé, à tes moments perdus, de marquer dans ton exemplaire les incorrections dont tu me parles, afin que je les corrige dans la première édition. L'édition actuelle marche grand train. Mon éditeur me mande que l'écoulement du livre a une rapidité inusitée. Presque tous les journaux ont parlé longuement de l'ouvrage ; les uns le louent, les autres le blâment, tous avec une sorte de passion. Si, de plus, j'en crois les lettres que je reçois, le succès a dépassé mon espérance. Mais je connais trop bien mon temps et mon pays pour me faire, néanmoins, aucune illusion sur la portée de ce succès. Nous avons cessé entièrement d'être une nation

---

[1] *L'Ancien Régime et la Révolution.*

littéraire, ce que nous avions été éminemment pendant plus de deux siècles. Bien plus, le centre du pouvoir est absolument déplacé. Les classes influentes ne sont plus celles qui lisent. Un livre, quel que soit son succès, n'ébranle donc point l'esprit public et ne saurait même attirer longtemps, ni de la part du grand nombre, l'attention sur son auteur. Cependant comme, même chez les peuples qui lisent le moins, ce sont après tout certaines idées, souvent même certaines idées très-abstraites qui au fond finissent par mener la société, il peut toujours y avoir quelque utilité éloignée à répandre celles-ci dans l'air. De nos jours, d'ailleurs, je ne vois pas d'emploi plus honorable et plus agréable de la vie que d'écrire des choses vraies et honnêtes qui peuvent signaler le nom de l'écrivain à l'attention du monde civilisé, et servir, quoique dans une petite mesure, la bonne cause.

Nous nous portons très-bien depuis notre arrivée ici. Le séjour de ce lieu nous a reposés et calmés. Nous y retrouvons souvent ton souvenir; car nous avons passé ici avec toi quelques-uns des bons jours de notre jeunesse. Hélas! ces jours ne reviendront-ils jamais? et n'arrivera-t-il pas que nous nous retrouvions ensemble pour quelque temps dans la profonde paix de la campagne, devisant sur toutes les choses de ce monde, et nous excitant mutuellement à bien penser et à bien faire?

. . . . De toute la correspondance à laquelle la publication de mon livre a donné lieu entre moi et des amis et quelquefois des étrangers, correspondance qui ferait déjà un bon volume, ta lettre est le document assurément le plus remarquable et le plus utile. Je ne saurais trop te prier de ne point laisser ton œuvre imparfaite, mais, au contraire, de lui donner le plus de développement que tu pourras. Tu me rendras, en agissant ainsi, le plus signalé service. Car, rejeté, comme je le suis, dans la vie littéraire, j'ai plus de raison que jamais de m'y rendre aussi éminent que possible. J'étais étonné que tu eusses trouvé, à la première lecture, autant d'incorrections proprement dites que ta première lettre semblait l'indiquer. Car, quoique le livre ait été écrit avec assez de mouvement et d'entrain, en deux mois et tout d'une haleine, j'avais pris, avant de publier, de grands soins de la forme, et j'avais regardé de très-près aux détails du style. Je vois avec plaisir que le nombre des fautes de cette espèce à corriger te paraît moins grand à la seconde lecture qu'il ne t'avait semblé d'abord. Mais cette fois tes critiques portent beaucoup plus haut, et atteignent ce qu'on peut appeler la *partie substantielle* du style : ce qui échappe absolument aux juges vulgaires et ce que tout le talent des grammairiens ne fait même pas soupçonner. La partie de ta lettre qui traite de cette matière m'a particulièrement frappé.

J'ai toujours senti vaguement l'existence du mal que tu signales : cette tendance à renfermer toute sorte de nuances d'idées dans la même phrase, de telle façon que, tout en complétant et en étendant la pensée, on l'énerve et on en affaiblit l'impression. Mais jamais ce défaut ne m'avait été montré un peu clairement par un autre ; et, en effet, il est de ceux dont tous les lecteurs ressentent l'inconvénient, mais dont presque aucun n'a le temps ou la sagacité de découvrir la cause. Il produit chez la plupart des *impressions*, et aucune idée distincte. Non-seulement tu le précises : tu m'offres de me le faire sauter aux yeux par des suppressions qui allégent la phrase sans l'obscurcir. C'est me rendre un très-grand service. Plus tu me fourniras d'exemples concluants, plus tu réussiras à me guérir ; car ce n'est pas la perception et la conviction du mal que tu signales qui me manquent, ainsi que je te le disais tout à l'heure. Je sais qu'il y a entre mon style et le style des grands écrivains un *certain obstacle* qu'il faudrait que je franchisse pour passer de la foule dans les rangs de ceux-ci. Mais je sens cet obstacle comme à tâtons, sans en apercevoir la forme ni l'étendue et sans voir surtout comment m'y prendre et de quoi m'aider pour le franchir. Le défaut que tu relèves avec raison est en général, je crois, le produit du travail après coup. Le premier jet est souvent comme forme très-préférable à tout ce que la réflexion y ajoute après. Mais la pensée elle-même gagne à être longtemps creusée et remaniée, prise et reprise, tournée et retournée par mon esprit dans tous les sens. L'expérience m'a appris qu'elle obtenait souvent ainsi sa valeur véritable. Le difficile est de combiner une rédaction primesautière avec une pensée très-mûrie. Je ne sais si j'y parviendrai jamais. Ce serait déjà beaucoup que de voir clairement ce qu'il faut faire pour cela. Dès que tu auras fait sur ton exemplaire toutes les remarques et joint toutes les notes qui peuvent m'être utiles pour bien pénétrer ta pensée, il faut m'envoyer le tout. . . . .

Tocqueville, 21 septembre 1856.

Le volume que tu m'annonces n'est pas encore arrivé, mon cher ami. Je l'attends avec impatience, bien que je n'en aie plus un besoin immédiat. La première édition était si absolument épuisée et la demande d'exemplaires si grande, que l'éditeur m'a demandé de faire à la hâte une seconde édition de deux mille exemplaires qui ne serait que la reproduction, sauf quelques fautes d'impression, de la première. J'y ai donné mon consentement et cela s'exécute en ce moment. Michel Lévy espère que nous aurons une troisième édition à faire l'été prochain. Pour celle-là j'aurai le temps de me retourner et de faire subir à l'ouvrage une vraie refonte. C'est pour celle-là que ton volume annoté sera gardé très-précieusement. Mais dès à présent sa lecture a un extrême intérêt pour moi. Ce que j'y cherche surtout, c'est moins encore une lumière qui me montre les défauts du livre que je viens de publier, que le chemin à suivre pour faire des progrès dans la composition du suivant. Je crois qu'on peut se perfectionner toute sa vie. Il n'y a point de maximes auxquelles je tienne plus qu'à celle-là. C'est l'opinion contraire qui sert de prétexte à une foule de gens de mérite pour ne pas devenir des gens de plus de mérite encore. Je suis surtout convaincu qu'on peut enlever successivement presque tous les défauts qu'*on voit*. La grande difficulté consiste à les voir et surtout à apercevoir clairement comment on peut s'y prendre pour les atteindre. C'est ce qui fait que, quand je suis content d'une œuvre, ce contentement est toujours mêlé de quelque inquiétude; car, puisque je suis arrivé à être content, cela prouve, non pas que je sois arrivé à la perfection, mais que je n'aperçois plus au delà de ce que j'ai fait de nouveaux chemins pour marcher vers elle. Ce qui est encore pis, et ce qui m'arrive bien plus souvent, c'est de sentir qu'il y a mieux à faire, et de ne pas découvrir clairement en quoi ce mieux peut consister.....

Paris, 10 novembre 1856.

. . . . Les X... sont ici depuis quinze jours. Ils y resteront encore dix. Nous aurions été bien heureux de toutes manières de te voir avant leur départ. Ta présence eût été agréable, et elle eût été en même temps très-utile. Ces pauvres X... montrent dans tout son jour une des plus tristes faces de la misère humaine. Ce sont deux êtres très-bons, très-délicats, très-élevés de sentiments, et qui sont sur le point d'arriver à ne plus pouvoir se suffire, parce que chacun d'eux s'acharne à vouloir trouver dans l'autre de petites choses qui n'y sont pas, perdant de vue les grandes choses qui s'y trouvent, et dont il pourrait jouir. Il en est résulté graduellement un petit aigrissement des âmes qui aboutit à un état si insupportable, qu'en arrivant ici X... cherchait sérieusement les moyens de se séparer pendant quelques années de son ménage. Une pareille vue ne fait-elle pas crier de désespoir, et n'est-on pas tenté, en la considérant, de maudire la nature humaine et l'imbécillité de nos désirs? Il n'y avait qu'un moyen de traiter cette maladie, qui, du reste, est peut-être devenue incurable, c'est de montrer à chacun d'eux les grands côtés qui nous attachent sérieusement à l'autre. Cela est toujours efficace; car, par une autre misère de notre espèce, il arrive que nulle part les jugements d'autrui n'ont plus d'influence que sur nos sentiments intimes, c'est-à-dire sur les choses que nous sommes le plus à même, et que nous devrions être le mieux en état de juger par nous-mêmes. Nous avons simultanément, Marie et moi, sans nous être consultés, agi dans ce sens. L'effet produit est déjà très-bon. A mesure que l'un d'eux voit le cas que nous faisons des qualités de l'autre, il devient lui-même moins sensible aux petits défauts. Cela est bien plus puissant que les conseils directs. Je regrette vivement que tu ne puisses pas prendre ta part de cette bonne œuvre.....

Tu dis une chose vraie, lorsque tu dis que nos deux esprits sont comme deux machines détraquées dont l'une reste immobile et l'autre fonctionne à vide. Il y a en effet en moi de ce mouvement violent, mais confus, qui agite l'intelligence sans la conduire à rien. L'état des affaires publiques mène là dans notre pays et dans notre temps. C'est une multitude de petits incidents qui tracassent, sans grands événements ni grandes passions sur lesquelles pourraient venir se réunir et se concentrer toutes les forces vives de l'âme. Le grand problème que présente l'avenir de nos sociétés modernes est sans cesse devant mon esprit; il m'empêche de voir autre chose, et de me fixer sur un autre objet. Et cependant il n'excite pas assez passionnément mon intérêt pour que mon esprit s'attache avec ardeur à le résoudre. Il m'empêche de songer à autre chose sans me posséder, et je suis en face de lui dans une contemplation morne, triste et distraite, qui ne mène à rien. Cela est la principale cause de la facilité moins grande que j'ai de me livrer à la première conversation qui se présente. Il y en a encore une autre bien facile à voir, mais dont cependant tu n'as jamais pu te rendre parfaitement compte.

. . . J'en étais là de ma lettre quand on m'a interrompu. Aujourd'hui je n'ai plus le temps de finir mon idée. Ce sera pour la prochaine fois. . . . .

Tocqueville, 2 février 1857.

Je comprends, mon cher ami, qu'étant aussi pressé que tu l'as été dans ton dernier voyage, tu n'aies pas pu pousser jusqu'ici.

Tu t'es étrangement mépris sur le sens de ma dernière lettre, puisque tu as cru y voir que je tendais à renoncer à Paris pour me renfermer à la campagne. Non-seulement je n'ai jamais eu cette intention, mais elle serait très-contraire à l'ensemble de mes idées. Il est vrai que je compte rester ici chaque année au moins huit mois, faire de ce lieu mon principal établissement et y chercher les principaux agréments de ma vie. Mais m'y renfermer absolument n'a jamais entré, et n'entrera jamais, je crois pouvoir en répondre, dans ma pensée. Tu me dis à cette occasion des choses vraies et vivement dites comme tu sais les dire, mais qui ne sauraient me convaincre plus que je ne suis déjà convaincu. Tu sais que le principe le plus arrêté dans mon esprit est qu'il n'y a jamais d'époque dans la vie où on puisse se reposer ; que l'effort au dehors de soi, et plus encore au dedans de soi, est aussi nécessaire et même bien plus nécessaire à mesure qu'on vieillit que dans la jeunesse. Je compare l'homme en ce monde à un voyageur qui marche sans cesse vers une région de plus en plus froide, et qui est obligé de remuer davantage à mesure qu'il va plus loin. La grande maladie de l'âme, c'est le froid. Et pour combattre ce mal redoutable, il faut non-seulement entretenir le mouvement vif de son esprit par le travail, mais encore par le contact de ses semblables et des affaires de ce monde. C'est surtout à cet âge qu'il n'est plus permis de vivre sur ce qu'on a déjà acquis, mais qu'il faut s'efforcer d'acquérir encore ; et au lieu de se reposer sur des idées dans lesquelles on se trouverait bientôt comme endormi et enseveli, mettre sans cesse en contact et en lutte les idées qu'on adopte avec celles qu'on n'adopte pas, les idées qu'on a eues dans sa jeunesse avec celles que suggère l'état de la société et des opinions à l'époque où on est arrivé. Telles ont été de tout temps, mais surtout à présent, mes maximes, et plus je vis, plus je m'y attache. J'ai vu des hommes médiocres rester, en les suivant jusqu'à un âge très-avancé, des vieillards distingués, aimables, recherchés. J'ai vu des hommes éminents, par la pratique contraire, arriver à un engourdissement qui les rendait aussi lourds et improductifs que s'ils avaient été déjà morts. La retraite des grandes luttes de ce monde convient assurément à ceux dont les forces baissent ; mais la retraite absolue, loin du mouvement des hommes, ne convient à personne ni à aucun âge.

Nous comptons toujours revenir vers la fin de février. J'espère, comme tu le dis, que nous nous verrons souvent durant ce temps que nous passerons à Paris. Je serai seul un temps assez long pendant ce séjour, Marie étant obligée de se rendre à Chamarande. Privé de mon coin de feu, j'irai plus d'une fois chercher le tien. Je compte aller modérément dans le monde et beaucoup dans les archives et les bibliothèques. Je commence à reprendre mon travail avec assez d'ardeur, et il me semble que j'ai dans l'esprit un idéal qui vaudrait la peine d'être réalisé. Mais l'immensité de la tâche est effrayante.

Tocqueville, 27 février 1858.

. . . . Nous avons repris notre premier projet qui consistait à ne revenir à Paris que vers la fin de mars. Mais je ne veux pas attendre jusque-là pour te demander de vos nouvelles, dont je suis absolument privé depuis longtemps. Je sais seulement que vous êtes revenus à Paris il y a plusieurs mois. J'espère que vous êtes tous en bonne santé depuis ce temps-là. Nous n'avons pas, de notre côté, eu à nous plaindre jusqu'à ces derniers temps où j'ai été assez souffrant de la grippe. J'ai grand'-peine à me délivrer de cette petite maladie. A cela près j'ai passé ici un bon temps. J'y mène depuis l'automne une vie très-retirée, très-solitaire même, mais bien conforme à mon goût. Je prends de plus en plus intérêt aux choses de la campagne ; et tout ce que je demande à Dieu, c'est que ma santé ne m'empêche pas de l'habiter pendant neuf mois tous les ans.

Je n'ai pas autant travaillé que semble l'indiquer cette longue retraite. Cela a tenu à la difficulté que j'ai trouvée à remettre mon esprit en mouvement après un si long repos, et à le pousser de nouveau dans le sujet dont il était sorti. Il y a eu là une lutte opiniâtre entre l'instinct et la volonté, où celle-ci a cependant fini par rester victorieuse. Mais cela a pris beaucoup de temps. J'ai peu avancé dans mon œuvre, mais j'y ai repris goût, et c'était là le plus difficile. Je suis arrivé, à force de tâtonnements et d'efforts, à trouver la route que je dois suivre pour continuer mon chemin. Je t'assure que cela n'était pas aisé. Suis-je tombé en effet sur le véritable chemin? C'est ce que l'avenir seul me montrera. Les premiers chapitres du nouveau livre sont faits, mais à l'état d'ébauche trop imparfaite, pour que je puisse même t'en faire part. Il me tarde bien d'être en état de te soumettre quelque chose. Tout ce que je te dirais sur mon plan serait vague et difficile à saisir. Une demi-heure de lecture te mettra au fait, et alors seulement tu pourras me dire si je marche dans une voie qui puisse me conduire à mon but.

Tu m'as écrit, il y a six mois, au retour de mon voyage d'Angleterre, une lettre bien intéressante. Tu m'y dis, à propos de l'esprit de *self-government* des Anglais, qu'un tel esprit ne saurait subsister qu'en supposant que les localités s'administrent aussi bien ou mieux que ne le ferait le gouvernement central. Cela n'est pas toujours vrai pour les Anglais. Il existe dans le gouvernement local beaucoup de défauts de détail qui sont, ce me semble, aperçus et sentis. La supériorité du gouvernement central dans quelques-unes des choses particulières dont il se mêle est assez reconnue. Cependant il y a non-seulement des opinions individuelles puissantes, mais un préjugé public insurmontable qui s'opposent à l'extension de sa sphère. Cela vient, je crois, de plusieurs causes : d'abord de la constitution aristo-cratique de la société anglaise. L'aristocratie est assez éclairée pour comprendre que, le jour où le gouverne-ment sera maître de l'administration du pays, elle aura pour ainsi dire perdu sa raison d'être. Cela vient aussi du sentiment confus mais vif que ce système, qui est infirme dans bien des détails, répand néanmoins une vie, une activité, une variété dont, en gros, la prospérité publique s'est très-bien trouvée, et qui a fait de l'An-gleterre le pays le plus riche comme le plus libre. Enfin, ce qui empêche de laisser faire, même bien, ses affaires au gouvernement, c'est tout simplement l'envie de les faire soi-même. C'est cette passion d'être maître chez soi, dût-on y faire des sottises, qui caractérise si essen-tiellement aujourd'hui la race anglaise. J'aime mieux mal conduire ma charrue que d'en livrer les manches à tenir à l'État. Nous avons nous-mêmes quelque chose de ce sentiment-là dans la vie privée. Les Anglais le portent au plus haut point dans la vie publique locale. Je suis porté à croire, néanmoins, que c'est peu à peu la centralisation qui gagne en Angleterre, mais si lente-ment que ses accroissements sont presque insensibles.

Tocqueville, 16 mai 1858.

J'ai été bien contrarié d'avoir quitté Paris, mon cher ami, sans pour ainsi dire l'avoir vu, et sans que nous ayons pu au moins une fois causer à fond de toutes choses après une si longue séparation, et avant une autre séparation qui peut aussi être longue... J'ignore absolument comment vont se passer notre été et notre automne. . . . .

Parmi les choses dont j'aurais aimé à causer avec toi, mon travail eût été en première ligne. Je commence à m'en inquiéter un peu. Je suis sûr de ne pas faire un livre long; mais à la manière dont je m'y prends pour étudier les faits et me préparer à la rédaction définitive, j'ai peur de n'en jamais finir. Malheureusement je ne sais quelle règle adopter pour me limiter dans mes recherches. Entre tout lire et ne rien lire je n'aperçois pas de point intermédiaire. Or, la *littérature de la révolution*, comme diraient les Allemands, est tellement immense que la vie se passerait à vouloir connaître même superficiellement tout ce qu'elle contient. Tu sais que c'est moins des faits que je cherche dans cette lecture que les traces du mouvement des idées et des sentiments. C'est cela surtout que je veux peindre. Les changements successifs qui se font dans l'état social, dans les institutions, dans l'esprit et dans les mœurs des Français à mesure que la révolution marche, voilà mon sujet. Pour bien voir cela, je n'ai jusqu'à présent trouvé qu'un seul moyen : c'est en quelque sorte de vivre à chaque moment de la révolution avec les contemporains, en lisant non ce qu'on a dit d'eux, ou ce qu'eux-mêmes ont dit d'eux depuis, mais ce qu'ils disaient eux-mêmes alors, et, autant que possible, ce qu'ils pensaient réellement. Les petits écrits du temps, les correspondances particulières, etc., ont, pour atteindre ce but, plus d'efficacité encore que les débats des assemblées. J'atteins bien, par les voies que je suis, le but que je me propose, qui est de me placer successivement dans le milieu du temps ; mais le procédé est d'une telle lenteur que j'en suis souvent désespéré. En existe-t-il cependant un autre ?

Il y a de plus, dans cette maladie de la révolution française, quelque chose de particulier que je sens sans pouvoir le bien décrire, ni en analyser les causes. C'est un *virus* d'une espèce nouvelle et inconnue. On a vu des révolutions violentes dans le monde ; mais le caractère immodéré, emporté, radical, désespéré, audacieux, presque fou, et pourtant puissant et efficace de ces révolutionnaires-ci, n'a pas de précédent, ce me semble, dans les grandes agitations sociales des siècles passés. D'où vient cette race nouvelle ? qui l'a produite ? qui l'a rendue si efficace ? qui la perpétue ? Car nous sommes toujours en face des mêmes hommes, bien que les circonstances soient différentes, et ils ont fait souche dans tout le monde civilisé. Mon esprit s'épuise à concevoir une notion nette de cet objet et à chercher les moyens de le bien peindre. Indépendamment de tout ce qui s'explique dans la révolution française, il y a quelque chose d'inexpliqué dans son esprit et dans ses actes. Je sens où est l'objet inconnu ; mais j'ai beau faire, je ne puis lever le voile qui le couvre. Je le tâte comme à travers un corps étranger qui m'empêche soit de le bien toucher, soit de le voir.

Cannes, 29 novembre 1858.

. . . .

Ma santé n'a cessé de s'améliorer depuis que je t'ai écrit, c'est-à-dire que l'équilibre s'est rétabli dans les fonctions des organes, que les traces de l'excessive fatigue de la route se sont peu à peu effacées, et qu'enfin les forces reviennent graduellement, quoiqu'avec une lenteur qui me désole. Sur tous ces points je ne suis plus le même homme que j'étais en arrivant. Quant à l'affection des bronches, je ne vois pour mon compte aucun changement sensible, ce qui n'est pas, il est vrai, très-extraordinaire, puisque jusqu'à présent l'état de mon estomac a empêché qu'on osât faire usage d'aucun remède, et que, de plus, le temps a été bien contraire. Il fait à la vérité fort doux, mais il pleut ou il vente violemment sans cesse, et les habitants du pays ne savent plus où ils en sont, ne reconnaissant plus rien à leur climat.

Ce que tu m'as dit dans ta première lettre sur la faculté que nous conservons entière, et dont il faut user, de causer de tous les sujets plus ou moins abstraits et généraux qui nous ont tant occupés et passionnés dans d'autres temps, ce que tu me dis dans ce sens m'a causé une satisfaction extrême. Malgré que nous soyons séparés par des manières de vivre si différentes, je continue à te considérer comme le seul homme au monde qui comprenne jusqu'au dernier fond de ma pensée, quand je l'exprime, et qui sache la compléter et la féconder, en y ajoutant tout ce qui sort d'un crû semblable. C'est assez te dire que pour moi, dont les plus grands plaisirs sont restés ceux de l'intelligence, ta conversation sur ces matières a un prix infini. . . . .

Cannes, 18 mars 1859.

. . . .

Il ne faut pas que tu croies, mon bon ami, que si je ne t'écris pas, l'oubli et l'indifférence pour ce qui t'arrive en sont la cause. La cause unique est tout à la fois dans la maladie et la solitude, deux choses qui absorbent le plus l'esprit et lui laissent le moins le goût de tout travail, même du léger travail mêlé de plaisir que cause une lettre écrite à un aussi ancien et bon ami que toi.

Voilà l'état où nous nous trouvons : tu verras qu'il n'est pas des plus gais. La cruelle, surtout longue maladie dont je suis venu ici chercher la guérison, marche, en effet, suivant ce que disent les médecins, graduellement vers cette guérison, mais avec une lenteur insupportable, que mille incidents pénibles, dus à l'état de désordre où sont mes nerfs, viennent encore arrêter ou retarder. Ainsi, par exemple, depuis huit jours une légère reprise de mes maux d'estomac m'a ôté l'appétit, et avec l'appétit une partie des forces dont j'ai besoin et que j'avais déjà retrouvées.

Voilà pour ma part. Ma femme, elle, est arrivée ici malade. Son état s'est d'abord fort empiré, de façon à ajouter l'horreur de l'inquiétude pour elle aux inquiétudes que je concevais pour moi. A mesure que mon état est devenu meilleur, le sien s'est amélioré. Aujourd'hui, elle va infiniment mieux, mais est encore condamnée pour quelque temps au silence. Voilà donc deux êtres dans la solitude la plus profonde dont un ne peut parler qu'à voix basse et dont l'autre ne peut pas parler du tout. Hippolyte est venu passer trois mois avec nous. Ç'a a été un grand secours. . . . .

. . . .

. . . .

Maintenant, mon ami, parlons de toi. Tu as été bien éprouvé aussi, bien que d'une autre manière. L'affreux malheur arrivé chez ta sœur, le malheur non moins cruel qui t'a frappé toi-même, voilà assurément des circonstances bien tristes. Parle à tous les tiens de moi et dis-leur bien que mes propres maux ne me rendent jamais insensible à ceux de mes amis. Adieu pour aujourd'hui. Ne reste pas trop longtemps sans me donner de tes nouvelles.

LETTRES

A

EUGÈNE ET ALEXIS STOFFELS [1]

A

EUGÈNE STOFFELS

Paris, 22 octobre 1822.

Je ne veux pas attendre mon retour à Metz pour causer avec toi, mon cher Stoffels. Notre silence dure depuis assez longtemps. Je le romprai aujourd'hui le
premier. J'espère que tu ne me diras pas, après cela,
que les plaisirs de Paris et l'éloignement me font oublier
mes vieux amis de rhétorique. En tous cas, si j'en oublie
quelques-uns, ce ne sera certainement pas toi ; tu peux

---

[1] Voir la Notice, pages 101 et 102.

y compter. Trop de concordances d'opinions nous ont liés pour que nous puissions nous séparer maintenant, à moins de changer totalement l'un ou l'autre, ce que je ne crains guère. . . . .

. . . . Dis-moi comment tu as passé tes vacances. J'espère qu'elles auront été plus agréables que les miennes; et cela n'est pas difficile, car depuis que je suis ici je mène une vie monotone et tranquille qui ne s'accorde guère avec mon caractère et mes goûts. . . . .

. . . .

Paris, 7 août 1823.

Je ne voulais t'écrire que d'Amiens, mon cher ami, pour pouvoir te donner en même temps des nouvelles de mon établissement [1]. Mais tantôt une affaire, tantôt l'autre, ont retenu mon père à Paris jusqu'à ce moment. Croyant toujours partir le lendemain, je remettais mon épître. Cette fois je suis las de ce manége, et je me suis décidé à t'écrire de Paris. Je suis arrivé ici fort bien portant, mais triste. On ne se doute pas combien de liens vous retiennent à un pays où l'on a été heureux. On ne le sent bien que lorsqu'on les brise tous à la fois. Le premier moment est bien pénible. Metz et quelques-uns

[1] A Amiens, où le père d'Alexis de Tocqueville venait d'être nommé préfet.

de ses habitants seront bien longtemps présents à ma mémoire, plus peut-être que je ne voudrais!... Quant à toi, mon cher ami, nous devons nous retrouver dans trois mois; et cette idée est une de celles sur lesquelles je m'arrête avec le plus de plaisir. Nous avons été bien liés à Metz; j'espère qu'il en sera de même à Paris. Que fais-tu maintenant, mon cher ami? Je serais charmé d'avoir de grands détails là-dessus. Tu dois t'ennuyer avec le peu d'amis que je te connais et ce besoin de confiance que tu éprouves sans cesse. Prends bien garde à toi de ce côté-là, mon cher Stoffels; tu sais que tu donnes ton amitié un peu vite, et il t'arrivera de t'en repentir quand il ne sera plus temps. On ne perd jamais rien de garder quelque temps pour soi ses sensations intérieures. On est presque toujours fâché de s'être communiqué trop tôt; du moins c'est ce que j'ai éprouvé bien des fois. J'ai voulu ravoir ce qui était dit, et je n'ai jamais été fâché de m'être tu. Parle-moi un peu de Metz, de ce qui s'y passe, de ce qu'on y dit; tu sais que je suis passablement curieux. Es-tu content de tes compositions? Elles doivent être faites. Tu serais un brave garçon de m'envoyer ta composition *française*. Si par hasard elle n'était pas faite, souviens-toi, en la faisant, de prendre garde à l'enthousiasme...

Amiens, ce 16 septembre 1823.

J'ai été comme toi, mon cher Stoffels, indigné de la
conduite du conseil envers toi. Je ne vois aucun motif
pour une semblable mesure, et je conçois ton premier
mouvement de colère. Mais, mon cher ami, il faut te
mettre au-dessus de cela. Deux accessits d'excellence et
trois autres répondent mieux que tous les discours au
procédé de ces messieurs. Pourquoi jeter le manche
après la cognée? pourquoi te désespérer? Sans doute il
y a injustice et tromperie dans ce monde; mais atten-
dais-tu cette preuve-là pour en être persuadé? Non certes.
Il faut donc vivre avec ses ennemis, puisqu'on ne peut
avoir tout le monde pour ami, prendre les hommes pour
ce qu'ils sont, se contenter des vertus qu'on y trouve,
tâcher que leurs vices vous fassent le moins de mal possible, se borner à un certain cercle d'intimes, hors de
là n'attendre que froideur et indifférence cachée ou ouverte, et se tenir sur ses gardes. Et puis, après tout, mon
cher ami, je t'ai vu plus d'une fois substituer la voix
de ta conscience à celle du monde. Elle ne te reproche
rien. Eh bien, tu es au-dessus de tout. Ce qui m'a fait
le plus de peine dans ce que tu m'as mandé, c'est que je
craignais que ce retard ne nuisît au voyage de Paris.
Mais tu me rassures. J'ai déjà arrangé dans ma pensée
un petit voyage à la mer. Nous irons nous établir quelques
jours à Amiens chez mon père, et de là à la première
côte il n'y a qu'un pas.

Jusque-là, mon cher ami, tâche de t'occuper fortement; chasse, danse, remue-toi enfin. Substitue autant que possible l'activité du corps à celle de l'âme. La première peut fatiguer la machine, mais ne l'use jamais. La seconde, à notre âge surtout, ne peut pas être en action sans se retourner sur elle-même, et produire des maux qui, quoique sans cause réelle, n'en sont pas moins bien vifs. J'en sais malheureusement quelque chose pour ma part. . . . .

Paris, 21 février 1831.

Il y a bien longtemps que nous n'avons causé ensemble, mon bon ami. Cependant, je pense bien souvent à toi; ta position présente et future m'inquiète au milieu de toutes les autres inquiétudes qui nous environnent. Je me figure que, si les événements continuent à marcher leur train, comme ils paraissent vouloir le faire, tu as peu de chances de garder la place qui t'est si nécessaire [1]. . . . .

Les journaux t'ont sans doute appris que mon départ pour l'Amérique était enfin décidé. Je ne sais si je dois m'en affliger ou m'en réjouir, car il y a bien du pour et du contre dans mon dessein. Cependant, généralement on m'approuve... Je crois que nous partirons

[1] Receveur municipal à Metz.

du 20 mars au 1er avril. Comme voyage, on ne saurait rien imaginer de plus agréable que ce que nous voulons faire. Revêtus d'un caractère public, nous aurons le droit de tout demander, et l'entrée de toutes les sociétés choisies. D'ailleurs, il ne s'agit pas pour nous de voir de grandes villes et de beaux fleuves. Nous partons dans l'intention d'examiner en détail et aussi scientifiquement que possible tous les ressorts de cette vaste société américaine dont chacun parle et que personne ne connaît. Et si les événements nous en laissent le temps, nous comptons rapporter les éléments d'un bon ouvrage, ou tout au moins d'un ouvrage nouveau ; car il n'existe rien sur cette matière.

Charles m'a dit que tu désirais lire mon *Voyage de Sicile*. Je le laisserai en partant à ta disposition. Tu en seras dépositaire pendant mon absence ; et si par hasard je ne revenais pas (car il faut tout prévoir) tu le garderais tout à fait. Il n'y a dans ce volume qu'un petit nombre de pages dont je fasse quelque cas. Je me flatte que je ferais autrement que cela aujourd'hui [1]. Adieu, réponds-moi bientôt. Je t'embrasse de tout mon cœur.

---

[1] Le *Voyage de Sicile*, dont parle cette lettre, est précisément l'ouvrage dont on a donné quelques extraits à la suite de la Notice qui commence ce volume. Depuis le dépôt, ou plutôt le don qui en avait été fait par Tocqueville lors de son départ pour l'Amérique à Eugène Stoffels, ce manuscrit était resté entre ses mains. Cependant la digne et noble veuve d'Eugène Stoffels, à laquelle nous devons la communication des précieuses lettres de Tocqueville à son mari, en même temps qu'elle nous confiait cette correspondance, a eu la délicate pensée de mettre à notre disposition ce manuscrit, et nous a permis d'ajouter ainsi quelques pages de plus aux œuvres inédites d'Alexis de Tocqueville.

New-York, 28 juillet 1831.

Nous voilà bien loin l'un de l'autre, mon bon ami ; et cependant, en dépit des distances, le cœur nous rapproche. Pour moi, je sens tout autant, peut-être plus qu'en France, que nous sommes liés pour la vie, et que, dans quelques positions que la fortune nous place l'un et l'autre, nous pouvons compter sur toute l'amitié et toute l'aide qu'un homme puisse donner à un autre homme. . . . .

Tu sais que nous avons mis à la voile le 2 avril, après minuit. Le temps nous a d'abord été favorable ; nous avions l'air de glisser sur l'océan. Je ne puis pas te dire à quel point la solitude du milieu de l'Atlantique est imposante. Durant les premiers jours un grand nombre d'oiseaux suivent le bâtiment ; la mer est pleine de poissons qui jouent à la surface ; enfin il ne se passe pas d'heure qu'on ne signale une voile à l'horizon. Bientôt tout cela devient plus rare ; enfin les oiseaux, les poissons, les vaisseaux disparaissent. Au-dessus, au-dessous, autour de vous, il règne une solitude profonde et un silence complet. Le vaisseau où vous êtes forme bien réellement alors votre univers. Tu sais que j'aime assez un semblable spectacle ; mais renouvelé sans cesse, mais se reproduisant tous les jours, il finit par peser sur l'âme et l'oppresser. A l'approche du banc de Terre-Neuve la mer s'est mise à étinceler. Je crois que cet effet est produit par des millions de petits animaux phosphoriques qui roulent dans ses eaux. Quoi qu'il en soit, rien n'est plus extraordinaire. Je me rappelle, entre autres, une soirée : le temps était très-orageux ; notre navire, poussé par un vent violent, fendait la mer en rejetant des deux côtés une énorme masse d'écume ; cette écume semblait de feu ; ou eût dit que le vaisseau traversait un de ces hauts-fourneaux, tels que j'en ai vu à Hayang, et où le minerai est en fusion ; il laissait derrière lui une longue trace enflammée. La nuit était parfaitement noire ; à peine voyait-on les agrès du bâtiment se détacher sur le ciel. C'était une scène d'une beauté inexprimable. Nous avons eu, à quelques jours de là, des coups de vent fort violents, mais sans danger. Notre vaisseau était trop gros pour les craindre. Nous avions quitté les côtes depuis trente-cinq jours lorsque le premier cri de *terre !* s'est fait entendre. Les côtes d'Amérique que nous avions en vue sont basses et stériles. Je conçois qu'elles n'aient point séduit les Européens qui les visitèrent les premiers il y a trois siècles. Nous nous croyions au port, lorsqu'un orage du sud-ouest nous a forcés de nous éloigner très-rapidement du voisinage de New-York. Comme le bois et le sucre nous manquaient, que le pain allait être épuisé, et que nous avions un certain nombre de malades, on s'est décidé à renoncer à débarquer à New-York. Au lieu de cela, nous avons gagné un petit port situé à soixante lieues plus au nord

et nommé *New-Port* [1]. Je t'assure qu'il y a du plaisir à
fouler la terre après avoir traversé le grand fossé qui
sépare l'Europe de l'Amérique. Le lendemain nous
sommes montés sur un bateau à vapeur qui en dix-
huit heures nous a transportés ici. Ce sont d'immenses
machines beaucoup plus grandes qu'une maison, où
cinq cents, six cents et jusqu'à mille personnes se trouvent réunies dans de vastes salons, ont à leur disposition des lits, une bonne table, et font ainsi tout tranquillement, sans s'en douter, leurs trois ou quatre lieues à
l'heure. New-York est placé dans une des plus admirables situations que je connaisse, avec un port immense,
à l'embouchure d'un fleuve que les vaisseaux de guerre
peuvent remonter pendant trente lieues. C'est la clef de
l'Amérique septentrionale. Par là arrivent chaque année
des milliers d'étrangers qui vont peupler les déserts de
l'ouest, et tous les objets manufacturés d'Europe qui s'é-
coulent ensuite rapidement vers l'intérieur des terres.
Aussi sa population, qui n'était que de vingt mille âmes il y
a cinquante ans, est-elle aujourd'hui de deux cent trente
mille. C'est une ville propre, bâtie en briques, en
marbre, mais sans monuments publics remarquables.
En somme, elle ne ressemble nullement à nos villes capi-
tales d'Europe. Nous y avons été admirablement bien
reçus. En général on y aime les Français. De plus notre
mission nous donnait un titre spécial à la bienveillance.
Autorité et particuliers se sont donc accordés pour nous

[1] Dans le Rhode-Island.

faire l'accueil le plus flatteur. Tous les documents publics ont été mis à notre disposition. Tous les renseignements que nous avons demandés nous ont été à l'instant fournis.

. . . Tu sens que je ne puis avoir encore une opinion faite sur ce peuple-ci. A la première apparence, il présente, comme tous les autres, un mélange de vices et de vertus assez difficiles à classer et qui ne forment pas une seule physionomie. Les mœurs ici sont très-pures. Le lien du mariage y est surtout plus sacré qu'en aucun lieu du monde. Le respect pour la religion est poussé jusqu'au scrupule. Personne, par exemple, ne se permettrait d'aller à la chasse, de danser ni même de jouer d'un instrument le dimanche. Un étranger même n'est pas libre sur ce point. J'ai vu des rues barrées devant des églises à l'heure du service divin. Voilà des républicains qui ne ressemblent guère à nos libéraux de France. Il y a des millions d'autres différences dans les idées, la condition matérielle, les mœurs; mais je n'ai pas le temps de les indiquer. Voilà le bon côté. Le mauvais, c'est un désir immodéré de faire sa fortune et de la faire vite, une instabilité perpétuelle dans les désirs, un besoin continuel de changement, une absence absolue d'anciennes traditions et d'anciennes mœurs, un esprit commercial et mercantile qu'on applique à tout, même à ce qui le comporte le moins. Telle est du moins la physionomie extérieure de New-York. . .

. Nous partons demain pour nous enfoncer dans l'intérieur. Nous remonterons la rivière du Nord jusqu'à

Albany. De là nous irons voir la chute de Niagara.
Après avoir visité les tribus indiennes qui vivent auprès
du lac Érié, nous reviendrons par le Canada à Boston et
enfin à New-York, d'où nous repartirons pour une nouvelle tournée. . .

Philadelphie, 18 octobre 1831.

Voilà bien longtemps que je n'ai communiqué avec
toi, mon bon ami, et que je n'ai reçu de tes nouvelles.
Tu es cependant du petit nombre de ceux qui me font
sentir le chagrin de l'exil et m'attachent à la France.
Depuis que je t'ai écrit, j'ai terriblement couru. Nous
nous sommes embarqués à Buffaloe, petite ville située
à l'extrémité inférieure du lac Érié ; et, dans un voyage
de six cents lieues, nous nous sommes avancés jusqu'à
l'entrée du Lac Supérieur et avons pénétré presque au
fond du lac Michigan. Un coup d'œil sur la carte te
fera suivre facilement notre route. De retour à Buffaloe,
nous avons visité la chute de Niagara ; et, descendant le
Saint-Laurent, nous avons été dans les deux Canadas,
d'où nous sommes revenus, par le lac Champlain, parcourir les États de la Nouvelle-Angleterre, et notamment celui dont Boston est le chef-lieu, et de là à New-
York. Nous voilà enfin à Philadelphie, après avoir fait
ce qu'aucun homme de notre nation n'a exécuté depuis
bien des années. Ce n'est pas que le voyage soit difficile ;

mais les occasions de l'exécuter sont très-rares. Les
rives des lacs Huron et Michigan, qui, dans un siècle,
seront couvertes de villes, sont aujourd'hui absolument
désertes. Les pionniers eux-mêmes n'ont pas encore mis
la hache dans les forêts qui y croissent tranquillement
depuis le commencement du monde. Personne n'a donc
intérêt à y aller; et c'est par un grand hasard que nous
avons trouvé un vaisseau faisant cette route. C'est au
milieu d'une de ces forêts que je traversais seul avec
Beaumont, sous la conduite d'Indiens, que je me suis
tout à coup rappelé que nous étions au 28 juillet!!! Je
ne puis t'exprimer, mon cher ami, l'effet qu'a produit
sur moi ce souvenir. . . Pour un instant, mon esprit
m'a reporté au milieu de ces scènes de guerre civile
dont nous avons ensemble été témoins. Jamais peut-être
un événement passé ne s'est peint à l'imagination avec
tant d'énergie. Les sentiments, les passions de tout
genre qui avaient agité mon âme à cette époque, depuis le salon de ma mère jusqu'à la petite maison de
Saint-Cloud, tout cela s'est emparé avec une violence
inexprimable de mon souvenir. Et lorsque ensuite, regardant autour de moi, j'ai contemplé la scène étrange
qui m'environnait, l'obscurité de la forêt, les débris
d'arbres qui l'encombraient, et jusqu'aux figures sauvages de nos guides, j'ai douté un moment que je fusse
bien le même homme auquel se rapportaient les événements que venait de me présenter ma mémoire. Il
me semblait du moins qu'il s'était passé plus d'un an;
et, en vérité, je ne puis encore le croire. Le tocsin

nocturne, la fusillade dans les rues, notre sortie de Paris, nos promenades armées dans Versailles, les nuits passées au corps de garde, tout cela me paraît encore un rêve, le souvenir de la vie d'un autre et non de la mienne.

C'est au retour de cette course aventureuse que j'ai trouvé la nouvelle d'un des plus grands malheurs qui pussent m'arriver : la mort de l'ami de toute ma vie[1]. Je t'avoue, mon cher ami, que cet événement a jeté une grande amertume sur tout le reste du voyage. Une des plus grandes joies du retour eût été de l'embrasser. Il est mort sans qu'aucun de nous, qu'il avait toujours traités comme ses enfants, ait pu recevoir son dernier soupir. Mes frères mêmes étaient absents lorsque l'événement est arrivé. Cette circonstance a encore ajouté à ma douleur. Voilà, après mes parents, les deux êtres qui m'ont jamais aimé le plus dans ce monde, séparés de moi pour toujours. Pour voir disparaître successivement tous les autres, il ne s'agit que de vivre. L'existence est à ce prix.

J'espère, mon cher ami, que ta famille se porte bien. Édouard me mande que sa petite fille lui cause déjà un grand bonheur. Je pense que tu tiens le même langage. Plus je roule dans ce monde, et plus je suis amené à penser qu'il n'y a que le bonheur domestique qui signifie quelque chose. Mais l'obtiendrai-je jamais?

---

[1] Le digne et vénérable abbé Lesueur, dans lequel Alexis de Tocqueville avait trouvé un second père, et pour lequel il avait toujours eu l'attachement du fils le plus tendre et le plus respectueux.

C'est, en vérité, ce dont je doute. Ma raison m'indique qu'il doit suffire au cœur humain ; et mes passions le nient. Quand je suis agité, errant, l'idée de la tranquillité intérieure charme mon imagination. Rentré dans des habitudes régulières, l'uniformité de l'existence me tue ; je me sens saisi par une inexprimable inquiétude du cœur. Il me faut de l'agitation morale ou physique, dussé-je l'acheter au péril de ma vie. Le besoin des émotions devient irrésistible ; et je me ronge intérieurement, si je ne puis pas le satisfaire. En somme, il n'y a pas d'être au monde que je connaisse moins que moi-même. Je suis sans cesse pour moi un problème insoluble. J'ai la tête froide et l'esprit raisonneur, calculateur même ; et, à côté de cela, se trouvent des passions ardentes qui m'entraînent sans me convaincre, domptant ma volonté en laissant libre ma raison.

Je ne suis ici que pour un mois. Dans le courant de novembre, nous nous avancerons vers le Mississipi, et nous le descendrons pour gagner la Nouvelle-Orléans. Nous reviendrons ensuite à New-York par Savanah, Charleston et Washington. C'est un voyage immense : plus de quinze cents lieues de France. Tu m'en veux peut-être de ne pas plus te parler de ce pays-ci ; mais je ne sais que t'en dire. Il faudrait t'envoyer un volume et je n'en ai pas le temps.

Saint-Germain, 22 avril 1852.

J'ai bien peur que tu ne me croies mort, mon cher ami.
Ce serait une grande erreur, du moins pour le *moment
où je parle* ; on ne doit pas s'avancer davantage dans le
temps où nous vivons [1]. Nous avons non-seulement la
peste, mais une peste qui vous enlève en quelques heures
l'homme le plus sain et le mieux portant. Il ne faut
donc se vanter de rien. . . . .
. . . .
Mais en voilà assez sur ce triste sujet. Tu me mandes
que Charles m'accuse d'avoir le spleen. Il y a quelque
chose de vrai dans sa remarque. Il est certain du moins
qu'il a pu voir chez moi de l'ennui, de la tristesse et
une sorte d'abattement moral. Ce sont là, je pense, les
ingrédients dont se compose le spleen. Plusieurs causes,
les unes accidentelles, les autres permanentes, concou-
raient à jeter mon âme dans cet état désagréable. As-tu
jamais éprouvé, mon cher ami, après un changement
de position même favorable, un certain malaise intellectuel qui naît, je crois, du dérangement d'habitudes
contractées ? C'est présisément ce que j'éprouvais à mon
retour dans ma famille. J'étais certes charmé de m'y
retrouver ; et cependant je ne savais qu'y faire de mon
oisiveté après un an entier passé dans un état d'agitation
presque fébrile. J'étais las de la tranquillité avant même

_____
[1] On sait qu'en ce moment le choléra sévissait à Paris.

que mon corps fût reposé de sa fatigue. Cette impression-là est maintenant à peu près effacée; mais il me reste encore de quoi être grave, je t'assure. Je suis affligé de l'état dans lequel je retrouve mon pays. . . . . . .

. . . .

Adieu, mon bon ami, je te renouvelle l'assurance de notre vieille et tendre amitié. Il n'y a que les sentiments du cœur qui soient quelque chose de solide dans ce monde. . . . .

———

Paris, 12 janvier 1833.

Je commençais, mon cher ami, à me sentir sérieusement fâché contre toi lorsque j'ai reçu ta lettre. . . . .

. . . .

Tu me parles de ce que tu appelles *ton athéisme politique*, et tu me demandes si je le partage. Ici il faut s'entendre. Es-tu dégoûté des partis seulement, ou aussi des idées qu'ils exploitent? Dans le premier cas, tu sais que telle a toujours été à peu près ma manière de voir. Mais dans le second, je ne suis plus en rien ton homme. Il y a actuellement une tendance évidente à prendre en indifférence toutes les idées qui peuvent agiter la société, qu'elles soient justes ou fausses, nobles ou basses. Chacun semble s'entendre pour considérer le gouvernement de son pays *sicut res inter alios acta*. Chacun se concentre de plus en plus dans l'intérêt individuel. Il

n'y a que des gens voulant le pouvoir pour eux-mêmes,
et non la force et la gloire pour leur patrie, qui puissent se réjouir à la vue d'un pareil symptôme. Il faut
savoir bien peu lire dans l'avenir pour compter sur la
tranquillité achetée à un semblable prix. Ce n'est pas là
un repos sain et viril. C'est une sorte de torpeur apo-
plectique qui, si elle durait longtemps, nous conduirait
infailliblement à de grands malheurs. Non certes, je ne
me ris pas des croyances politiques, je ne les considère
point comme des choses indifférentes en elles-mêmes,
et que les hommes tournent à leur gré. Je ris amèrement en voyant l'abus monstrueux qu'on en fait chaque
jour, mais comme je ris en voyant faire servir la vertu
et la religion à des buts déshonnêtes, sans en respecter
moins pour cela la vertu et la religion. Je lutte de tout
mon pouvoir contre cette sagesse bâtarde, cette indifférence funeste dans laquelle vient se perdre de nos jours
l'énergie de tant de belles âmes. Je tâche de ne pas faire
deux mondes : l'un moral, où je m'enthousiasme encore
pour ce qui est beau et bon ; l'autre politique, où je me
couche à plat ventre pour sentir plus à mon aise le fu-
mier sur lequel on marche. Je tâche de ne pas imiter
dans un autre genre les grands seigneurs d'autrefois,
qui tenaient qu'il était honnête de tromper une femme,
mais qu'on ne pouvait sans infamie manquer à sa parole
envers un homme. Je cherche à ne pas diviser ce qui est
indivisible. Voilà, mon bon ami, une longue tirade, à
la suite de laquelle le papier me manquant, force m'est
de finir ma lettre. . . . .

Paris, 16 février 1835.

. . . .

Mon cher ami, je ne t'écrirai que deux mots cette fois.
D'abord, parce que suis extrêmement pressé, et ensuite
parce que je n'ai rien de nouveau à t'apprendre. Le livre
va jusqu'à présent merveilleusement. Je suis confondu
de son succès; car je craignais sinon une chute, du
moins un accueil froid, en raison du soin qu'avait pris
son auteur de se tenir en dehors de tous les partis. Je
trouve partout de la bienveillance, et il m'arrive de
toutes parts des avances qui m'étonnent. M. Royer-Collard, que je ne connaissais pas, a demandé à me voir.
J'ai été hier au soir chez lui. Il m'a dit, au milieu de
beaucoup de compliments, que mon livre était, à son
avis, le livre politique le plus remarquable qui eût paru
depuis trente ans. Je sais qu'il dit la même chose de moi
à d'autres personnes. M. de Chateaubriand, M. de La-
martine, m'ont parlé à peu près dans le même sens. Je
suis donc à flot quant à présent, fort étonné de ce qui
m'arrive et tout étourdi des louanges qui bourdonnent
à mes oreilles. Je me demande si c'est bien de moi
qu'on parle, et quand il n'y a plus moyen d'en douter,
j'en conclus qu'il faut que le monde soit composé de
bien pauvres gens, pour qu'un livre sorti de ma cervelle,
dont je connais si bien les bornes, fasse la sensation que
celui-ci paraît y produire. . . . .

Paris, 21 février 1835.

. . . .

Pour revenir au sujet principal de tes lettres, je te dirai, mon cher ami, que l'impression produite sur toi par mon livre, quoique plus forte dans un sens que je ne voudrais, n'est pas de nature à me surprendre ni à m'effrayer. Voici le but politique de l'ouvrage :

J'ai voulu montrer ce qu'était de nos jours un peuple démocratique, et, par cette peinture rigoureusement exacte, j'ai prétendu produire un double effet sur l'esprit des hommes de mon temps.

A ceux qui se sont fait une démocratie idéale, rêve brillant, qu'ils croient pouvoir réaliser aisément, j'ai entrepris de montrer qu'ils avaient revêtu le tableau de fausses couleurs ; que le gouvernement démocratique qu'ils préconisent, s'il procure des biens réels aux hommes qui peuvent le supporter, n'a point les traits élevés que leur imagination lui donne; que ce gouvernement, d'ailleurs, ne peut se soutenir que moyennant certaines conditions de lumières, de moralité privée, de croyances, que nous n'avons point, et qu'il faut travailler à obtenir avant d'en tirer les conséquences politiques.

Aux hommes pour lesquels le mot de démocratie est le synonyme de bouleversement, d'anarchie, de spoliation, de meurtres, j'ai essayé de montrer que la démocratie pouvait parvenir à gouverner la société en res-

pectant les fortunes, en reconnaissant les droits, en
épargnant la liberté, en honorant les croyances; que
si le gouvernement démocratique développait moins
qu'un autre certaines belles facultés de l'âme humaine,
il avait de beaux et grands côtés; et que peut-être, après
tout, la volonté de Dieu était de répandre un bonheur
médiocre sur la totalité des hommes, et non de réunir
une grande somme de félicité sur quelques-uns et d'approcher de la perfection un petit nombre. J'ai prétendu
leur démontrer que, quelle que fût leur opinion à cet
égard, il n'était plus temps de délibérer; que la société
marchait et les entraînait chaque jour avec elle vers l'é-
galité des conditions; qu'il ne restait donc plus qu'à choisir
entre des maux désormais inévitables; que la question
n'était point de savoir si l'on pouvait obtenir l'aristocratie ou la démocratie, mais si l'on aurait une société
démocratique marchant sans poésie et sans grandeur,
mais avec ordre et moralité, ou une société démocratique
désordonnée et dépravée, livrée à des fureurs frénéti-
ques ou courbée sous un joug plus lourd que tous ceux
qui ont pesé sur les hommes depuis la chute de l'empire
romain.

J'ai voulu diminuer l'ardeur des premiers, et, sans
les décourager, leur montrer la seule voie à prendre.

J'ai cherché à diminuer les terreurs des seconds et
à plier leur volonté sous l'idée d'un avenir inévitable,
de manière que, les uns ayant moins de fougue et les
autres offrant moins de résistance, la société pût s'a-
vancer plus paisiblement vers l'accomplissement né-

cessaire de sa destinée. Voilà l'idée-mère de l'ouvrage, idée qui enchaîne toutes les autres dans un seul réseau, et que tu aurais dû apercevoir plus clairement que tu n'as fait. Du reste, il n'y a jusqu'à présent que très-peu d'hommes qui le comprennent. Je plais à beaucoup de gens d'opinions opposées, non parce qu'ils m'entendent, mais parce qu'ils trouvent dans mon ouvrage, en ne le considérant que d'un seul côté, des arguments favorables à leur passion du moment. Mais j'ai confiance dans l'avenir, et j'espère qu'un jour viendra où tous verront clairement ce que quelques-uns seulement aperçoivent aujourd'hui. . . . .

Quant au succès matériel du livre, il continue. . . . .

Ce que tu me dis de vos arrangements d'été, mon cher ami, me fait bien craindre de ne pouvoir aller encore cette année vous visiter. Beaumont et moi, nous comptons d'ici à un mois aller en Angleterre. . . . .

———

Paris, 11 janvier 1836.

Je ne veux pas te laisser apprendre par un billet de part, mon bon ami, le grand malheur qui vient de nous frapper. Ma pauvre mère est morte avant-hier au soir. Depuis longtemps nous voyions cet événement devenir de plus en plus probable. Je n'en ai pas moins été profondément accablé. Il y a des spectacles auxquels l'imagination n'est jamais préparée ; et celui-là est du nombre. Les deux derniers mois de l'existence de ma pauvre mère ont été bien cruels; mais sa dernière journée a été assez douce. Le matin, après avoir communié, elle est tombée dans une sorte d'insensibilité apparente qui a duré jusqu'à huit heures et demie du soir. A ce moment, elle m'a paru tout à coup sortir d'un profond sommeil. Elle nous a appelés auprès de son lit, Louis de Chateaubriand et nous. Elle nous a bénis d'une voix très-distincte, et a eu l'air de se rendormir. Elle n'existait plus. J'ai bien éprouvé depuis ce temps-là, mon cher ami, ce que j'avais souvent pensé, que le cœur seul d'une femme qui vous aime sait trouver des adoucissements aux grandes douleurs. Je fais dans ce moment-ci l'expérience de cette vérité, et j'en trouve la démonstration dans ma maison. Marie regrette vivement ma mère, qui a toujours été pleine de bontés pour elle ; et elle trouve naturellement en elle-même ce qu'il faut pour me comprendre et adoucir ma peine. Je ne t'en dirai pas davantage cette fois ; tu me pardonneras, j'espère.

——————

Berne, 24 juillet 1836.

. . . .

Tu es, en vérité, bien fou de croire que je trouverai mauvais ou ridicule le conseil que tu me donnes. Je ne

suis pas encore assez grand garçon, Dieu merci, pour
ne pas considérer comme un des plus grands biens à
retirer de l'amitié les avis sincères et vrais des amis. Ta
lettre m'aurait donc attaché davantage à toi, si je pouvais
l'être. Quant à ta lettre elle-même, je te dirai franchement que je la trouve supérieure à toutes tes conversations et qu'elle me prouve de plus en plus ce que tu serais capable de faire si tu parvenais jamais à secouer cette
maudite paresse misanthropique qui te dévore. . . . . .

Je ne sais trop comment te répondre. Il faudrait le
faire longuement pour être compris, et je n'ai pas le
temps d'écrire longuement. Ne prends donc cette réponse que pour des *à peu près* fort vagues qui ont besoin d'être complétés.

Tu me parais avoir bien compris les idées générales
sur lesquelles repose mon programme. Ce qui m'a le
plus frappé de tout temps dans mon pays, mais principalement depuis quelques années, ç'a été de voir
rangés d'un côté les hommes qui prisaient la moralité,
la religion, l'ordre ; et de l'autre ceux qui aimaient la
liberté, l'égalité des hommes devant la loi. Ce spectacle
m'a frappé comme le plus extraordinaire et le plus déplorable qui ait jamais pu s'offrir aux regards d'un
homme ; car toutes ces choses que nous séparons ainsi
sont, j'en suis certain, unies indissolublement aux yeux
de Dieu. Ce sont toutes des choses *saintes*, si je puis
m'exprimer ainsi, parce que la grandeur et le bonheur
de l'homme dans ce monde ne peuvent résulter que de
la réunion de toutes ces choses à la fois. Dès lors j'ai

cru apercevoir que l'une des plus belles entreprises de notre temps serait de montrer que toutes ces choses ne sont point incompatibles ; qu'au contraire, elles se tiennent par un lien nécessaire, de telle sorte que chacune d'elles s'affaiblit en se séparant des autres. Telle est mon idée générale. Tu la comprends très-bien ; tu la partages. Il y a cependant une nuance déjà entre toi et moi. J'aime la liberté plus vivement, plus sincèrement que toi. Tu la désires, s'il est possible de l'obtenir sans peine, et tu es prêt à prendre ton parti de t'en passer. Ainsi d'une multitude d'honnêtes gens en France. Ce n'est pas là mon sentiment. J'ai toujours aimé la liberté d'instinct, et toutes mes réflexions me portent à croire qu'il n'y a pas de grandeur morale et politique longtemps possible sans elle. Je tiens donc à la liberté avec la même ténacité qu'à la moralité, et je suis prêt à perdre quelque chose de ma tranquillité pour l'obtenir.

A cette nuance près nous sommes d'accord sur le but. Mais tu prétends que nous différons prodigieusement sur les moyens ; et je crois, en vérité, que c'est ici que tu ne me comprends qu'incomplétement.

Tu crois que je vais mettre en avant des théories radicales et presque révolutionnaires. En cela tu te trompes. J'ai montré et je continuerai à montrer un goût vif et raisonné pour la liberté, et cela pour deux raisons : la première, c'est que telle est profondément mon opinion ; la seconde, c'est que je ne veux pas être confondu avec ces amis de l'ordre qui feraient bon marché du libre-arbitre et des lois pour pouvoir dormir

tranquilles dans leur lit. Il y en a déjà assez de ceux-
là, et j'ose prédire qu'ils n'arriveront jamais à rien de
grand et de durable. Je montrerai donc franchement
ce goût de la liberté, et ce désir général de la voir se
développer dans toutes les institutions politiques de
mon pays; mais en même temps je professerai un si
grand respect pour la justice, un sentiment si vrai
d'amour de l'ordre et des lois, un attachement si profond et si raisonné pour la morale et les croyances
religieuses, que je ne puis croire qu'on n'aperçoive pas
nettement en moi un libéral d'une espèce nouvelle, et
qu'on me confonde avec la plupart des démocrates de
nos jours. Voilà mon plan tout entier. Je te le développe
à bâtons rompus, mais sans arrière-pensée aucune. Te
dire par quels moyens je m'efforcerais de mettre en
lumière ces idées, c'est ce qu'il me serait impossible
de faire d'avance. Dieu seul sait si je serai jamais en
état d'agir d'une manière quelconque sur mes contemporains, et c'est peut-être chez moi déjà une grande
présomption que d'en avoir la pensée. Mais sois sûr que
si j'agis jamais, ce sera successivement, avec prudence,
en laissant conclure de ma conduite mes idées, plutôt
que de les jeter toutes ensemble à la tête du public.
Si j'ai montré jusqu'à présent une qualité quelconque,
je crois que c'est l'esprit de conduite. J'espère continuer à en faire usage; mais rappelle-toi toujours, mon
cher ami, mon point de départ. Mon but serait de réunir,
comme je le disais au commencement de ma lettre,
les deux ou trois grandes choses que nous voyons sé-

parées. Pour cela il faut d'abord que je montre ce qui est, c'est-à-dire que j'aime passionnément les unes et les autres. Tu t'en serais bien aperçu si tu avais été un démagogue. Tu m'aurais entendu plaider bien plus vivement la cause de la religion et de la morale que celle de la liberté. Mais tu es du nombre de ces braves gens que j'aime de tout mon cœur, et avec lesquels j'ai bien de la peine à raisonner de sang-froid, parce qu'ils ont dans leurs mains la destinée de leur pays et ne veulent pas s'en saisir. Si ces hommes purs et honnêtes voulaient aimer la liberté comme ils aiment la vertu, ces deux choses se réhabiliteraient l'une par l'autre, et nous serions sauvés.

Voilà en gros et fort à la hâte ce que j'ai à te dire. Loin de voir avec déplaisir des lettres semblables à celles que tu viens de m'écrire, je les regarderai toujours comme les fruits les plus précieux de notre amitié, et tu ne peux en resserrer plus sûrement les liens qu'en m'en écrivant souvent de semblables.

Dis-moi, si tu veux, que j'entreprends une œuvre téméraire, supérieure à mes facultés; que c'est un rêve, une chimère, soit. Mais laisse-moi du moins la croyance que l'entreprise est une chose belle, grande et noble; qu'elle mérite le temps, la fortune, la vie d'un homme; et qu'il vaut mieux y échouer que de réussir d'une autre manière. Persuader aux hommes que le respect des lois divines et humaines est le meilleur moyen de rester libre, et que la liberté est le meilleur moyen de rester honnête et religieux, cela ne se peut pas, diras-tu?

Je suis aussi tenté de le croire. Mais la chose est vraie pourtant, et à tout risque je tenterai de la dire. . . . .

. . . .

Je serai à Genève le 25 août. . . . .

———

Tocqueville, 5 octobre 1836.

. . . .

J'ai trouvé en passant par Genève ta lettre du 18 août. . . . . . Tout ce que tu me dis ne me touche pas, par la raison que j'adopte le tout comme mon opinion. Il est évident que nous nous combattons dans les ténèbres sans nous voir clairement. J'ai mis dans mes discussions avec toi une chaleur de raisonnement que tu as prise pour le signe d'un esprit entraîné impétueusement vers l'action immédiate par ses propres idées : il n'en est rien. Tu me représentes avec grande raison que des révolutions sont de grands maux et servent rarement à l'éducation d'un peuple; qu'une agitation prolongée est déjà très-fâcheuse, et que le respect à la loi ne naît que de la stabilité des lois. . . . . . Toutes choses que je crois profondément. Je ne pense pas qu'il y ait en France un homme moins révolutionnaire que moi, ni qui ait une haine plus profonde pour ce qu'on appelle l'esprit révolutionnaire (lequel esprit, par parenthèse, se combine très-aisément avec l'amour d'un gouvernement absolu). Que suis-je donc? et qu'est-ce que je veux? Distinguons, pour nous mieux comprendre, la fin des moyens. Quelle est la fin? Ce que je veux, ce n'est pas une république, mais une monarchie héréditaire. Je l'aimerais même mieux légitime qu'élue ainsi que celle que nous avons, parce qu'elle serait plus forte surtout à l'extérieur. Ce que je veux, c'est un gouvernement central énergique dans la sphère de son action. L'énergie du pouvoir central est bien plus nécessaire chez un peuple démocratique où la force sociale est disséminée que dans une aristocratie. D'ailleurs notre situation en Europe nous fait une loi impérieuse de ce qui devrait être une chose de choix. Mais je veux que ce pouvoir central ait une sphère nettement tracée; qu'il se mêle de ce qui rentre nécessairement dans ses attributions, et non de tout en général, et qu'il soit toujours subordonné, quant à sa tendance, à l'opinion publique et au pouvoir législatif qui la représente. Je crois que le pouvoir central peut être revêtu de très-grandes prérogatives, être énergique et puissant dans sa sphère, et en même temps les libertés provinciales être très-développées. Je pense qu'un gouvernement de cette espèce peut exister, et qu'en même temps la majorité de la nation peut se mêler elle-même de ses propres affaires; que la vie politique peut arriver à être répandue presque partout; l'exercice direct ou indirect des droits politiques très-étendu. Je veux que les principes généraux du gouvernement soient libéraux, que la part la plus large possible soit laissée à l'action des individus, à l'initiative personnelle. Je crois que toutes ces choses sont compatibles; bien mieux, je suis profondément convaincu qu'il n'y aura jamais d'ordre et de tranquillité que quand on sera parvenu à les combiner.

Quant aux moyens : avec tous ceux qui admettent que c'est le but vers lequel on doit tendre, je me montre aussitôt très-conciliant. Je suis le premier à admettre qu'il faut marcher lentement, avec précaution, avec légalité. Ma conviction est que nos institutions actuelles suffisent pour arriver au résultat que j'ai en vue. Loin donc de vouloir qu'on viole les lois, je professe un respect presque superstitieux pour les lois. Mais je veux que les lois tendent peu à peu et graduellement vers le but que je viens d'indiquer, au lieu de faire des efforts impuissants et dangereux pour rebrousser chemin. Je veux que le gouvernement prépare lui-même les mœurs et les usages à ce qu'on se passe de lui dans bien des cas où son intervention est encore nécessaire ou invoquée sans nécessité. Je veux qu'on introduise les citoyens dans la vie publique à mesure qu'on les croit capables d'y être utiles, au lieu de chercher à les en écarter à tout prix. Je veux enfin que l'on sache où l'on veut aller, et qu'on y marche prudemment au lieu de procéder à l'aventure, comme on n'a guère cessé de faire depuis vingt ans. Que te dirai-je encore, mon cher ami? On pourrait parler toute une journée sur ce texte sans faire autre chose que de le développer. Tu dois comprendre ma pensée sans que j'aie besoin de la délayer ou de l'expliquer par mille exemples... En résumé, je conçois nettement l'idéal d'un gouvernement qui n'a rien de révolutionnaire ni d'agité outre mesure, et que je crois possible de donner à notre pays. Mais d'un autre côté, je conçois aussi bien que personne qu'un pareil gouvernement (qui n'est du reste que l'extension de celui que nous avons), pour s'établir, a besoin de mœurs, d'habitudes, de lois qui n'existent pas encore, et qui ne peuvent être introduites que lentement et avec de grandes précautions. . . . .

Valognes, 7 mars 1839.

J'ai été élu dimanche dernier, mon cher ami, au premier tour de scrutin et à une majorité de quatre-vingts voix. La population presque tout entière s'est ensuite pressée autour de moi, et a voulu me reconduire jusqu'à ma maison avec un vrai vacarme d'acclamations. Tout cela m'a fort ému, comme tu peux croire; et du haut de ma fenêtre j'ai remercié tous ces braves gens en improvisant le peu de mots qu'on a essayé de reproduire dans le petit écrit que je joins à cette lettre. Voilà un grand succès, et j'ajoute un honorable succès; car il n'est point dû à l'intrigue. Je n'ai pas fait une visite; je n'ai pas promis une place. Je me suis borné à faire un appel énergique aux passions les plus honnêtes et les plus pures du cœur humain, et j'ai réussi. Ce qui prouve que l'espèce humaine n'est pas encore aussi mauvaise qu'elle en a l'air. Du reste, je ne me le dissimule pas; c'est seulement à présent que les grandes difficultés commencent. L'estime qui m'environne, l'opinion qu'on a de moi m'imposent des obligations formidables et dont l'idée m'accable d'avance. Je crains bien de rester au-dessous de ma tâche. Mais si je ne suis pas saillant d'une autre manière, j'espère l'être du moins en honnêteté et en désintéressement politiques. Cela me sera plus facile que d'être un grand homme d'État et aura son mérite. Je suis d'ailleurs décidé à passer toute la session prochaine à étudier les choses et les hommes tant au dedans qu'au dehors de la Chambre. Je sens que j'ai besoin d'un apprentissage, et j'aurai le courage de le faire.

Ta dernière lettre m'a un peu chagriné, mon bon ami. Je crains de t'avoir affligé sans raison, en te reprochant trop vivement et trop sévèrement l'abattement dans lequel tu paraissais être. Tu as en effet de grands sujets de chagrin; et la fortune, je le confesse, ne t'a point donné lieu jusqu'à présent de compter sur elle. Tu me dis à ce sujet une chose qui est vraie : c'est que je suis mal placé pour te tenir un pareil langage. Presque toutes mes entreprises m'ont, comme tu me le dis, réussi depuis dix ans. Cela devrait me rendre plus tolérant à ton égard. Mais ne crois pas du reste que cela m'enivre le moins du monde. Ces succès qui t'étonnent peut-être m'étonnent moi-même, et loin de compter sur l'avenir, je tremble en y pensant. Je songe au point où m'avait placé la révolution de 1830, et tout ce qui m'arrive depuis me surprend. Il serait fou de compter que les choses iront ainsi toujours. Me voilà entrant sur un nouveau théâtre sans savoir si je suis propre à y jouer un rôle, et contraint à de nouveaux efforts que peut-être la nature de mon esprit ou ma constitution physique ne comportent pas; car je n'ai plus à ma disposition, il faut le reconnaître, ce corps de fer que tu m'as connu autrefois, et qui se prêtait si complaisamment à toutes les passions et à l'activité extrême de l'âme. Un certain degré d'agitation me fatigue, et je sens enfin de temps à autre le besoin de me reposer. Je ne puis m'empêcher de croire que la Providence, qui jusqu'à présent m'a accordé tant de belles et vives émotions, ne m'a pas destiné à de bien longues années. Je sens que le trop d'activité m'use, et le repos me tue. Mais il ne faut pas penser à cela. Je t'avoue que de toutes les bénédictions que Dieu m'a accordées, la première de toutes à mes yeux, c'est d'avoir trouvé Marie. Tu ne peux te figurer ce qu'elle est en temps de crise. Cette femme si douce devient alors ferme et énergique. Elle veille autour de moi sans que je m'en aperçoive. Elle adoucit, calme, fortifie mon âme au milieu des agitations qui la laissent sereine. . . . .

Tocqueville, 14 juillet 1840.

Tu as bien raison, mon bon ami, de te plaindre de mon silence; non que ce silence ait été volontaire ni accompagné d'oubli, mais parce qu'il est misérable en vérité de ne point écrire à ses vrais amis afin de se donner plus complétement à ce monde politique où l'on ne rencontre guère, quoi qu'on fasse, que des cœurs froids et des âmes qui ne sont passionnées que d'elles-mêmes. Je me reproche donc depuis longtemps de ne pas t'écrire. Mais je veux que tu saches bien que jamais je n'ai été plus loin de penser à toi avec froideur. La vie politique produit sur moi l'effet contraire à celui qu'elle exerce, ce me semble, sur la plupart des autres hommes. Elle me fait attacher beaucoup plus de prix aux émotions qui restent en dehors d'elle, et aux amis que j'ai laissés dans la vie privée en y entrant. Jamais l'amitié de Louis et la tienne ne m'ont paru des biens plus véritables qu'en ce moment. Ce n'est pas que j'aie à me plaindre des hommes politiques. J'ai dans la Chambre toute la considération que je puis désirer, et la portion d'influence que quant à présent je puis avoir. Mais c'est en vérité un triste côté de l'humanité que celui que découvre la politique. On peut dire sans exception que rien n'y est ni parfaitement pur, ni parfaitement désintéressé; que rien n'y est véritablement généreux, que rien n'y sent l'élan libre du cœur. Rien n'y est jeune en un mot, même les plus jeunes. Quelque chose de froid, de prémédité et d'égoïste s'y découvre au travers des mouvements les plus passionnés des esprits. Comment veux-tu qu'à cette vue on ne se replie pas sur soi-même, et qu'on ne cherche pas ailleurs un peu d'air libre où l'âme puisse respirer? Je suis engagé dans la vie politique; elle a des émotions qui me plaisent, de

grands côtés qui m'animent ; mais il y manque absolument plusieurs choses sans lesquelles je ne saurais vivre.
Et ces choses, je ne puis les trouver qu'auprès de ma
femme et de deux ou trois amis qui sont restés à peu
près ce que nous étions il y a dix ans. Cela t'explique ce
que je te disais plus haut du prix de plus en plus grand
que j'attachais à ton amitié, au milieu même des affaires
qui m'empêchent de t'écrire, et à cause d'elles.

Ce qui arrive à mon livre, dont tu me parles, n'a rien
d'extraordinaire. Il y a deux espèces de succès pour un
ouvrage : l'un prompt et populaire. Beaucoup de mes
amis croyaient mon livre destiné à ce succès. Je ne l'ai
jamais cru complétement, et si je l'avais cru, je serais
détrompé. Il est évident que, par une raison ou par une
autre, ce livre n'a pas saisi la masse du public et ne l'a
pas émue. J'en dirais aisément les raisons. Les unes seraient défavorables au public, la plupart au livre. Je ne
constate ici que le fait qu'il faut savoir juger avec fermeté. Le genre de succès dont je parlais plus haut est
manqué, et tous les articles de journaux ne le feraient
pas naître. Mais il y a un autre succès qui consiste d'a-
bord dans le jugement des intelligences d'élite ; celles-là
comprennent et goûtent un ouvrage, et peu à peu, par
imitation, la même impression se répand et descend
jusqu'aux intelligences du second et du troisième ordre,
et le public finit par répéter que voilà *un beau livre*,
sans l'avoir lu ou du moins bien compris. C'est à peu
près ainsi que les choses se sont passées pour la première partie de la *Démocratie*. Tout me donne à croire

que c'est ce qui arrivera pour cette seconde. Presque tous les hommes remarquables qui ont lu l'ouvrage en parlent comme d'une œuvre qui les a extrêmement frappés, et qui m'élève dans leur esprit. Tout ce que les Chambres contiennent d'hommes politiques éminents, ou a lu l'ouvrage ou va le lire dans l'absence des affaires. D'ici à un ou deux mois, je crois que tous les journaux en auront parlé. J'ai déjà le jugement de presque toute la presse anglaise. On y traite en général le livre comme un très-grand effort de l'esprit humain. Voilà exactement où en sont les choses, ni plus ni moins. Les remarques que tu fais dans ta dernière lettre me paraissent justes en partie. Ce livre est de nature à ne passionner personne. Il laisse l'esprit étonné et froissé. Cette impression se découvre au fond de l'âme de ceux mêmes qui en sont le plus émus et qui semblent l'admirer le plus. M. Royer-Collard, dont c'est l'impression aussi, trouve cependant qu'il y a beaucoup plus de talent que dans l'ouvrage précédent. Quoi qu'il en soit, le voilà maintenant dans le monde avec les vérités et les erreurs qu'il renferme. Qu'il fasse son chemin comme il pourra : je n'y puis plus rien. Il a clos pour moi la portion la plus heureuse, et peut-être, après tout, la plus utile et la plus brillante de ma vie. Une autre s'ouvre : celle de l'action. Rien ne me prouve encore que j'y sois propre ; mais je tâcherai de ne pas m'y manquer à moi-même et d'y montrer du moins de l'honnêteté et du courage. . . . .

. . . .

Je t'écris de Tocqueville où je suis seulement arrivé il y a quatre jours. J'ai été retenu à Paris par un rapport sur les prisons, que je t'enverrai. Je goûte avec un bonheur inexprimable la paix des champs. Tu sais que la paix n'est point mon affaire, ni le repos mon plaisir. Mais la paix et le repos apparaissant par hasard et de loin en loin, au milieu du tumulte des passions et des affaires, ont un grand charme même pour une nature aussi démesurément inquiète et agitée que la mienne. Pendant longtemps j'ai demandé à Dieu de me donner *trop* de choses à faire. Il m'a si bien exaucé depuis quelques années que je commence à sentir de temps à autre le besoin de respirer un moment. Peut-être est-ce aussi un commencement de vieillesse ; car il ne faut pas se le dissimuler, pour moi désormais la jeunesse est close et bien close. Je m'en aperçois bien moins encore à mon corps qu'à mon esprit. . . . .
. . . .

Penses-tu que les obstacles qui vous ont empêchés de venir cette année doivent se représenter l'année prochaine? Le calme et la douceur de la vie que nous menons ici nous font de plus en plus désirer de vous voir venir partager pendant quelques mois avec nous ce paisible asile. . . . .
. . . .

P. S. Il y a aujourd'hui cinquante et un ans que la Révolution française a commencé; et après tant d'hommes et d'institutions dévorés par elle, on peut dire qu'elle dure encore. N'est-ce pas encourageant pour les peuples qui ne sont qu'au commencement de la leur?

——————————

Tocqueville, ce 30 novembre 1841.

Je ne veux pas quitter ce pays-ci, mon bon ami, sans causer un moment avec toi. J'espérais pouvoir rester à Tocqueville jusqu'à la fin de décembre, peut-être jusqu'au commencement de janvier; car c'eût été assez pour moi d'arriver pour la discussion de l'adresse. L'un des mille incidents dont ma vie est remplie et qui m'empêchent de rien arranger définitivement me forcent, bien contre mon gré, de hâter mon retour. Ceux de mes amis qui ont voté pour moi à l'Académie française, lors de la dernière vacance, pensent à me porter encore cette fois. Il m'arrive lettres sur lettres depuis quinze jours, m'engageant à venir me montrer. Je ne puis, sans les désobliger, tarder plus longtemps à faire ce qu'ils désirent. Cependant, ainsi que je te le disais, ce retour précipité me coûte beaucoup. D'abord je n'ai pas une très-haute idée de mes chances à l'Académie. Secondement le séjour de Tocqueville, même dans cette mauvaise saison, a pour moi un si grand charme, que chaque jour que je lui enlève me semble une perte immense et irréparable. Il faut bien cependant s'y décider. Je pars demain. Le séjour que je viens de faire à Tocqueville cette année m'aura été très-utile. Il m'aura montré que je pouvais être heureux dans la vie la plus intérieure ; et que la solitude même profonde avec Marie était pour moi, à tout prendre, non-seulement la plus douce, mais la manière la plus désirable de passer mon temps. Je dis que cette preuve que je me suis faite à moi-même est quelque chose de très-important. Elle me donne une grande tranquillité pour l'avenir. Je ne me dissimule pas en effet que, si ma santé ne se remet pas entièrement, je serai obligé tôt ou tard d'abandonner les affaires publiques, ou du moins dé ne les prendre que comme un petit accessoire de mon existence. La force physique est aussi nécessaire en session qu'en campagne ; et je n'en ai guère maintenant. Mais en admettant même, ce dont je ne veux pas encore désespérer, que je puisse continuer à faire de la politique l'action journalière de ma vie, c'est encore un avantage rare et inestimable de sentir que, si mon intérêt ou ma conscience me forcent de rentrer soit momentanément, soit tout à fait dans la vie privée, je ne serai point malheureux, mais retrouverai là au besoin une situation que je sais avoir pour moi de très-grands charmes. Cette possibilité de quitter sans trop de regrets la scène politique est peut-être la meilleure de toutes les conditions pour y jouer grandement et noblement son rôle. Presque toutes les bassesses que nous voyons viennent ou de ce que les hommes qui entrent dans la vie politique, manquant de fortune, craignent la ruine en quittant leur place, ou de ce que leur ambition et leurs passions sont tellement concentrées dans la poursuite du pouvoir qu'ils n'envisa-

gent l'idée de le quitter qu'avec une sorte d'horreur qui
leur fausse le jugement, et leur fait sacrifier l'avenir au
présent, leur honneur à leur rôle.

———————

Paris, ce 1ᵉʳ janvier 1842.

Je te remercie, mon cher ami, de ta dernière lettre.
Je savais bien que mon élection à l'Académie française te ferait plaisir, car je compte sur ta vive amitié
comme tu comptes, j'espère, sur la mienne. Je vous
avais effrayés outre mesure sur le résultat de cette
lutte. Tu sais que je n'aime pas à me flatter. Je vois
plutôt en mal qu'en bien les choses de l'avenir. D'ailleurs, au moment où je vous ai écrit, la partie était en
effet fort douteuse. Le roi agissait ouvertement en faveur de M. Vatout, et il était difficile de dire quelle influence il pourrait exercer. Heureusement que j'avais
pour moi l'opinion publique, qui de notre temps est plus
puissante que les rois. La majorité a été forte, comme
tu l'as vu. Elle l'eût été davantage sans une succession
d'accidents qui a forcé quatre de mes meilleurs amis
de ne point aller à l'Académie le jour de la bataille. Je
suis très-content, et, comme tu le dis, j'ai bien des
raisons de l'être, indépendamment même de l'Académie. Je regarderais comme une injustice envers la
Providence de ne point en convenir. Elle m'a donné
beaucoup de satisfactions extérieures. Elle m'a donné

surtout, et c'est de cela principalement que je la remercie, le vrai bonheur intérieur, ce premier des biens
de ce monde. Jamais je n'en ai joui autant que maintenant. J'éprouve de plus en plus que ce côté de la vie
privée qui, dans ma jeunesse, me paraissait le plus
petit de l'existence, grandit chaque jour à mes yeux, à
ce point qu'il pourrait me consoler aisément de la
perte de l'autre. J'espère cependant, mon cher ami,
échapper au danger que tu signales, et qui poursuit
sans cesse les gens heureux dans ce monde. Si j'ai plus
que beaucoup d'autres sur bien des points, j'ai moins
que la plupart des hommes de mon âge sur le point
principal, qui est la santé. La santé est le boulet que je
traîne après moi. Celui-là est souvent bien lourd. J'ai
pris cette année-ci des précautions de malade qui, jusqu'à
présent, me réussissent. Je ne sors pas le soir et ne vais
jamais dîner en ville. De cette manière, je suis sûr de
suivre un bon régime et d'avoir de bonnes nuits. Quoi
qu'il en soit, il est triste, à mon âge, de vivre ainsi en
vieillard : ce que je dis non pour me plaindre, mais pour
montrer que chacun a dans sa médaille deux côtés. Un
autre mauvais côté de la mienne, c'est la politique ; elle
m'affecte plus qu'un autre, parce que j'ai le devoir de
m'en mêler, et c'est une ingrate occupation, je t'assure
Il n'y a rien à faire de bon dans le présent, et très-peu
probablement dans l'avenir.

Baugy, 3 janvier 1843.

La lettre que tu m'as écrite à Tocqueville, mon bon ami, m'a été renvoyée ici où j'habite depuis un mois, et que je quitte demain pour retourner à Paris. . . . . .

Toute ta lettre respire du reste une misanthropie qui me paraît fort exagérée. Je ne suis plus un enfant. J'ai vu bien des pays, pratiqué bien des hommes, été mêlé à bien des affaires, et le résultat de mon expérience est loin d'être semblable à celui que tu indiques. Tu fais l'humanité plus mauvaise qu'elle n'est. La vérité se trouve entre les rêves de ta première jeunesse et les sombres tableaux de ton âge mûr. Les hommes ne sont en général ni très-bons, ni très-mauvais : ils sont médiocres. Ils montrent de l'un et de l'autre suivant la face qu'on considère. Je n'ai jamais examiné de près les meilleurs sans avoir percé jusqu'à quelques faiblesses et même quelques vices que je ne voyais pas d'abord. J'ai toujours fini par rencontrer chez les plus mauvais certains côtés par lesquels l'honnêteté pouvait les saisir. Il y a deux hommes dans chaque homme ; Salomon l'a dit avec raison il y a trois mille ans ; et s'il est puéril de ne regarder que l'un, il est tout à fait triste et injuste de n'attacher ses regards que sur l'autre. C'est pourtant cette dernière chose que tu fais, si je ne me trompe, mon cher ami ; et tu as tort. S'il te faut, pour te consoler d'être au monde, rencontrer des hommes dont tous les mouvements même les plus secrets ne soient conduits que par de nobles et belles passions, tu n'as que faire d'attendre davantage, et tu peux te noyer sur-le-champ. Mais s'il pouvait te suffire de rencontrer un certain nombre d'hommes dont la plupart des actions ont ce mobile, et une foule qui sont de temps en temps capables de le trouver, tu n'aurais pas lieu de faire une aussi abominable grimace au genre humain. L'homme avec ses vices, ses faiblesses, ses vertus, ce mélange confus de bien et de mal, de bas et de haut, d'honnête et de dépravé, est encore, à tout prendre, l'objet le plus digne d'examen, d'intérêt, de pitié, d'attachement et d'admiration qui se trouve sur la terre; et puisque les anges nous manquent, nous ne saurions nous attacher à rien qui soit plus grand et plus digne de notre dé-vouement que nos semblables. Voilà les sentiments que je te souhaite pour 1843. . . . .

Tocqueville, octobre 1843.

Je suis ici depuis un mois déjà, mon cher ami, et ce mois a passé comme un jour. Je voudrais bien savoir si cet extrême plaisir que me causent la solitude et la li-berté de la campagne vient d'un goût naturel que j'ai pour ce genre de vie, ou plutôt ne naît pas de la fatigue que l'existence de Paris me cause pendant sept ou huit mois. Suis-je heureux ici par le séjour en lui-même ou par le contraste avec une autre habitation? Je crois malheureusement que le dernier point est le plus conforme à la vérité. La vie que je mène me plairait assez, je pense, en tous cas; mais elle me charme parce qu'elle succède à l'agitation prolongée et incessante de Paris. J'ai bien peur que s'il me fallait renoncer à ces agitations souvent si pénibles pour me renfermer définitivement dans ce calme que je prise si fort, cela ne finît par me devenir insipide. La fièvre politique est-elle nécessaire à mon tempérament moral? Je suis porté à le croire; et cependant elle me fait souvent péniblement souffrir. Quelle misère que celle de l'homme, qui est plongé dans une si irrémédiable ignorance de toutes choses qu'il ne se connaît pas plus lui-même que les objets les plus éloignés, et ne voit pas plus clairement le fond de son âme que le centre de la terre!

Sans m'obstiner à vouloir trouver le mot de cette énigme, je tâche de jouir le mieux possible du présent. Je voudrais pouvoir te montrer Tocqueville aujourd'hui. Tout y est à peu près fini. *Ta* porte, celle dont tu as surveillé le transport au haut de l'avenue, se couvre déjà de mousse et de lierre. A la place du cloaque qui formait la cour s'étend une pelouse très-verte. Le long de tous les murs que nous avons intérêt à cacher s'élèvent déjà des massifs d'arbres qui, il est vrai, sont loin de former encore rideau. Pourquoi n'es-tu pas ici avec madame Stoffels pour voir ces changements et écouter avec indulgence toutes nos admirations de propriétaires? Le temps a beau marcher, nous persistons à penser et à dire que le moment le plus agréable et le plus suivant

notre cœur que nous ayons passé ici est le mois où vous
y avez été l'un et l'autre. Nous ne pouvons nous figurer
que ce temps ne doive pas revenir, et notre meilleur
souhait est que tu puisses t'arranger de manière à renouveler prochainement cette course, non plus seuls,
cette fois, mais avec vos enfants, ou au moins plusieurs
d'entre eux. Tu sais que ce n'est pas là une forme de
parler, mais le plus sincère de nos désirs. . . . . . .

Tocqueville, 3 avril 1844.

Voilà un mois, mon bon ami, que je porte tous les
jours ta dernière lettre dans ma poche, afin de trouver un moment pour y répondre et l'avoir sous la
main quand je voudrai la relire. Ce moment me manque
toujours. La date de cette lettre que je viens de revoir
m'effraye. Elle est du mois de novembre dernier, c'est-
à-dire que je l'ai reçue depuis plus de quatre mois. Il
me semble que je ne fais que de la recevoir. Avec quelle
rapidité de mauvais augure la vie commence à passer!
Cela veut dire, si je ne me trompe, que la jeunesse a
achevé de s'envoler pour toujours, et que les impressions
de l'âme deviennent moins vives et moins profondes;
car c'est par le nombre des impressions qui restent gra-
vées dans la mémoire que se mesure la vie. Quand le
souvenir en a retenu beaucoup, le temps semble avoir
passé lentement; quand il commence à les laisser échap-

per, le temps paraît courir ; chaque souvenir d'une émotion passée est comme un accident de terrain qui marque l'espace et donne une idée de la distance parcourue. Ce qu'il y a de fâcheux pour moi, c'est qu'en perdant la faculté de garder l'impression de ce qui m'agite, je ne deviens pas pour cela plus calme, ou du moins pas beaucoup plus. J'ai toujours trop de cette irritabilité un peu maladive qui me porte à souffrir impatiemment les obstacles qui embarrassent toujours le chemin de chaque homme dans ce monde ; et cependant je devrais m'accoutumer aux obstacles, car la carrière que je poursuis en est semée. La politique est une arène où on ne passe pas un jour sans être obligé de faire un grand effort et de livrer un grand combat, et où le résultat qu'on obtient est toujours très-inférieur à celui qu'on veut atteindre. . . . .

. . . Il y a un article de ta lettre qui m'a chagriné. Tu remets indéfiniment un nouveau voyage en Normandie, et tu me parles de cinq ou six ans!!! Les idées, les habitudes peuvent devenir si différentes dans un pareil espace de temps qu'on ait peine à se reconnaître. Tous les fils de l'intimité se rompent un à un pendant cette longue séparation, et on a un nouvel apprentissage à faire l'un de l'autre. Si en effet tu es réellement obligé de remettre à cinq ou six ans notre réunion, je considère cela comme un véritable malheur, et je m'en afflige sérieusement. De notre côté rien ne se prépare pour un grand voyage, qui nous permît de passer par Metz. J'ai été nommé l'année dernière du conseil

général, ce qui me force à rester tout ce mois d'août en
Normandie. Je regrette beaucoup qu'il en soit ainsi,
non-seulement à cause de l'épisode de notre réunion,
mais à cause du voyage lui-même. Je crois que mon
goût pour les voyages s'accroît par la privation. J'ai besoin de reculer l'horizon, de voir de nouveaux pays, de
nouveaux hommes, de nouvelles mœurs. Mais un autre
obstacle m'arrête encore, c'est l'argent. Il m'arrive bien
souvent d'être ainsi borné dans mes désirs, du reste
assez modérés de ce côté. J'en souffre quand j'y pense,
mais j'y pense rarement, et la petite gêne que sous ce
rapport j'éprouve ne m'empêche pas de bénir Dieu tous
les jours et de tout mon cœur d'avoir pu acquérir à ce
prix la femme admirable avec laquelle je vis. Assurément je ne puis pas dire que la Providence m'ait maltraité dans ce monde; mais de tous ses bienfaits, celui
que chaque jour me montre plus grand, c'est d'avoir
placé Marie sur mon chemin. J'abandonnerais sans hésiter tous ses autres dons pour conserver celui-là. Adieu,
mon bon ami, mon cœur s'adoucit et s'ouvre toujours
lorsque je suis sur ce chapitre. Il n'y a plus guère que
de ce côté que se trouvent les émotions douces et ra-
fraîchissantes de la vie intime. Tout le reste est un aride
désert où il faut combattre du matin au soir dans la
poussière et au soleil. Adieu.

Paris, 14 novembre 1841.

Tes lettres, mon cher ami, me causent toujours, au milieu de la joie que j'éprouve en recevant de tes nouvelles, une petite contrariété. Tu me parles toujours comme à un homme que les passions politiques enivrent à ce point d'oublier à peu près ses amis. Je t'ai déjà dit bien des fois que tu te trompais. La politique sépare souvent deux amis quand ils prennent part ensemble aux affaires, parce qu'alors la diversité des opinions et des intérêts peut amener entre eux des conflits. Il y a bien peu d'amitiés, je le reconnais, qui survivent tout entières à une pareille épreuve ; mais ce n'est pas là ton cas, et ton souvenir m'est d'autant plus précieux qu'il me repose de toutes les maladies de l'âme que la politique engendre. J'attachais un grand prix à mes véritables et anciens amis avant d'entrer dans la vie publique. Ils ont centuplé de valeur depuis que j'y suis entré. Si je les perdais, je sens parfaitement que je n'en formerais plus d'autres. Le temps où l'on contracte de véritables liens d'affection est désormais et à jamais passé pour moi. Au delà du petit cercle qui renferme les objets de mon attachement, il n'y a plus pour moi que des indifférents ou des ennemis, des alliés ou des adversaires ; des gens que j'estime ou que je méprise, mais point d'amis ; et si ceux que je possède meurent avant moi, je mourrai seul : mon âme du moins sera telle. Tu comprends que, dans cette disposition d'esprit, je ne suis pas tenté d'oublier mes plus anciens et mes meilleurs amis; et n'es-tu pas en tête de ceux-là ? Je ne t'oublierai pas assurément et je ne serai jamais indifférent à ton sort ni à celui de tes enfants. Mais il peut arriver que nos intelligences s'écartent l'une de l'autre, et se divisent, si nous restons des années sans nous voir... Tu parles sans cesse de l'impossibilité de me venir voir à Tocqueville; je ne puis y croire... Huit ou dix jours seulement à Tocqueville, quand tu ne pourrais me donner plus, seraient assez pour familiariser de nouveau nos esprits ensemble, et nous permettre de vivre ensuite deux ans séparés sans cesser de nous comprendre...

Ce que tu me dis de *** m'afflige beaucoup, non à cause de lui ; à vrai dire, je n'ai jamais cru qu'il pût rester agriculteur, mais comme symptôme de l'esprit qui règne parmi ses amis. Quelle triste querelle que celle de l'Université et de l'Église ! Chacun s'est mis dans son tort : le clergé, en prenant l'offensive et en attaquant avec violence et souvent avec calomnie l'instruction laïque ; l'Université ou ses amis, en mettant de nouveau en mouvement, dans le pays, toutes les passions anti-catholiques et même antireligieuses, et en cherchant de tout son pouvoir à raviver la funeste philosophie du dix-huitième siècle. Je ne puis te dire combien tout ce qui se passe remplit mon âme d'amertume et de découragement. Plus je vois de près les affaires et plus je suis convaincu que ce qui manque surtout à cette nation, ce sont des croyances et des mœurs. Je désire donc passionnément voir le principe religieux dans ses formes les plus arrêtées se fortifier et s'étendre parmi nous. Je ne partage aucune des craintes que certaines gens font semblant d'avoir ; et je n'ai pas la moindre peur de nous voir retomber sous l'empire des prêtres. Je désapprouve donc profondément tous ces efforts qu'on fait devant moi, à côté de moi, dans le sein de mon propre parti, pour achever de détruire en France l'influence légitime de la religion et de ses ministres ; et cependant, d'un autre côté, j'éprouve une irritation vive et profonde contre le clergé et ceux des laïques qui, par conviction, comme Charles, ou par conviction et par ambition comme ***, échauffent les passions et poussent la religion dans une lutte où elle ne peut que succomber. La légèreté, l'imprudence, la violence avec laquelle la plupart des hommes religieux ont gâté une position magnifique ne saurait se concevoir. L'opinion publique accourait à eux et ils l'ont repoussée. Le goût des idées et des choses religieuses revenait tout naturellement ; il ne leur fallait, pour laisser ce mouvement se continuer, que rester spectateurs tranquilles ; ils ne l'ont pas fait. Malheureusement ce n'est pas eux, c'est la religion qui portera la peine de tant d'imprudence. Ils l'ont replacée dans la position où elle était en 1828, et dans celle où elle n'était plus depuis 1830. Ce n'est pas qu'en demandant une liberté sage pour l'enseignement, ils ne demandent une chose juste et qui leur est due ; mais il fallait la demander au nom du droit commun parce qu'elle leur était due, et non parce que leurs adversaires étaient indignes de s'en servir. Ils devaient se défendre sans attaquer. Au lieu de cela, ils ont entrepris une campagne dont il ne peut rien sortir, à mon avis, que de longs malheurs.

Paris, 21 juillet 1848.

Je n'ai pas besoin de te dire, mon cher ami, que j'aurais voulu t'écrire plus tôt; mais les événements qui ont eu lieu depuis que j'ai reçu ta lettre parlent assez haut et me servent aisément d'excuse

Tu me demandes de parler politique. Je le ferais bien volontiers si j'avais plus de temps; mais le temps me manque, et je suis obligé de me borner à des aperçus très-généraux et très-sommaires.

Je n'ai jamais douté un instant depuis février que nous ne dussions avoir une grande bataille dans Paris. Je l'ai dit, répété, et écrit cent fois. Aussi les journées de juin ne m'ont surpris que par les proportions colossales qu'a prises le combat. La victoire nous a fait regagner une partie du terrain que l'ordre social avait perdu. Pour la première fois, depuis quatre mois, un gouvernement régulier est possible; et quoique je sois assuré que les hommes qui dirigent en ce moment les affaires, et l'Assemblée elle-même, seront surpassés par les nécessités de la situation, et ne feront pas tout ce qu'il y aurait à faire pour atteindre promptement et fermement ce but, je crois qu'en dépit d'eux et par la force irrésistible que l'événement a donnée aux idées d'ordre, le but sera atteint ; mais de grands dangers sont cependant à craindre très-prochainement, d'autres dans un avenir plus éloigné. Les plus prochains naissent de l'état des finances. Si nous continuons à voter des dépenses et que les recettes continuent à décroître, nous ne pouvons guère échapper à une crise financière dont personne ne peut calculer les conséquences. . . Voilà les périls immédiats. Ils sont très-grands, très-effrayants. Je suis porté à croire, cependant, que nous n'y succomberons pas. Je ne serais pas surpris qu'après ces épreuves le gouvernement républicain ne prît une certaine assiette et ne marchât un certain temps avec régularité. Mais je ne crois pas à l'avenir. J'éprouve une tristesse profonde qui naît bien moins des appréhensions immédiates (quoiqu'elles soient grandes) que de l'absence d'espérance. Je ne sais si je dois espérer encore de voir s'établir dans notre pays un gouvernement régulier, fort et libéral à la fois. Cet idéal a été le rêve de toute ma jeunesse, tu le sais, et aussi de la portion de mon âge mûr qui est déjà écoulée. Est-il permis de croire encore à sa réalisation ? J'ai pensé assez longtemps (cette croyance était bien ébranlée fort avant février) que nous avions parcouru et parcourions encore une mer orageuse au bout de laquelle était le port. N'était-ce pas une erreur ? ne sommes-nous pas sur une mer orageuse sans rivage ? ou, du moins, le rivage n'est-il pas si loin, si inconnu que notre vie et celle peut-être de ceux qui nous suivront se passeront avant de le rencontrer et de s'y établir? Ce n'est pas que je croie à une succession non interrompue de révolutions. Je crois, au contraire, à des intervalles assez longs d'ordre, de tranquillité, de prospérité; mais à l'établissement ferme et définitif d'un bon état social et politique, comment y croire encore? On a pu penser, en 1789, en 1815, en 1830 même, que la société française était atteinte par une de ces maladies violentes après lesquelles la santé du corps social devient plus vigoureuse et plus durable. Mais ne voyons-nous pas aujourd'hui qu'il s'agit d'une affection chronique; que la cause du mal est plus profonde; que le mal, sous une forme intermittente, sera plus durable qu'on ne l'avait imaginé; que ce n'est pas seulement tel gouvernement qui semble impossible, mais un gouvernement durable quelconque, et que nous sommes destinés à osciller longtemps entre le despotisme et la liberté, sans pouvoir supporter en permanence ni l'un ni l'autre? Je suis effrayé, d'ailleurs, à la vue de l'état des esprits. Il est loin d'annoncer une révolution qui finit. On a beaucoup dit, on répète encore tous les jours que les insurgés de juin étaient le rebut de l'humanité; qu'on ne voyait parmi eux que des vauriens de toute sorte, et qu'ils n'agissaient que par la passion grossière du pillage. Il y avait beaucoup de ces gens-là parmi eux, assurément; mais il n'est pas vrai qu'il n'y eût que de ceux-là. Plût à Dieu qu'il en eût été ainsi! Des hommes de cette nature ne sont jamais que de petites minorités, ils ne prévalent jamais. La prison et l'échafaud vous en débarrassent ; tout est dit. Il y a eu dans l'insurrection de juin autre chose que de mauvais penchants : il y a eu de fausses idées. Beaucoup de ces hommes, qui marchaient au renversement des droits les plus sacrés, étaient conduits par une sorte de notion erronée du droit. Ils croyaient sincèrement que la société était fondée sur l'injustice, et ils voulaient lui donner une autre base. C'est cette sorte de religion révolutionnaire que nos baïonnettes et nos canons ne détruiront pas. Elle nous créera des embarras et des périls qui ne sont pas près de finir.

En somme, j'en suis à me demander si d'ici à très-longtemps on pourra rien bâtir de solide et de durable sur le sol mouvant de notre société, même le pouvoir absolu, dont tant de gens, las des orages, s'accommoderaient faute de mieux comme d'un port. Nous n'avons pas vu commencer cette grande révolution dans l'espèce humaine ; nous ne la verrons pas finir. Si j'avais des enfants, je leur répéterais cela sans cesse, et je leur dirais tous les jours que nous sommes dans un temps et dans une société où il faut se rendre propre à tout et se préparer à tout ; car nul n'y est sûr sa destinée. Et j'ajouterais ceci, surtout, que c'est bien dans ce pays qu'il convient de ne compter sur quoi que ce soit qu'on puisse vous enlever, mais songer seulement à acquérir ce qu'on ne peut perdre qu'en cessant de vivre : l'énergie, le courage, la science, l'esprit de conduite. Adieu, mon cher ami, dans ce que je te dis de sombre sur l'avenir, fais la part de la disposition mélancolique où me jette le

moment où je t'écris, et crois toujours à ma tendre
amitié. . . . .

. . . .

———

Paris, 28 avril 1850.

. . . . Mes forces sont presque entièrement revenues,
et sauf les affaires publiques dont je ne veux pas m'occuper, j'ai à peu près repris ma vie ordinaire. Cette
maladie toutefois me reste comme un souvenir très-fâcheux. Elle est survenue je ne sais pourquoi; elle peut
revenir sans qu'il me soit possible de me garantir de ses
atteintes. Le poumon, heureusement, au dire des médecins, n'a nullement souffert. Le mal n'est donc pas grand
pour aujourd'hui; mais est-il parti pour toujours? . .

. . . . Tu veux des pronostics sur la politique; qui
oserait en faire? L'avenir est noir comme le fond d'un
four; et les hommes qui sont pourvus des yeux les plus
perçants déclarent tous aujourd'hui leur impuissance à
rien prévoir. Quant à moi, j'aperçois bien en gros quelle
semble être la destinée de ce pays; mais le détail m'é-
chappe, et l'événement de demain m'est aussi inconnu
qu'il peut l'être à celui qui ne s'est jamais mêlé des
affaires. Tout ce que je puis dire, c'est que je suis
plus inquiet que je ne l'ai été depuis bien longtemps. Ce qui est clair pour moi, c'est qu'on s'est

trompé depuis soixante ans en croyant voir le *bout*
de la révolution. On a cru la révolution finie au 18 brumaire; on l'a crue finie en 1814; j'ai pensé moi-
même, en 1830, qu'elle pouvait bien être finie en voyant
que la démocratie, après avoir détruit tous les priviléges, en était arrivée à n'avoir plus devant elle que le
privilége si ancien et si nécessaire de la propriété. J'ai
pensé que, comme l'océan, elle avait enfin trouvé son
rivage. Erreur! il est évident aujourd'hui que le flot
continue à marcher, que la mer monte; que non-seulement nous n'avons pas vu la fin de l'immense révolution qui a commencé avant nous, mais que l'enfant qui
naît aujourd'hui ne la verra vraisemblablement pas. Ce
n'est pas d'une modification, mais d'une transformation
du corps social qu'il s'agit. Pour arriver à quoi? En vérité, je l'ignore, et je crois que cela dépasse l'intelligence
de tous. On sent que l'ancien monde finit: mais quel
sera le nouveau? Les plus grands esprits de ce temps ne
sont pas plus en état de le dire que ne l'ont été ceux de
l'antiquité de prévoir l'abolition de l'esclavage, la société chrétienne, l'invasion des barbares, toutes ces
grandes choses qui ont renouvelé la face de la terre.
Ils sentaient que la société de leur temps se dissolvait,
voilà tout. . . . .

. . . Pour en venir à quelque chose de plus précis
et de moins éloigné, je ne vois pas la société française
actuelle aussi prochainement en péril qu'on le craint.
Elle contient encore infiniment trop de forces vitales
pour se laisser dissoudre; je ne crois donc pas au

bouleversement immédiat et durable dont on nous menace. . . . .

. . . . , . .

Sorrente, 30 décembre 1850.

Je t'écris, mon cher ami, d'une petite ville qui est
située sur l'un des bords de la baie de Naples, en face
même de cette ville et du Vésuve... Notre intention originaire était de gagner Palerme... Nous avons dû chercher un autre hivernage. Nous l'avons trouvé ici; et
depuis trois semaines que nous sommes venus y habiter,
nous nous sommes félicités tous les jours de la pensée
qui nous y a conduits. On ne saurait voir un plus délicieux
pays, et jusqu'à présent un plus doux climat. Nous avons
trouvé dans les environs de Sorrente une maison garnie
à louer. Elle est placée au milieu des oliviers et des
orangers sur une colline en face de Naples et de la mer.
La société, il est vrai, nous manque; mais j'en ai bien
moins besoin que jadis. J'ai apporté des livres, et j'attends un de mes meilleurs amis, Ampère, qui doit passer
le reste du temps avec nous. Notre intention est de rester ici jusqu'au milieu de mars, époque à laquelle nous
nous acheminerions doucement vers la France. Ma santé
jusqu'à présent se trouve à merveille du régime et du
climat, et j'espère rapporter à Paris les forces nécessaires pour rentrer activement dans les affaires. Ma

femme se porte aussi très-bien depuis qu'elle est ici ; et nous éprouvons l'un et l'autre ce plaisir mêlé de quelque inquiétude, mais plus grand à cause même de ce mélange, qu'on ressent dans un lieu tranquille et sûr où l'on s'est retiré pour se reposer pendant quelques moments au milieu de la tempête, ou plutôt entre deux tempêtes.

Tu sens qu'un esprit aussi actif que l'est le mien, et resté presque aussi ennemi du repos complet qu'il l'était dans notre jeunesse, ne pourrait pas s'accommoder de cette vie-ci, quelque douce et agréable qu'elle fût, s'il n'y mêlait quelques occupations à son usage. Je ne le laisse donc point oisif. Je l'occupe au contraire de divers travaux qui l'intéressent. Il y a longtemps que je désirais me remettre à écrire. La politique, depuis dix ans, a toujours rendu ce désir vain. Mais en même temps elle m'a fait acquérir une connaissance des hommes et des affaires qui me met en état, quand j'en aurai le temps, de le réaliser avec plus de facilité et de succès. Je profite du peu de moments de liberté dont je jouis ici, non pour composer un nouveau livre, mais pour rêver au sujet que je pourrais prendre, et pour préparer les matériaux qui pourraient me servir. Je ne sais si ce travail me sera jamais utile, mais je suis sûr qu'il m'amuse beaucoup.

Au milieu de notre solitude, le souvenir des affaires et des hommes qui les mènent s'efface, mais celui des affections et des vrais amis se ravive. Il ne faut donc pas être surpris que nous ayons souvent pensé à vous, sou-

vent parlé de vous, depuis que nous sommes dans notre
ermitage. Nous désirons de vos nouvelles à tous, père,
mère et enfants, et nous désirons que vous nous en don-
niez le plus tôt possible.

Adieu, mon bon ami, voici l'an 1850 qui finit. Songe
qu'à six cents lieues de toi il y a deux amis qui souhai-
tent ardemment que l'année qui va commencer t'apporte
toute sorte de satisfactions dans les tiens et dans toi-
même. Mille souvenirs d'affection à madame Stoffels,
et une caresse pour nous à chaque enfant.

Versailles, 23 juillet 1851.

. . . Voilà, mon cher ami, notre grande bataille
parlementaire finie. Le résultat est ce qu'on devait croire.
Quant à moi, je persiste à penser que la révision était,
comme je l'ai dit, de tous les moyens qui restaient à
prendre, le moins périlleux. Mais la révision est devenue
à peu près impossible, et nous sommes entraînés d'une
manière à peu près irrésistible vers une réaction incon-
stitutionnelle. . . . .

. . . .

Ton opinion sur le sens antirévisionniste qu'on doit
tirer de mon rapport, a été partagée, dans le monde politique, par quelques personnes. Cela vient, je pense,
de ce que, pour compléter mon raisonnement, il eût
été nécessaire de dire certaines choses que je ne pouvais

exprimer dans ma situation officielle, et que je laissais
au lecteur à suppléer. Cette impression que quelques
personnes ont reçue comme toi de mon rapport m'a
très-contrarié, parce qu'on pouvait en conclure que je
n'avais pas été de bonne foi, et que j'avais plaidé pour
perdre la cause, ce qui est faux et ce qui me serait fort
dommageable. J'étais, au contraire, très-convaincu de
la nécessité de la révision, et je le suis plus que jamais,
après avoir repassé dans le calme de ces derniers jours
toutes les raisons qui m'avaient déterminé.

Ma femme a reçu, il y a quelques jours, de la tienne,
une lettre très-aimable. Elle lui répondra un de ces
jours. La même lettre contient un mot de ta fille, dont le
style est naturel et gracieux comme la personne. C'est
véritablement une charmante jeune fille. . . . .

ALEXIS STOFFELS[1]

Tocqueville, 4 janvier 1856.

Je vous remercie de votre lettre, mon cher ami. Elle nous a fait grand plaisir. Nous sommes touchés des témoignages d'affection qu'elle contient, et nous y répondons, vous le savez, par une vive amitié. Ce sera un plaisir pour nous de vous revoir, et notre maison vous sera toujours ouverte. Vous y serez le bienvenu en tout temps. Tout cela vous est connu, et je n'insiste pas. Je

---

[1] Eugène Stoffels mourut en juillet 1852. La tendre affection qu'Alexis de Tocqueville avait pour lui se reporta sur ses enfants, et notamment sur l'aîné, qui était son filleul, Alexis Stoffels, auquel il écrivait souvent. Ses lettres avaient quelque chose de paternel : on en jugera par les deux qui suivent.

veux ajouter seulement que, malgré ce que l'on vous a dit, nous aurons au moins, pendant quatre mois, l'occasion de nous voir ; car mon intention est d'arriver à la fin de ce mois ou au plus tard dans la première semaine de l'autre, et de n'en partir, suivant notre usage, qu'en juin.

Maintenant parlons un peu de vous. Vous voilà plongé dans toutes les horreurs du droit romain. Vous trouvez la matière difficile et peut-être même un peu rebutante. Je ne m'en étonne point. Il m'a paru tel à moi-même. Mais il est impossible d'être un légiste distingué sans l'avoir étudié sérieusement. Le droit romain, d'ailleurs, a joué un rôle très-important dans l'histoire de presque toutes les nations modernes. Il leur a fait beaucoup de bien, et, à mon avis, encore plus de mal. Il a perfectionné leur droit civil, et perverti leur droit politique ; car le droit romain a deux faces. D'un côté, il regarde les rapports des particuliers entre eux, et par là il est un des plus admirables produits de la civilisation ; de l'autre, il regarde les rapports de sujet à souverain, et alors il respire l'esprit du temps dans lequel il a achevé de se former, c'est-à-dire un esprit de servitude. C'est à l'aide du droit romain et de ses interprètes, qu'aux quatorzième et quinzième siècles les rois sont parvenus à fonder le pouvoir absolu sur les ruines des institutions libres du moyen âge. Les Anglais seuls ont refusé de le recevoir ; et seuls aussi ils ont conservé leur indépendance. Voilà ce que vos professeurs ne vous diront pas. C'est pourtant le plus grand côté du sujet. Mais ce n'est pas le moment de le regarder; car on ne fera pas porter sur ces points-là les questions de votre examen.

Vous me dites, sans autres explications, qu'on vous conseille de ne pas pousser plus loin votre droit. Cela m'étonne. Il me semble que ce serait renoncer au grade de docteur, qui aujourd'hui paraît le complément naturel et même nécessaire de l'éducation d'un magistrat ou d'un avocat. J'aurais voulu que vous fussiez plus explicite sur un point si important, et que vous me fissiez connaître les raisons qui vous portaient à vous contenter de la licence. Ces raisons sont peut-être déterminantes; je le regretterais. En toutes choses, il faut viser hardiment à la perfection. Quoi qu'on fasse, on n'en approche jamais assez. Je voudrais, cher Alexis, vous voir plus d'ardeur dans vos entreprises, je vous l'ai dit souvent. On ne réussit à rien, surtout dans la jeunesse, si on n'a pas un peu le *diable au corps*. A votre âge, j'aurais entrepris de sauter par-dessus les tours de Notre-Dame, si j'avais su trouver de l'autre côté ce que je cherchais. Vous avez des qualités distinguées et aimables, mais l'entrain vous manque un peu; voilà le seul reproche que mon amitié se permet de vous faire, et que vous me pardonnerez en faveur de l'affection qui le suggère. . . . . . .

. . . .

Notre temps s'est passé fort doucement et fort agréablement ici. Malheureusement les distractions du propriétaire ont un peu nui aux travaux de l'écrivain. J'espère cependant revenir à Paris avec un volume bon à publier. Le publierai-je? Je n'en suis pas sûr encore.

Mon sujet est la révolution française, prise d'un côté où, si je ne me trompe, on ne l'a pas encore considérée jusqu'ici. Le livre respire un esprit qui est devenu presque étranger à mes contemporains. Je suis resté un vieil amant suranné de la liberté dans un temps où presque tout le monde aime à avoir un maître. Ce défaut de sympathie entre le public et moi m'effraye ; car l'expérience des temps passés m'a appris que les seuls livres qui produisent une sensation vive, quand ils paraissent, sont ceux où l'auteur suit le courant du temps et non ceux où il prend celui-ci à rebours.

Adieu, mon cher ami, bon courage ; ne vous endormez pas, je vous prie, sur l'usucapion, et pensez quelquefois à nous.

Tocqueville, 12 décembre 1856.

. . . Je profite, mon cher ami, d'un moment de liberté pour vous adresser quelques mots.

. . . En vérité, vous n'avez pas le droit de vous plaindre de votre sort. La carrière que vous avez embrassée n'est pas fort séduisante à son début, j'en conviens ; mais vous vous y présentez dans des conditions très-favorables, avec un nom très-respecté, une bonne réputation, des amis très-honorables. Combien ont eu à ramer contre le vent et la marée, là où le vent et le

flot vous servent! J'ai tant rabâché avec vous sur ce ton-là
que je renonce aujourd'hui à rien ajouter. Laissez-moi
vous répéter qu'on peut faire toute sa vie avec dégoût
et sans succès un métier qu'on fait mollement et à moitié ;
mais qu'il est sans exemple qu'on ne finisse pas par
trouver le succès et même le plaisir dans un métier auquel on se livre tout entier. On s'attache à tout ce qu'on
fait, quelque pénible que la chose ait paru d'abord,
quand on la fait pendant un certain temps avec continuité d'efforts.... Mais voici assez de sermons pour aujour-
d'hui.

J'aime mieux vous dire que votre dernière lettre nous
a fort plu ; vous y parlez simplement et librement. C'est
ainsi qu'il faut toujours faire avec moi. Il faut me raconter tout ce qui vous arrive et ce qui vous passe dans
l'esprit comme si je n'avais pas trente ans de plus que
vous. Vous savez que j'aime la jeunesse, pourvu cependant qu'avec quelques-uns de ses défauts naturels, elle
ait les qualités qui lui sont propres. Je ne m'intéresse
pas seulement, d'ailleurs, à l'avocat et au futur magistrat, mais à l'*homme ;* et rien de ce qui préoccupe ou
agite ce dernier ne m'est indifférent. Ainsi vous voilà
bien averti : pour que notre correspondance me soit
agréable et puisse vous être utile, il faut qu'elle soit un
tableau vrai de tout ce qui se passe dans votre vie et en
vous-même.

Je suis bien aise, mon cher ami, que vous ne vous
soyez pas trop ennuyé à Tocqueville. Je n'ai pas besoin
de vous dire que votre visite nous a fait plaisir. Vous

l'avez vu. Le mari et la femme se sont fort entendus sur
ce point. . . . . : . . . .

. . . .

P. S. Votre thèse m'a paru très-bien; je ne dis pas
pour le fond, je ne suis plus en état d'en bien juger, mais
pour la forme, qui est facile et agréable; il y a de cela
dans son auteur lui-même. C'est d'énergie qu'il lui reste
à faire preuve. Ce monde appartient à l'énergie.

FIN DU TOME CINQUIÈME

TABLE

DU CINQUIÈME VOLUME

ŒUVRES INÉDITES.

CORRESPONDANCE INÉDITE

FIN DE LA TABLE DU CINQUIÈME VOLUME.

PARIS. — TYP. SIMON RAÇON ET COMP., RUE D'ERFURTH, 1.

www.ingramcontent.com/pod-product-compliance
Lightning Source LLC
Chambersburg PA
CBHW050553270326
41926CB00012B/2038